수소전기차 시대가 온다

수소전기차 시대가 온다

초판 1쇄 발행 2019년 4월 25일
초판 6쇄 발행 2022년 9월 15일

지은이 권순우

펴낸이 김남전
편집장 유다형 | 편집 이경은 | 외주교정 노준승 | 디자인 양란희
마케팅 정상원 한웅 정용민 김건우 | 경영관리 임종열 김다운

펴낸곳 ㈜가나문화콘텐츠 | 출판 등록 2002년 2월 15일 제10-2308호
주소 경기도 고양시 덕양구 호원길 3-2
전화 02-717-5494(편집부) 02-332-7755(관리부) | 팩스 02-324-9944
포스트 post.naver.com/ganapub1 | 페이스북 facebook.com/ganapub1
인스타그램 instagram.com/ganapub1

ISBN 978-89-5736-915-9 13320

※ 이 도서의 국립중앙도서관 출판시도서목록(CIP)은 서지정보유통지원시스템 홈페이지(http://seoji.nl.go.kr)와
국가자료공동목록시스템(http://www.nl.go.kr/kolisnet)에서 이용하실 수 있습니다.
(CIP제어번호: CIP2019012292)

가나출판사는 당신의 소중한 투고 원고를 기다립니다. 책 출간에 대한 기획이나 원고가 있으신 분은 이메일
ganapub@naver.com으로 보내 주세요.

수소전기차 시대가 온다

세계가 주목하는 대한민국 수소전기차 기술 개발 풀 스토리

FUEL

CELL

ELECTRIC

VEHICLE

권순우 지음

가나

나는 두 가지가 궁금했다

"수소전기자동차랑 전기자동차 중 뭐가 더 좋은 거야?"
"다른 자동차 회사들은 다 배터리전기자동차를 개발하는데 왜
현대자동차만 수소전기자동차에 투자하는 거지?"

2018년 1월 차세대 수소전기자동차가 나왔을 때 사람들이 가
장 많이 묻는 질문이었습니다. 사람들이 궁금해 하면 기자는 취재
를 합니다. 그래서 이 두 가지 질문에 대한 답을 듣기 위해 취재를
시작했습니다. 수소전기자동차와 배터리전기자동차의 장단점은
이미 많이 거론이 되고 있는 상황이었으니 전문가 몇 명에게 물어
보면 쉽게 답을 찾을 수 있을 줄 알았습니다. 그러나 막상 취재를
해보니 쉽게 결론을 내릴 수가 없었습니다.

수소전기자동차와 배터리전기자동차의 장단점은 인류 에너지 역사의 맥락에서 파악해야 했고, 현대자동차가 왜 수소전기자동차를 만들려고 하는지를 알려면 글로벌 자동차 회사들의 경쟁과 지구 온난화를 막기 위한 전 세계적인 환경 규제의 맥락을 이해해야 했습니다. 그렇게 시작된 취재가 1년을 훌쩍 넘겨 버렸습니다.

처음 취재를 시작할 때만 해도 수소전기자동차에 관심을 가진 사람은 거의 없었습니다. 너무 마이너(minor)한 분야였기 때문에 '뭐 그런 걸 취재하느냐'며 이상하게 보는 동료들도 많았습니다. 그러나 관련 분야 사람들을 한 명, 두 명 만나 그들이 수소전기자동차를 연구하며 지낸 20여 년 여정을 들으면서 그들의 이야기를 기록으로 남기고 싶다는 생각이 들었습니다. 인류가 망가뜨리고 있는 지구를 지켜야 한다는 사명감과 불가능한 기술을 정복하려는 엔지니어들의 도전은 그 자체로 충분히 기록할 가치가 있다고 생각했습니다.

때마침 차세대 수소전기자동차 출시 이후 문재인 대통령이 수소전기자동차의 홍보맨을 자처하면서 시류가 급변했습니다. 수소전기자동차를 미세먼지 제거 장치 정도로 생각했던 국회에서는 하루가 멀다 하고 수소선박, 수소 연료전지, 수소전기자동차, 수소 인프라 등 각종 수소 관련 세미나가 열리고 있습니다.

5년간 전 세계적으로 1000대도 못 팔았던 수소전기자동차는 이미 사전 계약 물량만 6000대를 넘어섰습니다. 2022년까지 6만 5000대, 2040년까지 620만 대를 보급하겠다는 대한민국 정부의 로드맵도 만들어졌습니다.

　현대자동차는 20여 년의 연구개발 끝에 세계 최초로 수소전기자동차 및 연료전지 시스템의 대량 생산을 결정했습니다. 다임러, GM 등 다른 자동차 회사들은 1960년대부터 수소전기자동차를 개발해왔음에도 아직 양산 체제조차 구축한 적이 없습니다. 말 그대로 전인미답의 영역입니다. 현대자동차는 수소전기자동차 회사를 넘어 수소 경제를 선도하는 기업이 되겠다며 울산에 수소 연료전지 발전소를 만들었고, 현대모비스에는 긴급용 연료전지 발전기를 설치했습니다. 중국에서, 유럽에서, 호주에서 수소 사회를 열기 위한 계획들이 발표되고 있습니다. 누가 수소에 관심이나 있을까 했는데, 이제는 누구나 수소에 관심을 갖는 분위기로 변했습니다. 반가우면서도 당황스러운 일이었습니다.

　정부의 「수소경제 활성화 로드맵」 발표 이후 한국 사회에는 수소전기자동차를 두고 엄청난 논란이 벌어졌습니다. 수소충전소도 없는데 수소전기자동차가 팔리겠느냐는 초보적인 질문부터 수소 생산 단계에서부터 전 과정의 기술적 미비를 다룬 전문적인 지적까지, 백가쟁명(百家爭鳴)이 벌어진 것입니다. 당장 수소사회가 열린다거나 수소만이 궁극의 에너지인 것처럼 포장되기도 하고, 반면 이미 수차례 역사적으로 확인된 희대의 사기극 취급을 받기도 합니다.

　오랫동안 수소 산업 현장을 지켰던 전문가들은 다시 불어온 수소에 대한 관심을 반기면서도 불안해하고 있습니다. 이미 정부의 관심에 따라 뜨겁게 타올랐다가 한순간에 싸늘하게 식어 버리고 10년 넘게 변방에서 찬밥을 먹은 경험이 있기 때문입니다.

수소는 하늘에서 뚝 떨어진 기술이 아닙니다. 오랜 시간 수많은 시행착오를 통해 만들어가고 있는 기술입니다. 여전히 불완전한 측면이 많고 갈 길이 멉니다. 그렇다고 영원히 달성할 수 없는 미지의 기술도 아닙니다. 숱한 난관이 있었지만, 많은 연구자들이 갈고닦아 지금은 상용화가 가능한 수준까지 끌어올렸습니다.

그럼에도 수소에 대한 논란이 감정적으로 흘러가는 이유는 수소에 대한 사회적 합의가 부족하기 때문입니다. 여전히 수소라고 하면 한쪽에서는 수소폭탄을 떠올리고, 한쪽에서는 무한동력을 떠올립니다. 우리가 경험하게 될 수소는 수소폭탄도 무한동력도 아닌, 현실에서 상용화된 기술일 뿐입니다. 수소에 대한 감정적인 논쟁이 불편하면서도, 이 또한 사회적 담론을 형성해 가는 과정이라는 생각도 듭니다. 그리고 1년 동안 취재한 결과물이 그런 사회적 담론을 형성하는 데 조금이나마 보탬이 되길 바랍니다.

이 책은 크게 2부로 나뉘어져 있습니다. 1부는 '수소전기자동차와 배터리전기자동차 중 뭐가 더 좋은지'에 대한 답을 담은 '수소 이야기'입니다. 수소란 무엇인지, 배터리전기자동차와 차이는 무엇인지, 다른 나라 자동차 회사들은 수소전기자동차를 어떻게 개발하고 있는지를 비롯해 수소전기자동차 보급의 필수 요소인 충전소 설치는 어떻게 되는지 등을 담았습니다.

2부는 '왜 현대자동차는 수소전기자동차를 개발하는가'에 대한 답을 담은 '한국의 수소전기자동차 이야기'입니다. 처음 현대자동차가 수소전기자동차를 개발하기로 결정하고 해외 업체들을 찾아다니며 기술을 배운 과정부터, 수많은 시행착오를 거치며 내연기관 자동차와 동등한 수준의 성능을 갖춰가기까지 과정, 앞으로의 목표 등을 담았습니다. 또한 수소전기자동차 개발을 앞에서 끌고 뒤에서 지원한 한국 정부의 정책적 노력도 기술했습니다.

우리 눈앞에 있는 수소전기자동차가 어떤 역사적 경로를 통해 현재의 모습을 갖추게 됐는지를 살펴봄으로써 앞으로 어떤 모습으로 발전해 갈지를 상상해볼 수 있습니다. 이를 통해 수소가 한순간의 유행으로 몇 년 반짝 관심을 가졌다가 다시 원점으로 돌아가는 역사를 반복하지 않았으면 하는 바람이 있습니다. 하루 이틀 만에 친환경 에너지 사회가 열리지는 않겠지만, 한 걸음씩 꾸준하게 나아가다보면 언젠가 우리 아이들 세대에는 더 깨끗하고 지속 가능한 환경이 이뤄지지 않을까 하는 기대도 있습니다.

수소사회는 산업혁명 이후 인류의 주 에너지원이었던 화석연료를 수소로 대체하는 전 지구적인 프로젝트입니다. 한 기업이나 한 국가의 노력만으로는 이뤄지기 힘듭니다.

화석연료에 맞춰져 있는 산업 인프라가 변해야 하기 때문에 짧은 시간 안에 바뀌기는 쉽지 않습니다. 긴 여행을 떠나려면 준비를 철저히 해야 합니다. 준비하지 않으면 여행 중의 다양한 돌발

변수 앞에 포기하게 될 수 있습니다. 수소사회로 가는 긴 여정을 떠나기에 앞서 지금까지 걸어온 길을 돌아보며 앞으로 우리가 무엇을 준비해야 할지 함께 고민해보는 시간이 됐으면 좋겠습니다.

2019년, 권순우

1부

수소 에너지의 정체를 밝히다

FUEL CELL
ELECTRIC VEHICLE

2부

한국의 수소전기자동차 개발자들

FUEL CELL ELECTRIC VEHICLE

1부

수소 에너지의 정체를 밝히다

FUEL
CELL
ELECTRIC
VEHICLE

수소, 인류가 찾던
꿈의 에너지일까?

주기율표 가장 윗줄 왼쪽에 위치
한 원자번호 1번은 원소기호 H, 수소다. 수소라는 이름의 한자는
물 수(水), 본디 소(素)로 '물을 구성하는 물질'이라는 의미를 가지고
있다. 독일어로는 '물의 원료'라는 뜻의 바서슈토프(Wasserstoff), 영
어로는 '물의 재료'라는 뜻의 하이드로젠(Hydrogen)이다.

수소는 우주가 처음 만들어질 때부터 존재했던 물질이지만 인
간에게 발견 된 것은 물보다 늦었다. 물에서 수소를 발견한 인류는
그 물질의 이름을 물의 원료라고 지었다. 수소는 우주 질량의 약
75%, 우주 분자의 90% 이상을 차지한다. 우주에서 가장 풍부하고
가장 간단하고 가장 가볍다.

수소는 15세기 말 유럽의 실험자들이 산으로 금속을 녹이는

실험을 하던 중 우연히 발견됐다. 하지만 당시에는 그저 공기가 나온다는 것만 확인했을 뿐, 수소의 특성을 발견하고 이름을 붙인 것은 200여 년이 흐른 후다. 다른 기체들과 구분되는 수소의 고유한 특성을 최초로 발견한 사람은 영국의 귀족 헨리 캐번디시다. 캐번디시는 1766년 런던 왕립학회에 제출한 첫 번째 과학 논문에서 불활성 공기(이산화탄소)와 가연성 공기(수소)의 존재를 확인했고, 수소가 일반 공기 무게의 1/14일 정도로 매우 가볍다는 것을 입증했다. 하지만 당시에도 수소라고 이름을 붙이지는 않았다. 캐번디시는 1770년대 후반, 수소를 순수한 산소와 연소시키면 오직 물만 남는다는 것을 실험을 통해 입증하고 그 결과를 「공기에 대한 실험」이라는 유명한 논문으로 발표했다.

이후 근대 화학의 아버지라 불리는 앙투안 라부아지에는 캐번디시의 연구 소식을 전해 듣고 수소와 산소를 결합해 45g의 물을 만드는 기념비적인 실험에 성공했다. 라부아지에는 과학자 30명 이상이 지켜보는 가운데 고열을 이용해 물을 수소와 산소로 분리하는 데 성공했고, 반대로 수소와 산소 기체를 이용해 물을 합성하기도 했다. 이를 통해 확실하게 물은 하나의 원소가 아니라 두 가지 원소의 화합물이라는 사실을 입증했다. 그리고 그동안 '생명유지 공기'라 불리던 물질에는 산소, '가연성 공기'라 불리던 물질에는 수소라는 이름을 지어주었다.

프랑스 혁명이 발생한 지 4년이 지난 1793년, 유명한 화학자이자 공공 구제위원회의 '국민 대표'였던 기통 드 모르보와 라부아지에는 수소를 이용한 기구를 군사용으로 사용하기 위해 수소 대량생산 체제를 구축했다. 이때 만들어진 수소 생산 설비에서는 3일 동안 쉬지 않고 수소가 만들어졌고, 170 m^3의 수소가 생성된 것으로 기록돼 있다.

화학국장으로 공직을 맡았던 라부아지에는 프랑스 혁명의 후폭풍으로 세금 징수원을 했던 혐의로 감옥에 수감됐다가 단두대에서 참수됐으며, 시신은 공동묘지에 버려졌다. 수학자 조제프루이 라그랑주는 라부아지에의 사형을 두고 "이 머리를 베어 버리는 것은 순식간이지만 같은 두뇌를 다시 만들려면 100년도 넘게 걸릴 것"이라고 그의 죽음을 애도했다.

라부아지에의 조수였던 엘테일은 프랑스 혁명을 피해 미국으로 이민해 스승으로부터 배운 화학 기술을 토대로 화약 공장을 만들었고, 이 회사는 현재 세계적인 소재 업체인 '듀폰'사가 되었다.

수소를 언급할 때 가장 많이 인용되는 사례는 SF 작가 쥘 베른의 『신비의 섬』이다. 수소가 에너지로서 부상하기 훨씬 이전에 쓰인 이 소설은 수소가 어떻게 에너지 수단으로 쓰일지에 대한 놀라운 통찰을 보여줬다. 이 소설의 배경은 미국의 남북 전쟁이다. 남북 전쟁 중에 다섯 명의 북부인, 실천적인 기술자 하딩, 그의 하인 넵, 용맹한 기자 스필렛, 선원 펜크로프트, 고아 소년 허버트 프라운이 남부 동맹에 사로잡힌다. 이들은 기구를 타고 탈출을 하던 중 폭풍에 휩쓸려 버지니아주 리치몬드에서 7000마일 떨어진 곳에 위치한 '신비의 섬'에 도착하게 된다. 그들은 미국의 미래, 그리고 에너지 고갈에 대한 대화를 나눈다.

스필렛 석탄이 없으면 기계를 돌릴 수 없고, 철도와 기선, 공장이 쓸모가 없을 것입니다.

펜크로프트 석탄을 대신할 무언가를 찾아야 하지 않을까요?

하딩 있습니다.

스필렛 석탄 대신 무엇을 태운다는 말입니까?

하딩 물입니다.

펜크로프트 물? 물을 기선과 엔진의 연료로 쓴다고요?

하딩 맞습니다. 하지만 물은 먼저 기본 원소로 분해가 되어야 합니다. 물은 전기에 의해 분해가 됩니다. 물을 구성하는 수소와 산소는 단독으로든 함께든 석탄이 도저히 따라갈 수 없는 열과 빛을 내는 마르지 않는 샘이 될 것입니다. 사람이 지구에 존재하는 한 지구는 사람들이 필요로 하는 것을 공급할 겁니다. 저는 석탄이 고갈될지라도 물로부터 빛과 열을 얻을 수 있을 것이라고 믿습니다. 물이 미래의 석탄인 셈이지요.

펜크로프트 그날이 기다려지는군요.

에너지로서의 수소를 주목한 인물은 유전학자였던 존 버든 샌더슨 홀데인이다. 겨우 20대 후반에 불과했던 1920년대에 홀데인은 케임브리지 대학에서 유명한 강의를 진행했다. 그는 이 강의에서 풍력을 이용해 전기를 만들고 그 전기로 물을 전기분해해서 만든 수소를 액화, 저장하는 과정을 설명했다. 홀데인은 수소의 에너지 밀도가 지금까지 알려진 에너지 가운데 가장 높다는 점을 강조하며 "액체수소는 중량 대비 효율이 가장 좋은 에너지 저장 수단이고, 파운드당 발열량이 가솔린보다 3배 많다"고 주장했다.

> "많은 금속 풍차로 발전기를 돌려 만들어진 고압 전류로 물을 전기 분해한다. 물을 전기 분해해 얻은 산소와 수소를 거대한 지하 진공 탱크에 저장한다. 바람이 없는 날에는 수소와 산소를 재결합해 전기 에너지를 만든다. 풍력을 저장했다가 다양한 에너지 부문에 사용할 수 있다."
>
> - 홀데인 「과학과 미래」 1925년

수소를 이용해 처음으로 기구를 띄운 것은 프랑스의 발명가 쟈크 샤를이다. 샤를은 1783년 세계 최초로 천에 고무를 발라 수소 기체가 새어나가지 못하게 하는 수소 기구를 만들고 '샤를리에'라고 이름 붙였다. 이보다 앞서 열을 가열해 공기를 부풀려 하늘을 나는 열기구 '몽골피에'와 차별화하기 위해 붙인 이름이다. 수소 기구는 현재 에펠탑이 있는 곳, 샹드마르에서 떠올라 북쪽으로 21 km 가량을 45분간 비행한 뒤 파리 외곽 고네스 마을에 떨어졌다. 마을 농민들은 샤를리에가 하늘에서 떨어진 악마라고 생각하고 칼과 곡괭이로 갈기갈기 찢어 버렸다.

실험에 성공한 샤를은 이번에는 많은 파리 시민이 지켜보는 가운데 직접 샤를리에를 타고 하늘로 날아올랐다. 샤를을 태운 샤를리에는 550m 고도에 도달한 후 2시간 5분 동안 비행하다가 36km 떨어진 네슬르 발리에 무사히 착륙했다. 용기를 얻은 샤를은 3000m 상공까지 올라갔다가 기압 때문에 귀에 통증을 느끼고 내려오기도 했다.

수소를 이용한 비행선은 유럽과 미국을 오가는 수송 수단으로도 이용됐다. 독일의 항공사 체펠린의 회장 후고 에케너는 1936년 수소를 부력으로 하는 비행선을 만들었다. 첫 시험 비행에는 제1차 세계대전 당시 체펠린 비행선 부대의 사령관이었던 요하임 브라이트하우프와 8명의 선장, 47명의 승무원 등 87명이 승선했다. 이 비행선은 1936년 베를린에서 열린 하계 올림픽을 홍보하기 위해 이용됐고 나치의 선전에도 이용됐다. 후고 에케너는 나치에 반대하는 사람이었고, 그래서 비행선의 이름을 히틀러가 집권하기 이전 바이마르 공화국의 대통령이었던 파울 폰 하이덴 힌덴부르크의 이름을 따 힌덴부르크호라 지었다. 나치의 선전 부장 괴벨스는 비행선의 이름을 '아돌프 히틀러'로 변경할 것을 요구했지만 에케너는 거부했던 것으로 알려져 있다.

힌덴부르크호는 프랑크푸르트를 기항지로 삼고 대서양을 연간 17회 왕복하며 북아메리카 정기 노선을 비행했다. 한 번 횡단하는 데 19시간 51분이 걸렸다. 힌덴부르크호는 총 30만 km를 운행해 2789명의 승객을 수송했고 운송한 화물의 무게는 160톤에 달했다. 비행 가격은 편도 기준으로 400달러로 매우 부유한 사람만 탈 수 있었다.

'힌덴부르크호의 비극'이 벌어진 날은 1937년 5월이다. 프랑크푸르트에서 출발한 힌덴부르크호는 미국 뉴저지주의 레이크 허스트 국제공항에 도착했다. 그런데 착륙하던 힌덴부르크호에서는 갑자기 불이 났고, 거대한 불길은 수소가 가득 찬 기체에 옮겨 붙어 불지옥을 만들었다. 그 장면은 고스란히 촬영돼 전 세계 사람들에게 전해졌다. 이 사고로 승객 97명 중 36명이 사망했고, 수소를 이용한 비행선 여객 수송은 전면 중단됐다. 이후 부력을 얻기 위한 기체로는 수소만큼 가벼우면서도 불이 붙지 않는 기체, 헬륨이 이용되고 있다.

1930년대 수소계의 발명왕으로는 독일의 루돌프 에렌이 있었다. 에렌은 폴란드의 북 실레지아 지방 출신으로, 1928년 북부 베를린의 초라한 공업지역에 에렌 모터사를 설립했다. 에렌은 1930년 베를린에서 열린 세계동력회의에서 자신이 연구한 수소 엔진을 발표했다. '에렌 엔진'은 공기와 화석연료를 혼합하는 대신 압축한 수소를 연소실에 주입하는 방식이었다. 이후 에렌은 영국의 몇몇 회사로부터 초청을 받아 런던에 에렌 엔지니어링사를 설립했다.

에렌은 기존 자동차에서 사용하던 3000대가 넘는 디젤 엔진을 수소 엔진으로 개조했다. 또 독일 철도청이 발주한 디젤 기차를 수소 엔진으로 바꾸는 프로젝트도 진행했고, 제2차 세계대전이 한창이던 1942년에는 영국 정부를 위해 수소로 움직이는 잠수함과 어뢰를 발명하기도 했다. 에렌이 만든 어뢰는 궤적을 남기지 않

❍ 힌덴부르크호의 비극

아 적에게 노출될 위험을 줄였다. 비결은 바로 물이었다. 화석연료
를 사용하면 물속에서 배기가스가 나오지만, 수소를 사용하면 물
이 나오는데, 이 물은 곧장 바닷물과 섞여버리기 때문이다. 에렌은
1945년 제2차 세계대전이 끝나고 영국에서 독일로 귀국했다. 하
지만 독일 나치 정부는 영국 정부를 위해 복무한 에렌의 사유재산
을 모두 몰수한 상태였다.

　30여 년이 흐른 뒤, 에렌은 스위스 취리히에서 모습을 드러냈
다. 1978년 세계 수소 에너지 회의는 자신들보다 40년이나 앞서
수소를 상용화했던 에렌을 초청해 우렁찬 박수로 경의를 표했다.

제2차 세계대전을 겪으면서 호주는 극심한 에너지 공급 위기를 경험했다. 적대국이었던 일본이 동남아시아 지역을 점령하면서 중동으로 가는 바닷길이 막혔기 때문이다. 퀸즈랜드 주정부의 공공사업 조정관이었던 켐프는 1938년 영국을 방문해 수소 공정을 터득했다. 이후 호주로 귀국해 수소 생산과 관련된 자료를 전달했고, 호주는 오프피크(off-peak)에 남는 전기를 활용해 수소를 생산하는 계획을 세웠다. 비록 1945년 연합국이 승리하고 에너지 고립으로부터 벗어나면서 호주 정부의 수소 개발 사업은 중단됐지만 이때 터득한 경험은 현재까지도 영향을 미쳐, 호주는 수소시대의 에너지 부국 '제2의 중동'을 꿈꾸며 수소 수출 프로젝트를 진행하고 있다.

수소가 다시 주목을 받은 것은 1970년대 중동 전쟁과 오일쇼크, 그로 인해 주요 선진국들이 느끼게 된 에너지 안보 위기의식과 관련이 있다. 특정 지역에만 매장돼 있는 석유와 달리 수소는 전 세계 어디에서든 물만 있으면 만들 수 있는 에너지이기 때문이다.

수소 에너지 예찬론자들은 '수소 낭만주의자'라고도 불린다. 그렇다면 수소의 어떤 점이 그렇게 매력적인 걸까?

수소는 꿈의 에너지이자 어디서나 구할 수 있는 무한 에너지이며, 오염물질을 배출하지 않는 청정에너지이다. 화석연료는 에너지를 만들면서 온실가스인 이산화탄소를 배출하지만, 수소는 전기를 만들고 부산물로 순수한 물만을 남길 뿐이다. 물은 다시 수소를 생산할 수 있는 원료가 된다. 물은 H_2O로, 수소 두 개와 산소 한 개로 구성돼 있다. 물을 나누면 수소와 산소가 나온다. 수소와 산소를 결합하면 에너지와 물이 나오고 물을 분해하면 수소와 산소가 나오니 가히 무한 에너지라 할 수 있다. 미세먼지도 없고 온실가스인 이산화탄소도 배출하지 않는다. 화석연료를 태우면서 나오는 미세먼지 때문에 우리 아이들이 호흡기 질환에 걸리는 것을 막을 수 있는 에너지이다. 또한 태풍과 가뭄, 극한과 폭염이 인류를 위협하는 지금, 지구온난화와 기후 변화를 늦출 수 있는 대안이기도 하다.

수소는 평화의 에너지이다. 인류는 불을 발견한 이래 에너지를 얻기 위해 치열하게 싸웠다. 나무에서 석탄으로, 석탄에서 석유로 바뀌는 에너지의 역사는 인류의 역사와 궤를 함께한다. 특히 석유는 지구상의 특정 지역에만 매장돼 있어 힘을 원하는 국가들은 중동을 비롯한 석유 매장 지역의 패권을 잡기 위해 싸웠다.

석유가 에너지로 사용되기 시작한 이래 에너지의 역사는 전쟁의 역사다. 석유를 가진 국가는 자원을 노리고 침입하는 열강들에 의해 분열하고 갈등하며 피를 흘렸다. 석유가 없는 국가는 궁핍하게 살거나 에너지를 얻기 위해 싸워야 했다. 자원의 축복이 아니라 자원의 저주였다.

에너지가 모든 곳에 존재한다면 에너지 때문에 인류가 피를 흘리는 일도 사라질 것이다. 수소는 태양이 내리쬐는 곳, 바람이 있는 곳, 파도가 있는 곳이라면 어디에서든 만들 수 있다.

에너지 패러다임은 탄소를 줄이고 수소를 늘리는 쪽으로 향한다. 에너지는 나무(숯)에서 석탄으로, 석유로, 최근에는 셰일(Shale)

혁명을 통해 가스로 변해왔다. 나무에서 석탄, 석유, 가스로 갈수록 함유된 탄소 원자 수에 비해 수소 원자수가 많다. 탄소는 연소되면 지구온난화를 유발하는 이산화탄소가 된다. 탄소가 많이 포함된 에너지를 사용하면 지구온난화를 부추기는 것과 마찬가지다.

수소가 많은 에너지를 사용하는 것이 지구의 지속가능성을 위한 에너지의 진화다. 궁극적으로는 탄소가 아예 없는 에너지, 수소를 향해 가는 것이 에너지 전환의 필연적인 흐름이다.

수소는 효율이 높다. 수소의 질량당 에너지 밀도는 $142kJ/g$에 이른다. 이는 수소의 질량당 에너지가 휘발유의 4배, 천연가스의 3배 수준이라는 의미이다. 수소를 이용한 연료전지 발전효율도 47%로, 화력(35%)이나 태양광(17%)보다 훨씬 높다.

수소는 가정용, 발전용으로 사용할 경우 더 효율적으로 이용할 수 있다. 수소와 산소가 반응하게 되면 물뿐 아니라 '열'도 발생한다. 이 열 에너지를 가정용 난방, 열병합 발전 등에 사용할 경우 수소는 이론적으로 효율이 95%에 달한다. 천연가스의 발전 효율이 40% 라는 점을 감안하면 수소의 에너지 효율이 얼마나 높은지 알 수 있다.

수소를 에너지로 사용하기 위해서는 연료전지가 필요하다. 연료전지(燃料電池, Fuel Cell)는 연료와 산화제를 화학적으로 반응시켜 전기를 발생시키는 장치이다. 쉽게 말해 수소를 집어넣으면 전기가 나오는 발전기라 할 수 있다.

연료전지는 '3차 전지'라고도 불린다. 1차 전지는 화학 에너지를 전기 에너지로 변환하는 장치로, 우리가 흔히 쓰는 '건전지'를 가리킨다. 2차 전지는 외부 전기를 통해 전지 내부에서 화학에너지를 축적하고, 이를 다시 전기 에너지로 변환하는 장치이다. 휴대폰 배터리, 전기자동차 등에 쓰이는 리튬이온 배터리가 대표적이다. 연료전지는 내부에 화학 에너지를 저장하지 않는다. 대신 전지에 수소 에너지를 주입해 전기를 생산한다. 충전을 할 필요가 없이 수소가 공급되는 한 계속 전기를 생산할 수 있다.

연료전지는 연료극과 공기극, 전해질막으로 구성돼 있다. 연료극에는 수소가 들어오고, 공기극에는 산소를 품은 공기가 들어온다. 둘 사이는 전해질막으로 막혀 있다. 전해질막 옆에는 촉매(백금)가 있는데, 수소가 촉매와 부딪히면 수소이온과 전자로 쪼개진다. 수소이온은 막을 통과하지만 전자는 통과하지 못한다. 막을 통과한 수소이온은 산소와 만나 물이 되고, 막을 통과하지 못하고 홀로 남은 전자는 외부 회로를 통해 흘러가면 전기가 된다. 물에 전기를 넣으면(전기분해를 하면) 산소와 수소가 나오듯, 반대로 산소와 수소를 더하면 전기와 물이 나온다. 그런 의미에서 연료전지는 수소를 연료로 전기를 만드는 일종의 발전기라 할 수 있다. 연료전지는 내연기관인 엔진과 달리 물리적인 움직임이 없기 때문에 소음이나 진동이 없고, 부산물은 전기와 열, 순수한 물뿐이다.

LPG 가스를 폭발시키는 것처럼 수소를 폭발시켜 에너지를 얻는 것으로 오해하는 사람들이 있다. 물론 수소에 불을 붙여 폭발시

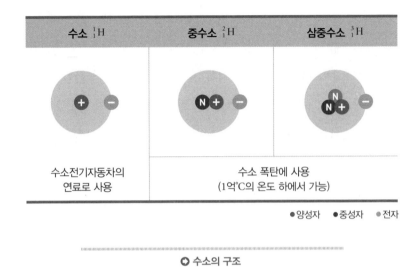

수소 $_1^1\text{H}$	중수소 $_1^2\text{H}$	삼중수소 $_1^3\text{H}$
수소전기자동차의 연료로 사용	수소 폭탄에 사용 (1억℃의 온도 하에서 가능)	

● 양성자　● 중성자　● 전자

◐ 수소의 구조

키고, 그 폭발력을 에너지로 사용하는 방식도 있긴 하다. 앞서 설명한 독일의 발명가 에렌이 발명한 '에렌 엔진'이 수소를 폭발시켜 동력을 얻는 방식이고, 이에 대한 연구는 독일의 자동차 회사 BMW가 오랜 시간 진행했다. 하지만 영하 253℃의 액체수소를 자동차 안에 보관하기도 힘들고 연소시킬 때 너무 많은 수소를 사용하기 때문에 최근에는 이런 방식을 연구하는 곳은 거의 없다.

수소전기자동차를 이야기할 때 수소폭탄을 떠올리는 사람도 있다. 하지만 수소를 연료로 에너지를 얻을 때는 연료전지를 통한 화학적 반응으로 전기를 얻는 방식을 이용한다. 수소 연료전지는 수소 자체를 이용하지만, 수소폭탄은 중수소와 이중수소라는 다른 물질을 이용한다. 중수소와 이중수소는 수억℃의 고온과 초고압에서 핵융합을 통해 만들어지는 물질로, 태양 정도 되는 가혹한 환경에서 발생한다.

수소전기자동차를 언급할 때 수소폭탄에 대해 우려하는 사람들을 보면 연료전지 연구자들은 안타까워한다. 우리가 살고 있는 상온에서 수소폭탄에 이용되는 중수소와 이중수소를 구현할 수 있다면 우리는 더 이상 에너지 걱정을 하지 않아도 될 것이다.

한 연료전지 업계 관계자는 "수소전기자동차로 수소폭탄을 만들 수 있는 사람은 노벨상을 받을 것"이라고 했다. 수소 연료전지에 대한 홍보가 미흡했음에 대한 자조 섞인 농담이다. 어쨌든 대중에게는 '수소=수소폭탄'으로 인식되고 있는 것이다.

수소폭탄은 수소에 대한 부정적인 인식을 심어주고 수소 에너지가 널리 보급되는 데 큰 장벽이 되고 있다. 이 책에서 수소 에너지라는 표현은 폭발을 이용하는 방식이나 수소폭탄이 아닌 연료전지를 거쳐 전기를 만드는 연료전지 방식의 수소 에너지라는 의미로 사용할 것이다.

화석연료를 대체하는 에너지로 수소가 언급되는 이유는 화석연료가 사용되는 거의 모든 곳에 활용할 수 있는 유일한 에너지이기 때문이다. 석탄발전소 대신 수소열병합 발전소에서는 수소를 에너지로 삼아 전기를 생산할 수 있다. 집집마다 설치된 도시가스 보일러는 수소를 연료로 전기와 열을 동시에 생산하는 가정용 연료전지로 대체할 수 있다. 휘발유, 경유(디젤) 등 자동차 연료도 수소로 대체 가능하다.

수소로 전기를 만드는 자동차를 수소전기자동차(FCEV: Fuel Cell Electric Vehicle)라 부른다. 수소전기자동차에는 차량 내부에 발전기인 연료전지 발전기와 수소연료 공급장치, 수소탱크 등이 탑재되어 있다. 연료전지 발전기는 내연기관으로 치면 차량 엔진과 같은 역할을 한다. 캠핑을 좋아하는 사람들은 캠핑카에 발전기 하나씩 들고 다닐 것이다. 외부에서 전기를 끌어올 수 없는 캠핑장에서는 석유 발전기를 돌려 전기를 만들어 쓴다. 이것도 캠핑용 연료전지로 대체할 수 있다. 매연과 소음이 발생하는 석유 발전기와 달리 캠핑용 연료전지에 수소(메탄올)를 넣으면 진동 없이 조용하고 깨끗한 전기를 만들 수 있다. 또한 수소는 벙커C유를 이용하는 선박에도, 디젤 발전기를 사용하는 기차에도 사용 가능하다.

여전히 제기되는 한계와 눈부신 가능성

조용하고 친환경적이며 무한하고 어디에나 존재하는 수소. 이토록 아름다운 에너지인 수소가 아직까지도 보편적으로 사용되지 않는 이유는 무척 많다. 수소를 사용해야 할 이유보다 수소를 에너지로 사용할 수 없는 이유가 더 많을지도 모른다. 심지어 에너지가 맞는지 '정의'를 의심해봐야 할 정도다.

수소는 우주를 구성하는 물질의 75%를 차지할 정도로 막대한 양이 존재하지만 에너지로 사용할 수 있는 순수한 수소는 어디에도 없다. 석유는 석유가 매장된 곳에 관을 꽂아 끌어올려 쓰면 되지만, 수소는 그렇게 모여 있는 곳이 없다. 수소는 다른 원소들과 결합한 형태로만 존재하기 때문에 별도의 정제 과정을 반드시 거쳐야 한다. 즉, 순수한 수소를 만들려면 또 다른 에너지를 투입해야 한다. 수소를 사용하는 이유는 에너지를 얻기 위해서인데, 그런 수소를 만들려면 에너지가 필요하다. 에너지가 있으면 그냥 사용하면 되지 왜 굳이 수소로 만들었다가 다시 에너지로 바꿔서 사용해야 하겠는가.

수소가 있는 대표적인 물질은 물과 화석연료다. 물에서 수소를 얻기 위해서는 전기분해를 해야 한다. 이렇게 만들어진 수소를 연료전지에 주입해 전기를 만든다. 전기를 만들기 위해 전기를 써야 한다는 의미이다. 그리고 모든 에너지는 전환 과정을 거치면 줄어들게 마련이다. 수소를 만들기 위해 전기를 쓰고, 만들어진 수소로 전기를 만들면 에너지는 낭비될 수밖에 없다.

친환경성 역시 마찬가지다. 수소를 에너지로 활용하는 또 다른 이유는 석유, 석탄, 가스 등 화석연료를 사용할 때 발생되는 미세먼지와 이산화탄소를 배출하지 않기 위해서다. 그런데 화석연료를 통해 수소를 생산하고 나면 탄소가 남고 이산화탄소가 배출된다. 이산화탄소 배출을 막기 위해 수소를 사용하는 것인데, 수소를 만드는 과정에서 이산화탄소가 배출된다고? 모순이다.

수소는 기술적인 조치가 취해지지 않으면 효율적이지도 않고 친환경적이지도 않다. 수십 년간 마성의 에너지 수소에 수많은 정부와 기업들이 엄청난 돈과 열정을 쏟아붓고도 여전히 대중화시키지 못한 이유는 바로 이 '기술적인 조치'가 미흡했기 때문이다. 기술 개발이 이뤄지면서 상용화에 근접해 가고 있지만, 아직까지도 손이 닿았다고 보기는 힘들다.

미국의 에너지 학자 리처드 뮬러 UC버클리 교수는 "수소는 100년 동안 궁극적인 대체물로 여겨졌다"며 "10~20년 내로 자동차에 연료전지 탑재를 실용화하는 것은 매우 어려울 것 같다"고 했다. 또 스티븐 추 전(前) 미국 에너지부 장관은 재직 당시 "수소 기술은 적어도 25~30년 후에야 상용화 가능한 에너지"라며 관련 예산을 대폭 삭감했다.

수소에 대한 연구는 부침이 있다. 권력이 관심을 가질 때는 꿈의 에너지로 각광받다가, 권력이 외면하면 '양치기 소년'으로 돌변하여 엄청난 비난에 시달린다.

그럼에도 불구하고 수소에 대한 미련을 버리지 못하는 이유는 지구온난화 때문이다. 인간은 무분별하게 에너지를 사용했고, 그 결과 급격한 온실가스 발생으로 기후 변화를 초래했다. 기후 변화에 대한 많은 학자들의 연구 결과 '기후 변화의 90%는 인간의 활동 때문'이라는 평이 일반적이다. 그중 55%는 이산화탄소 때문이었다. 물론 인간이 숨을 쉴 때 내뿜는 이산화탄소를 말하는 것은 아니다. 석탄, 석유 등 화석연료를 이용하면서 나온 이산화탄소가 문제다. 전 세계 온실가스 배출량은 1970년 227억 톤에서 2012

년 535억 톤으로 2배가량 증가했고, 한국은 1990년 2억9000만 톤에서 2013년 6억9000만 톤으로 약 2.4배 가량 증가했다.

산업혁명 이후 유럽과 미국이 온실가스를 많이 배출했다면 최근에는 중국, 인도, 브라질 등이 많이 배출하고 있다. 이산화탄소 배출은 곧 화석연료를 사용했다는 것이고 이는 경제 성장과 연관이 있다. 이산화탄소 배출을 줄인다는 것은 성장을 멈추겠다는 말과 같다. 그러니 누구도 이산화탄소 배출을 멈추려 하지 않는다.

1988년 UN에 인간 활동에 대한 기후 변화의 위험을 평가하는 IPCC(Intergovernmental Panel on Climate Change)가 설립됐다. IPCC는 1990년 1차 평가 보고서에서 이대로 가다가는 10년 이상 지구가 버티기 힘들 것이라는 결론을 냈고, 1992년 기후 변화에 관한 유엔 기본협약(UNFCCC)이 채택됐다. 법적 구속력은 없지만 각 국가들은 의정서를 통해 의무적으로 배출량을 줄이기로 약속했다. 그렇게 만들어진 의정서가 1997년 교토의정서다.

각국은 2030년까지 온실가스를 37% 감축하기로 했다. 온실가스 감축은 에너지를 덜 사용하는 것, 성장을 억제하는 것과 같은 말이다. 어떤 정부도 스스로 성장을 줄이고 싶어 하지 않는다. 이산화탄소 배출 없이 사용할 수 있는 에너지를 찾아야 할 필요성은 각국 정부가 정한 데드라인이 다가오면서 더 절실해졌다.

수송, 발전, 건설 등 화석연료가 사용되는 모든 수요처를 대체할 만한 에너지는 수소 밖에 없다. 수소가 여러 가지 단점이 있다는 것을 알면서도 포기하지 못하는 이유다. 꿈의 에너지를 향한 연구자들의 노력으로 수소의 기술적 한계는 상당히 개선됐고, 이를 활용하려는 각국 정부의 계획도 구체화되고 있다.

수소의 경쟁 상대는 석유다. 1900년대 이전까지 초롱불을 밝히는 용도로 사용됐던 석유는 내연기관 엔진의 발명으로 인류의 운명을 좌우하는 에너지가 됐다. 100년이 넘는 기간 동안 패권을 유지해온 석유를 상대하기에 수소의 기반은 너무나 빈약하다. 석유는 100년 동안 전 세계 방방곡곡에 인프라를 구축해 자신의 영역을 만들었고, 석유로 먹고사는 사람만 해도 수십억 명이다. 내연기관자동차는 공학의 진보로 빠르고 강하면서 효율적인 시스템을 갖추며 자신들의 영역을 공고히 하고 있다. 수소가 석유의 자리를 대체한다는 것은 수십억 인류를 적으로 돌리는 일이며, 100년 동안 누적된 막대한 자본과 인프라를 상대하는 일이다. 깨끗한 지구를 지켜야 한다는 의무와 더 많은 성장을 원하는 인간의 욕망 사이를 메우기에 수소는 힘이 없다. 수소는 성장하면 성장할수록 더 강한 견제를 받아왔고 앞으로도 받을 것이다. 너무나도 아름다운 에너지이지만 그보다 훨씬 더 사람들에게 와 닿는 것은 결국 '가격'이고 화석연료로 먹고사는 사람들의 '생계'이기 때문이다.

수소는 아름다운 에너지이기 때문에 100년 동안 인류를 유혹해왔다. 꽤나 많은 사람이 수소의 매력에 빠져 무한하고 평화롭고 깨끗한 에너지를 탐닉했다. 하지만 너무도 높은 진입 장벽에 부딪혀 엄청난 정부 예산, 기업 연구개발비를 탕진하게 하고 여전히 대중화가 불확실한 에너지로 남아 있다. 오디세우스가 세이렌의 유혹에 끌리듯 수소의 유혹에 빠진 여러 연료전지 연구자들은 석유나 배터리 업계로부터 사기꾼 취급을 받았다.

그러나 2019년 현재, 전 세계적으로 다시 수소의 바람이 불고 있다. 이번에는 수소가 그 많은 장애물을 극복하고 대중적인 에너지로 자리 잡을 수 있을까? 아니면 이번에도 주저앉아 다시는 신뢰를 회복할 수 없는 '몽상가'로 남을까? 분명한 것은 수소를 활용한 연료전지 기술은 예전보다 훨씬 더 발전했다는 사실이다. 터무니없이 비싸고 사람들이 이용하기에 내구성 등에서 한계가 있었던 수소전기자동차는 내연기관자동차와 동등한 수준까지 품질이 향상됐다. 수소 에너지를 좀 더 저렴하고 친환경적으로 확보할 수 있는 기술과 인프라도 10년 전과 비교할 수 없을 정도로 개선됐다. 무엇보다 지구온난화에 대한 우려와 그에 따른 각국 정부의 환경규제가 수소사회를 만들어가는 최대 동력이다. 이번에 다시 신발끈을 묶고 뛰면 과연 목적지에 도착할 수 있을까?

여전히 장담할 수 없다. 화석연료의 저항은 어마어마할 것이고 수소의 현재 기술 수준은 대중들을 만족시키기에는 여전히 부족하다. 얼마나 빨리 개선이 될지도 장담하기 힘들다. 분명한 것은 한참을 돌아서 오긴 했지만 앞으로 나아가고 있다는 사실이다. 그리고 지금 걷고 있는 길의 끝에는 깨끗하고 평화적인 에너지를 꿈꿔온 사람들의 이상향이 있다는 것이다. 또한 한 걸음 더 나아가는 만큼 우리 아이들이 더 깨끗한 세상에서 살 수 있는 토대가 될 것이 분명하다.

수소전기자동차를 만들려는
글로벌 자동차 회사들의 도전

●　　　　　　　　　현대적 의미에서 최초의 수소 연
료전지 차량은 1959년 앨리스-차머스 사의 해리 이리그가 제작
한 20마력의 트랙터다. 15kW의 출력을 가진 이 트랙터는 백금 촉
매와 수산화나트륨 전해질을 사용하는 등 현대적 의미의 연료전지
구성을 갖추었다.

이에 앞서 미국 자동차 회사들이 연료전지 기술에 관심을 갖
게 만든 인물은 오스트리아 출신 과학자 카를 코르데쉬였는데, 그
가 미국으로 건너오게 된 과정은 마치 첩보 영화의 한 장면 같다.

1953년, 코르데쉬는 가족들과 함께 휴가를 간다며 오스트리
아의 수도 빈을 떠난 후 돌아오지 않았다. 빈을 떠난 코르데쉬 가
족은 미국 뉴저지에서 모습을 드러냈고, 이후 코르데쉬는 미국의

◎ 1961년 수소 연료전지자동차로 개조된 오스틴 A-40

유니온 카바이드사의 연구소에서 근무했다. 코르데쉬를 미국으로 데려온 것은 미국의 첩보기관 전략사무국(OSS*)이었다. 미국은 제2차 세계대전 이후 독일의 과학 기술에 놀라 독일 과학자들을 빼오는 전략을 세우고 비밀리에 '종이클립작전'을 진행했다. 코르데쉬 또한 그 일환으로 미국으로 건너오게 됐고, 미국에서 연료전지를 동력으로 자동차를 만들었다. 코르데쉬가 만든 최초의 자동차는 머리 위에 6개의 수소탱크를 싣고 다니던 오스틴 A-40이었다.

코르데쉬가 옆집 차를 개조해 만든 오스틴 A-40은 최고 시속이 80km로, 1회 충전으로 300km 이상 주행할 수 있었다. 또 다른 연료전지자동차의 시조라고 할 수 있는 제너럴 모터스(이하 GM)

---

* OSS(Office of Strategic Services): 제2차 세계대전 당시 설립된 미국의 첩보기관. 미국의 중앙정보부(CIA)의 전신이다.

의 일렉트로밴 역시 코르데쉬가 만든 연료전지를 탑재해 만들어졌다. GM은 250여 명의 연구 인력이 2년 넘게 연구한 끝에 1966년 유니온 카바이드가 만든 연료전지를 이용해 일렉트로밴을 개발했다. 6인승 밴이었지만 연료전지 시스템이 워낙 부피가 크다보니 2명만 탈 수 있었다. $5kW$의 연료전지는 1000시간을 사용할 수 있었고, 최고 시속은 $110km$였다. 하지만 일렉트로밴 프로젝트는 비용이 너무 많이 들어서 첫 차를 만들고 바로 폐지됐다. 연료전지에 사용된 백금 가격만 차 한 대 값이 넘었다. 일렉트로밴은 GM의 헤리티지 센터에 있다가 최근 캘리포니아 LA에 있는 피터슨 자동차 박물관에 옮겨져 전시되어 있다.

연료전지를 처음 만든 사람은 영국 런던로열대학의 윌리엄 로버트 그로브 교수다. 그로브는 전기 분해 실험을 한 후, 그 반대로 수소와 산소를 결합하면 전기가 발생할 것이라고 추론했다. 그리고 1839년 실제 실험을 통해 최초의 연료전지로 간주되는 그로브 전지를 만들었다.

그러나 현대적 의미의 연료전지 기술은 프랜시스 베이컨을 출발점으로 보고 있다. 케임브리지대 교수였던 베이컨은 알칼리성 전해질과 니켈 전극을 가진 산화수소 전지를 개발해 1939년 처음으로 단위 전지를 만들었다. 베이컨은 2톤 용량의 지게차를 작동할 수 있는 $5kW$의 연료전지를 만들어 시운전을 실시했다.

다임러는 1839년 그로브 교수가 만든 연료전지를 자신들의 기원으로 삼는다. 이들은 "그로브의 발명품이 부활하기까지 120년

수소전기차 시대가 온다

◐ 1975년 프랑크푸르트 모터쇼에 출시된 다임러의 최초 수소 동력 미니밴

이 걸렸다"며 "겉보기에는 너무 무겁고 비싸 아무 쓸모없어 보이는 것이었지만, 다임러는 연료전지 기술에 대한 연구를 계속해 사람들을 깜짝 놀라게 했다"고 자사 홈페이지에서 강조하고 있다.

다임러는 1960년대 후반 미래 에너지원으로 수소를 주목했다. 당시 수소는 엔진에 넣고 폭발시키는 수소엔진 방식이 주로 이용되고 있었다.

수소를 에너지로 사용할 때 가장 큰 고민은 '수소의 보관'이었다. 지금은 상압*의 700배에 달하는 700bar 고압 수소탱크가 있지만, 그 당시에는 엄청나게 큰 탱크를 이용해야 했다. 700bar까지는

---

* 특별히 압력을 줄이거나 높이지 않을 때의 압력. 보통 대기압과 같은 1기압 정도의 압력을 이른다.

아니지만 당시에도 고압 탱크가 있었는데, 철로 칭칭 감아놓아 무척 무거웠다. 또한 수소 부피를 줄일 수 있는 액체수소를 이용하는 연구도 활발하게 진행이 됐는데 영하 253℃를 유지하는 것은 만만치 않았다.

1967년 다임러는 티타늄-철 수소화물을 이용해 수소를 보관하는 방식을 구현했다. 수소화물은 스폰지에 물이 스며드는 것처럼 금속에 수소가 스며들게 하는 방식이다. 수소화물을 이용해 수소를 저장하면 kg당 약 $150Wh$의 에너지를 보관할 수 있었다.

다임러는 1975년 프랑크푸르트 모터쇼에서 수소화물 탱크를 이용한 수소 미니버스를 선보였다.

기초 플랫폼은 '브레멘'모델 시리즈 차량이었다. 이 수소 밴에는 $200kg$의 수소탱크가 탑재됐고 $200km$를 주행할 수 있었다. 다임러는 "석유가 고갈될 위험에서 벗어나기 위해 수소를 에너지로 사용하는 방법을 고안했다"며 "고압 탱크나 액체수소 대신 수소화물을 이용함으로써 수소 에너지의 실현 가능성을 높였다"고 설명했다.

다임러의 대표적인 수소전기자동차는 NECAR(New Electric CAR) 시리즈다. 다임러는 1990년대 초반 세계적인 수소 연료전지 회사인 발라드와 협업해 수소자동차를 만들었다. NECAR1은 수소 엔진 방식이 아니라 산소와 수소를 결합해 전기를 만드는 연료전지 방식이었다. 하지만 연료전지 구동 시스템 무게만 $800kg$에 달했고 미니밴이 꽉 찰 정도로 부피가 컸다. 실용성은 떨어졌지만, 연료전

○ 다임러의 첫 연료전지자동차 NECAR1

지를 탑재한 자동차가 운행 가능하다는 것을 확인했다는 데 의미
가 있다.

다임러는 3년 후 수소버스 NEBUS(New Electric BUS)도 선보였
다. NEBUS에는 탄소 섬유로 강화한 3kg들이 수소탱크 7개가 탑
재됐고, 한 번 충전으로 250km를 달릴 수 있었다. 최고 속력은 시
속 80km였다. NEBUS는 오슬로, 함부르크, 리스본, 멜버른, 퍼스,
새크라멘토 및 멕시코시티에 시범적으로 배치돼 운행됐다. 이후
다임러는 차세대 수소버스를 출시하며 개선된 모델을 내놨지만,
약 17억 원에 달하는 비싼 가격과 약한 내구성, 지나치게 많은 수
소 소비로 디젤 버스와 경쟁할 수 있는 수준이 아니었다.

1999년, 다임러는 NECAR 프로젝트의 완성판 소형 연료전지
승용차 NECAR4를 선보였다. NECAR4는 4인용 클래스A 차량에

◎ 다임러의 첫 연료전지 버스 NEBUS

메탄올을 연료로 사용하는 연료전지를 탑재한 차량으로, 최고 속력은 시속 140*km*, 1회 충전 주행 거리는 450*km*였다. 당시 다임러 회장이었던 위르겐 슈렘프는 "이제 우리는 연료전지 차량의 기술적 실행 가능성을 입증하는 경주는 끝났다고 단언한다. 지금부터는 연료전지 차량이 가격 경쟁력을 갖게 하는 경주를 시작해야 한다"고 말했다. 당시 다임러는 연료전지 기술에 14억 달러를 투자해 2004년부터 양산형 연료전지 차량을 선보일 계획이라고 밝혔다. 페르디난드 패닉 다임러 연료전지 프로젝트 팀장은 "5년 전 연료전지 시스템을 모두 장착하려면 대형 밴이 필요했지만, 이제는 소형 자동차에 장착하기에 알맞도록 충분히 작고 강력한 연료전지 시스템을 개발했다"며 "마이크로칩이 트랜지스터를 대체한 정도의 기술적 진보"라고 말했다.

　BMW는 1979년 가솔린과 액체수소로 작동할 수 있는 이중연료 엔진을 탑재한 520h를 선보인 이래 4세대에 걸쳐 수소자동차를 만들었다. BMW는 액체수소를 활용한 수소엔진에 매진했고,

1989년 V-12 엔진을 개량해 수소 내연기관을 선보였다. 1994년 유럽에서 300명의 기자를 초청해 4세대 액체수소 내연기관자동차를 전시하기도 했다. 당시 압축천연가스, 액화천연가스(LNG) 자동차도 선보였는데, 이를 액체수소로 가는 과정이라고 설명했다. 그리고 액체수소의 안전성을 설명하기 위해 이중벽 수소탱크를 고열에 굽고 진동기로 흔들고 막대로 충격을 주는 실험을 공개했다. 2000년, BMW는 청정에너지 프로젝트의 일환으로 7시리즈에 수소 내연기관을 탑재한 15대의 $750hL$ 세단을 독일의 여러 도시에 배치했다. 100년이 훨씬 넘게 개발해 개선된 내연기관을 포기하는 것이 불합리하다고 판단한 것이다. BMW의 엔지니어 크리스토프 허스는 "연료전지가 자동차용으로 성공하기 어려운 이유는 백금 촉매가 너무 비싸기 때문"이라며 "연료전지는 당분간 차량 운행에 부적합할 것"이라고 주장했다.

2006년에는 7시리즈 차량을 기반으로 하이드로젠7(Hydrogen 7)을 선보였다. BMW는 하이드로젠7을 "세계 최초로 생산 준비가 완료된 수소자동차"라고 설명했다. 하이드로젠7은 가솔린과 수소를 동력원으로 사용하는데, 운전대 옆 버튼을 누르면 수소에서 휘발유로 연료 전환이 가능하며 한쪽 연료가 소진되면 자동으로 다른 연료를 사용하도록 구성됐다. 수소 모드에서 $200km$, 휘발유 모드에서 $500km$를 달릴 수 있어 양쪽 탱크를 모두 채우면 총 $700km$까지 주행이 가능했다. 연료가 달라져도 승차감은 일정하도록 연료에 상관없이 260마력의 최고출력과 $390Nm$의 최대토크는 유지

● BMW 하이드로젠7

했고, 최고 속도는 시속 230*km*, 제로백(시속 100*km*에 도달하는 데까지 걸
리는 시간)은 9.5초였다.

수소탱크를 탑재하기 위해 트렁크 공간은 절반 정도로 줄였다.
내부 디자인과 편의 사양은 BMW의 대형 세단 7시리즈와 같지만,
매트에 'Hydrogen'로고를 넣었다. 수소가 유출될 경우 도어 잠금
버튼이 빨갛게 변해 누출 사실을 알 수 있게 했다. 하이드로젠7은
100대 한정으로 생산돼 미국, 독일, 일본 등 수소충전소가 세워진
국가들에서 일반인들이 이용할 수 있게 대여가 됐다. 또한 정책 결
정과 여론에 영향을 미치는 인물들에게 시승 기회를 제공해 수소
자동차에 대한 인식을 높이고자 했다. 한국에서는 2007년 서울모
터쇼에서 아시아 최초로 전시됐고, 2008년에는 5대가 들어와 기
자들을 대상으로 시승 행사를 열었다.

하이드로젠7의 단점은 수소를 지나치게 많이 사용한다는 것이었다. 100km를 이동하는 데 필요한 수소의 양이 50L로 가솔린 자동차(13.9L)에 비해 압도적으로 많은데, 이는 거의 트럭 수준의 연비였다. 또한 이후 고압 수소탱크 기술의 발전으로 영하 253℃를 유지해야 하는 액체수소를 사용해야 할 유인이 적어졌다.

BMW는 하이드로젠7을 마지막으로 수소를 내연기관에서 폭발시키는 수소 엔진 방식의 차량을 출시하지 않고 있다. 이후 BMW는 토요타와 손잡고 연료전지 방식의 수소전기자동차를 연구하고 있으며, 2025년 롤스로이스 브랜드 '팬텀'을 기반으로 수소전기자동차를 출시하겠다는 계획을 밝힌 바 있다.

일본 역시 수소전기자동차 분야에서 앞서가는 국가다. 일본의 자동차 회사 마쓰다는 1986년 연구를 시작해 1991년 도쿄모터쇼에서 미래형 HR-X 콘셉트카를 발표했다. 마쓰다는 파격적인 외관과 항공기에 쓰이는 방켈 로터리 엔진을 탑재해 눈길을 끌었다. 수소로 작동하는 방켈 로터리 엔진은 최대 출력을 100마력까지 낼 수 있었다. 또한 마쓰다는 1994년 수소 엔진을 탑재한 왜건을 공개하고 2년간 1만2500마일(약 2만120km)을 주행하며 내구성을 뽐냈다.

일본 기술발전협회의 오카노 가즈키요는 "수소 차량을 아무런 문제없이 도시에서 사용할 수 있다는 것을 입증했다"고 말했다.

토요타는 1996년 오사카에서 열린 국제전기자동차량 심포지엄에서 SUV RAV4의 연료전지 버전을 발표했다. 대당 약 100만

O 1991년 공개된 마쓰다 HR-X

달러의 비용을 들여 만든 2대의 수소전기자동차는 대중들의 시선을 끌었다. 25kW 연료전지를 탑재한 RAV4 수소전기자동차의 주행 거리는 175km였다. 이 수소전기자동차의 특징은 니켈-철 수소화물을 이용해 수소를 저장했다는 점이다.

기무라 요시오 토요타 RAV4 연료전지 프로젝트 팀장은 "우리는 연료전지와 수소흡수합금을 일괄 조립하고 결합한 것을 포함해 세계 최고의 표준이라고 생각되는 것을 이뤘다"며 "우리가 수소의 시대로 가고 있다는 것은 의문의 여지가 없다"고 말했다.

2014년, 토요타는 세계 최초의 양산형 수소 연료전지 세단 '미라이'를 출시했다. 미래(未來)라는 이름에 걸맞은 디자인으로 눈길을 끈 미라이는 전기자동차 구동모터와 수소 연료전지 시스템을 하이브리드로 사용한다. 제로백 9.6초에 최고 시속은 178km, 1회 충전 주행 거리는 502km다. 토요타는 수소 연료전지 특허 100여

수소전기차 시대가 온다

◎ 토요타 수소전기자동차 미라이

개를 무상으로 공개하는 등 수소전기자동차 시장을 확대하고 저변
을 넓히기 위한 노력도 기울이고 있다.

세계 최고의 수소전기자동차 회사는 토요타지만, 2019년 현재
세계 최고의 수소전기자동차는 2018년 출시된 현대자동차 넥쏘다.
넥쏘는 2013년 출시된 투싼 수소전기자동차의 차세대 모델이다.

한편, 토요타는 2014년 공개한 미라이에 이어 2020년 도쿄
올림픽을 맞아 차세대 수소전기자동차를 선보일 예정임을 발표해
세계적인 관심을 끌고 있다.

1997년, 크라이슬러는 디트로이트 모터쇼에서 가솔린이나
다른 액체 탄화수소 연료에서 수소를 추출해 연료로 사용하는 연
료전지자동차를 선보였다. 이후 1998년 GM의 독일 자회사 오펠
은 자피라 미니밴의 수소전기자동차 버전을, 포드는 1999년 경
량 P2000 연구용 자동차에 75kW 연료전지를 탑재한 버전에 이어

2000년 소형차 포커스의 연료전지 버전을 발표했다. 한국에서는 현대자동차가 2000년 초 미국의 연료전지 업체 IFC와 협력해 싼 타페 수소전기자동차를 선보였다.

한편, 중국은 1998년 초기 상하이와 장춘에 수소전기버스를 도입하기 위한 프로젝트를 진행했는데, 1년 만에 좌초됐다. 서방의 후원자들이 연료전지 기술이 중국과 같은 개발도상국에게는 너무 사치스러운 기술이라고 판단했기 때문인 것으로 알려졌다.

1996년 이후 전 세계 내로라하는 자동차 회사들은 모두 저마다 연구 중이던 연료전지자동차를 선보이며 기술력을 뽐냈다. 바야흐로 연료전지자동차 전성시대였다. 향후 5년 안에 수소전기자동차는 양산이 되고, 내연기관자동차의 강력한 경쟁자로 떠오를 것이라는 것이 모든 자동차 회사의 공통된 주장이었다.

수소전기자동차 vs 배터리전기자동차, 어느 쪽이 더 좋은가

최근 이야기하는 수소자동차는 전기자동차다. 수소전기자동차에는 연료전지 발전기와 수소연료 공급장치 등이 탑재돼 있고, 수소탱크에 수소를 싣고 다닌다. 자동차가 구동되면 수소탱크의 수소가 연료전지 안으로 들어가 공기 중의 산소와 만나 전기를 만드는 것이다. 반면 배터리전기자동차는 원자력발전소나 화력발전소에서 만든 전기를 배터리에 싣고 다닌다. 둘의 차이는 전기를 안에서 만드느냐(수소전기자동차) 밖에서 만드느냐(배터리전기자동차)이고, 공통점이라면 모두 전기 모터로 구동되는 전기자동차라는 것이다. 또한 엔진이 없으니 엔진 소음이 없고, 연소를 하지 않으니 질소산화물 등 미세먼지 배출이 없으며, 온실가스인 이산화탄소를 배출하지 않는다는 공통점도 있다.

수소전기자동차와 배터리전기자동차는 오염물질을 배출하지 않는 유이한 대안이다. 세계적으로 환경 규제가 강화돼 무공해 자동차를 의무적으로 만들어야만 하는 상황에서 자동차 회사의 선택지 또한 이 둘뿐이다.

둘 다 내연기관자동차에 대적하는 무공해 자동차이지만, 둘의 관계가 그리 친근해 보이지는 않는다. 수소전기자동차 관련 기사의 댓글에는 배터리전기자동차가 좋은지 수소전기자동차가 좋은지를 두고 치열한 논쟁이 벌어지는데, 그 논쟁의 수위가 심상치 않다. 어느 쪽이 더 좋다는 수준을 넘어 반대편의 존재 자체를 부정하는 주장도 심심치 않게 볼 수 있다.

그중 수소전기자동차에 대한 비난은 매우 적나라하다. 현실성 없는 기술에 국민 혈세를 낭비하고 있다는 것이다. 배터리전기자동차를 옹호하는 사람들은 "전 세계 자동차 회사가 배터리전기자동차를 만드는데 현대자동차만 어리석게 수소전기자동차에 매달린다"고 비난하기도 한다. 정부가 수소전기자동차를 지원하는 일은 현대자동차에 대한 특혜이자 세금 낭비라는 비난도 있다.

현 시점에서 수소전기자동차와 배터리전기자동차 중 어떤 것이 더 좋은지 명확한 결론을 내리기는 쉽지 않다. 각각 장점과 한계가 있는 기술이기 때문이다. 또한 기술적인 완성도가 높지 않아 향후 가능성까지 염두에 두고 비교를 해봐야 한다.

　수소전기자동차와 배터리전기자동차는 단순히 기술 논쟁이 아니라 자동차의 심장을 둔 패권 경쟁이다. 오래전으로 거슬러 올라가면 초기 자동차 시장에서는 배터리전기자동차와 내연기관자동차가 치열하게 경쟁했다. 이때는 친환경 자동차 경쟁이라기보다는 어느 쪽이 자동차 동력원으로 적절한지를 둔 경쟁이었다.

　먼저 마차의 자리를 대체한 쪽은 내연기관자동차가 아닌 전기자동차였다. 1830년대 영국 스코틀랜드의 사업가 앤더슨이 세계 최초의 원유전기마차를 발명했다. 1840년대 이후 미국과 영국에서 전기자동차 개발에 성공했지만, 당시에는 충전이 불가능해 대중적으로 이용되지는 않았다. 1865년에야 프랑스의 가스통 플란테가 축전기를 개발해 처음으로 충전 가능한 전기자동차를 만들었고, 1881년 프랑스 파리에서 열린 국제전기박람회에서 구스타프 트루베가 3륜 전기자동차를 공개했다.

　세계 최초로 인정할 만한 전기자동차는 1884년 영국의 발명가 토마스 파커가 만든 것으로, 모터와 배터리, 공학적 발전을 배제하면 지금의 배터리전기자동차 구조와 크게 다르지 않았다. 전기자동차의 역사는 1891년 처음 판매된 가솔린 엔진 자동차보다 7년이나 빨리 시작된 것이다. 전기자동차는 가솔린 자동차에 비해 경쟁력이 있었다. 가솔린 엔진은 복잡하고 시끄러웠으며 더러웠다.

반면 전기자동차는 진동과 소음이 적고 매연 냄새도 나지 않았다. 엔진이나 복잡한 변속 장치도 필요 없고 운전 조작도 간편했기 때문에, 귀족들 특히 상류층 여성들에게 인기가 많았다.

포르쉐도 처음에는 전기자동차를 만들었다. 포르쉐의 창시자 페르디난트 포르쉐는 1898년 첫 번째 하이브리드 전기자동차 로너-포르쉐를 만들었다. 로너-포르쉐는 최고 출력 5마력으로, 당시 출시된 어떤 전기자동차보다 강한 힘을 선보였다. 또한 1899년 독일에서 열린 '국제자동차박람회 전기자동차 경주'의 40km 경주에서 1등을 차지하며 주목을 받았다. 2위와의 차이가 무려 18분이나 됐다.

미국으로 건너온 전기자동차는 가솔린 자동차를 압도했다. 1900년대 초 미국 뉴욕에 등록된 차량의 50% 정도는 전기자동차였다. 직류 전기의 아버지 발명왕 토마스 에디슨은 전기자동차를 매우 사랑했다. 1902년, 에디슨은 「노스 아메리카 리뷰」와의 인터뷰에서 '니켈과 철을 전극으로 하고 칼륨을 전해액으로 사용하는 차세대 축전지를 개발했'고 전했다. 에디슨이 만든 니켈 철전지를 탑재한 전기자동차는 1파운드에 14Wh의 성능을 뽐냈고, 연구소 3층에서 던져도 터지지 않는 내구성을 자랑했다. 하지만 성능이 급격히 떨어져 에디슨이 우울증에 빠지기도 했다.

1907년 롤스로이스가 7기통 가솔린 자동차를 발표했고, 자동차왕 헨리 포드가 1908년 '모델T'를 출시하면서 내연기관자동차가 전기자동차를 압도하기 시작했다. 이후 미국 텍사스에서 대량

수소전기차 시대가 온다

의 원유가 발견돼 휘발유 가격이 급격하게 떨어지자, 전기자동차는 이후 100여 년간 자동차의 심장 근처에 얼씬도 못했다.

친환경 자동차 1차 대전: 클린 디젤 vs 하이브리드

친환경 자동차 분야에서의 제1차 세계대전은 클린 디젤과 하이브리드의 전쟁이다. 벤츠, BMW, 폭스바겐 등 독일 자동차 브랜드들은 디젤 엔진과 100년 동안 축적한 자동차 공학 기술로 '클린 디젤'을 미래 자동차의 대안으로 제시했다. 반면 토요타가 내세운 대안은 내연기관 사용을 줄이고 대신 배터리를 병행해 사용하는 하이브리드 자동차였다. 두 기술은 각자의 장단점을 가지고 경쟁했다.

디젤 엔진이라고 하면 트럭이나 버스 같은 대형 자동차를 움직이는 힘 좋은 엔진이라는 이미지와 함께 꽁무니에서 검은 매연을 내뿜는 더러운 엔진이라는 이미지가 연상된다.

디젤 기술자들은 오염물질 배출을 줄이면서도 효율을 높였고, 동시에 진동과 소음까지 잡아 트럭이나 버스가 아니라 고급 세단에 장착해도 만족스러울 만큼 디젤 엔진을 진화시켰다. 그 결과 '클린 디젤'이라는 이름까지 얻게 됐다. 사실 클린 디젤이라는 단어는 디젤 엔진의 더러운 이미지를 개선하기 위해 독일 자동차 회사들

○ 클린 디젤 BMW 520d

이 만들어낸 말이다. 허나 클린 디젤이 설사 마케팅을 위해 만들어
진 단어라 하더라도 오염물질 배출을 대폭 줄인 것은 사실이다. 유
로6*를 통과한 디젤 자동차는 1960~1970년대 디젤 자동차에 비
해 오염물질 배출이 95%나 적다.

　클린 디젤의 비결은 완전 연소와 후처리 기술에 있다. 디젤차
꽁무니에서 나오는 검은 연기는 연료가 완전하게 연소되지 않아
나온 찌꺼기다. 디젤 엔진은 압축된 공기에 디젤을 분사해 폭발시
키는데, 완전 연소를 위해 연료를 한 번에 4~5회씩 나눠서 분사한
다. 한 번에 많이 분사하면 불완전 연소 가능성이 높지만, 완전 연
소가 가능한 상황에 맞춰 연료를 공급함으로써 오염물질 생성은
대폭 줄었다. 클린 디젤 엔진은 1초에 30회 이상 연소한다. 한 번

* 유럽연합(EU)이 도입한 디젤차 배기가스 규제단계의 명칭. 대형디젤차의 경우 질소산화물(NOx)을
EURO 5 단계(2.0*kWh*)의 1/5 수준인 0.4*g kWh*까지만 허용한다

연소할 때 5회씩 분사한다면 1초에 150회의 분사가 이뤄지는 것이다. 이를 정밀하게 조절하는 것이 디젤 엔진 100년 역사가 만들어낸, 예술에 가까운 기술이다.

다음으로 후처리 기술은, 말 그대로 추가적인 장치를 달아 엔진에서 나온 배기가스 중 오염물질을 걸러내는 것이다. 그 장치로는 배기가스 재순환 장치(EGR: Exhaust Gas Recirculation), 디젤 미립자 필터(DPF: Disel Particular Filter), 선택적 환원 촉매(SCR: Selective Catalytic Reduction) 등이 있다. 허나 역설적이게도 이 장치와 기술의 한계가 디젤 엔진의 몰락을 가져왔다.

배기가스 재순환 장치는 이름 그대로 엔진에서 폭발하고 나온 배기가스를 다시 엔진으로 돌려보내는 장치다. 그런데 한 번 연소된 공기는 산소가 상당히 타버렸기 때문에 다음 연소 때는 폭발력이 떨어진다. 그리고 폭발력이 떨어지면 그만큼 연소 온도가 낮아진다. 여기에는 장단점이 있다. 질소는 평범한 환경에서는 다른 기체와 결합하지 않지만, 디젤 엔진이 1000℃ 이상 올라가면 산소와 결합해 오염물질인 질소산화물(NOx)이 되는데, 배기가스 재순환 장치를 통해 연소의 폭발력이 낮아지면 엔진의 온도도 낮아져 질소산화물 생성이 줄어든다. 하지만 폭발력이 낮다는 것은 그만큼 자동차 성능이 낮아진다는 의미이기도 하다. 성능을 너무 낮추지 않으면서 환경 규제를 통과하려면 얼마나 배기가스를 재순환시킬 것인지를 정밀하게 조절해야 한다.

선택형 환원 촉매는 촉매인 요소수를 이용해 화학적으로 질소산화물을 다시 질소와 물로 변환시키는 장치다. 화학적으로 질소 산화물을 변환하기 때문에 오염물질 배출을 확실히 줄일 수 있다. 그러나 질소산화물을 많이 제거하려면 요소수를 많이 뿌려야 하는데, 이를 싣고 다녀야 한다는 단점이 있다. 자주 보충하는 번거로움을 줄이려면 요소수를 많이 들고 다녀야 하지만, 그러려면 요소수 탱크가 커져야 하므로 실내 공간은 좁아지고, 탱크 무게 때문에 연비가 낮아진다.

연소 기술과 후처리 기술의 발전으로 성능과 친환경이라는 두 마리 토끼를 잡으려 한 결과, 클린 디젤은 친환경 자동차로 분류되며 각국 정부의 세제 혜택 등을 받았다. 서유럽에서는 클린 디젤에 부과되는 세금이 가솔린보다 43%나 낮다. 또한 클린 디젤의 발명에 힘입어 유럽의 디젤 자동차 비중은 날로 증가해 2009년 유럽에 등록된 신차의 절반을 넘어섰다. 특히 벨기에나 프랑스 등에서는 그 비율이 70%를 넘기도 했다. 일본과 미국에서도 2000년대 초반 1%도 안 됐던 디젤 자동차 비중이 2015년 15% 이상으로 커졌다.

두 개의 심장으로 달리는
하이브리드

하이브리드는 가솔린 엔진과 전기 모터, 두 가지 동력원을 함께 사용하는 방식이다. 가솔린 엔진은 주유 인프라가 잘 갖춰져 있

◆ 토요타 하이브리드 프리우스

고 고속에서 강한 힘을 낸다는 장점이 있다. 전기 모터는 저속에서 강한 힘을 내고 조용하기 때문에 엔진의 단점을 보완할 수 있다. 또한 배터리가 가동되는 저속에서는 연료를 사용하지 않기 때문에 연비가 매우 높다. 이처럼 가솔린 엔진과 전기모터는 잘 어울리는 한 쌍이고, 두 장치를 모두 탑재하는 것도 어렵지 않다. 하지만 엔진에서 모터로, 모터에서 엔진으로 전환되는 과정에서 운전자가 위화감을 느끼지 않도록 하기란 매우 어렵다.

현대적 의미의 하이브리드 자동차의 원조는 1997년 토요타가 출시한 프리우스다. 토요타는 100가지 이상 특허를 취득하며 저속에서는 모터를, 고속에서는 내연기관을 사용하는 하이브리드 파워 트레인을 개발했다. 문제는 가격이었다. 엔진과 모터를 모두 탑재한 하이브리드 자동차는 엔진만 탑재한 내연기관자동차에 비해 비쌀 수밖에 없다. 그렇다고 가격을 높게 책정하면 소비자들이 외면

할 것이기에 내연기관자동차 가격 수준으로 출시할 수밖에 없었고, 프리우스는 출시 후 10년 넘게 적자를 기록했다.

토요타의 아키오 토요타 사장은 2009년 10월 도쿄 모터쇼에서 "지금까지는 프리우스에서 적자를 냈지만 연간 판매량이 50만 대에 근접하면서 2009년은 하이브리드 자동차에서도 이익을 내는 원년이 될 것"이라고 말했다. 규모의 경제가 나타날 정도로 보급될 때까지 하이브리드 파워트레인을 지킨 것이다. 압도적인 하이브리드 기술력과 더 압도적인 원가 경쟁력으로 친환경 자동차 시장은 토요타의 독무대가 됐다. 2017년 한 해 동안 토요타는 152만 대의 친환경 자동차를 팔아 압도적인 세계 1위를 기록했다(2위 현대·기아자동차 25만 대).

클린 디젤과 하이브리드의 전쟁은 매우 치열했다. 자동차를 살 때부터 중고차로 매각할 때까지, 자동차를 보유함으로써 드는 비용을 TCO(Total Cost of Ownership)라 한다. 기준에 따라 다소 차이는 있지만, 클린 디젤과 하이브리드는 TCO에 있어 비슷한 수준에서 경쟁해왔다. 클린 디젤은 신차 구매가격이 낮고 중고차로 매각할 때 감가상각이 적은 반면, 하이브리드는 신차 구매가격이 높고 시간이 갈수록 배터리 성능이 떨어질 수 있어 중고차 시장에서 제값을 받기 힘들다. 대신 하이브리드는 연비가 적게 들고 친환경 자동차에 주어지는 세제 혜택과 주차비 및 고속도로 통행료 감면 등을 받을 수 있다.

주행 환경에 따라서도 클린 디젤과 하이브리드의 TCO가 달라질 수 있다. 저속으로 가다 서다를 반복하는 도심 주행 환경에서는 저속에서 전기 모터를 사용하는 하이브리드의 연비가 상대적으로 좋다. 반면 고속 주행 환경에서는 엔진 효율에 집중한 클린 디젤의 진가가 발휘된다.

2008년 3월 15일, 영국 「선데이 타임스」는 하이브리드 차량인 토요타 프리우스와 클린 디젤 차량인 BMW 520d로 런던에서 제네바까지 545마일(약 880km) 여정으로 연비 시합을 벌였다. 사람들은 하이브리드의 압승을 예상했으나 놀랍게도 클린 디젤의 승리였다. BMW가 자랑하는 이피션트 다이내믹스(BMW Efficient Dynamics)의 힘은 놀라웠다. 가벼운 알루미늄 재질의 섀시에 서스펜션을 적용해 차체 무게를 낮춘 것은 물론 놀라운 첨단 엔진 시스템의 효율성 덕이었다. 브레이크 에너지 재생, 전동식 파워 스티어링, 자동 스타트-스톱, 액티비 에어로다이내믹 등 BMW의 이피션트 다이내믹스는 성능과 친환경성이라는 두 마리 토끼를 모두 잡은 것이다.

이렇게 클린 디젤과 하이브리드의 대결은 클린 디젤의 압승으로 마무리되는 듯했다. 하지만 이른바 '디젤 게이트'가 터지면서 클린 디젤과 하이브리드의 친환경 자동차 1차 대전은 클린 디젤의 참패로 끝났다.

디젤 게이트와
클린 디젤의 몰락

2015년 겨울, 미국에서는 전 세계 자동차 업계를 뒤흔든 사건이 벌어졌다. 세계에서 가장 많은 자동차를 판매하는 폭스바겐이 미국의 배기가스 규제를 위법한 방법으로 통과한 사실이 밝혀진 것이다. 폭스바겐은 오염물질 배출 검사 시험장에서만 오염물질이 적게 배출되도록 소프트웨어를 조작했다. 폭스바겐의 자동차들은 시험장을 벗어나 실제 도로에 나가면 오염물질을 마구 배출했다. 연비와 친환경성을 모두 잡았다는 클린 디젤의 위명은 조작으로 만들어진 허구였다. 이런 사실이 밝혀지면서 전 세계적으로 1100만 대의 차량이 리콜 조치된 것이 바로 디젤 게이트다.

디젤 엔진이 환경 규제를 맞추지 못하는 것은 아니다. 완전 연소 기술과 후처리 기술은 디젤 엔진의 친환경성을 보완하기에 충분하다. 문제는 경쟁력이다. 환경 규제를 맞추려면 각종 오염물질 저감 장치를 탑재해야 하는데, 그러면 원가가 높아진다. 또한 배기가스 저감 장치는 자동차의 성능을 떨어뜨린다. 이는 성능과 원가, 친환경성을 모두 잡아야만 하는 '클린 디젤'에 치명적인 요소였다.

디젤 엔진의 한계가 폭스바겐의 자동차들에서만 나타난 것은 아니다. 기록적인 무더위가 이어진 2018년 여름, 한국에서는 BMW를 '불자동차'라 불렀다. 7월 한 달에만 10여 대의 BMW 차량에서 화재 사건이 발생했기 때문이다. BMW는 독일 본사에서 기술책임자를 파견해 기자간담회를 여는 등 진화에 나섰지만, 화재는 계속됐다. 심지어 BMW 기술자들이 원인으로 지목한 부품이 아닌 다른 부품이 들어간 차량에서도 불이 났다. 사람들은 BMW 차량이 근처에만 있어도 불안해했고, 지하 주차장에서는 BMW 차량을 아예 못 들어가게 했다.

화재의 원인은 오염물질 저감 장치인 배기가스 재순환 장치였다. 앞서 설명했듯 배기가스 재순환 장치는 한 번 연소한 배기가스를 다시 엔진으로 보내 질소산화물 생성을 줄이는 장치다. 배기가스 재순환 장치가 충분히 미세먼지를 제거하면 다음 단계인 선택적 환원촉매 등의 작동을 줄여 배기가스 저감장치로 인한 성능 저하를 최소화할 수 있다. BMW는 배기가스 재순환장치를 최대한 활용함으로써 오염물질 배출을 줄이고 성능은 유지할 수 있게 파워트레인을 설계했지만, 배기가스 재순환 장치의 무리한 사용은 냉각 장치 결함으로 이어져 뜨거운 배기가스가 냉각수 침전물을 태운 것이다.

한편 BMW 화재 사건에 대한 국토교통부의 조사가 이어지는 가운데 같은 차량을 대상으로 한 3년 전 환경부의 조사가 도마 위에 올랐다.

폭스바겐의 디젤 게이트가 드러나자 2016년 환경부는 국내 판매된 디젤차 20종을 대상으로 연비 조작 여부를 조사했다. 실험실에서 시험할 때와 실제 도로에서 시험할 때의 질소산화물 배출량을 측정해본 것이다. 그 결과, 닛산 캐시카이 또한 불법 조작을 한 것으로 밝혀졌다. 실제 도로에서 주행해보니 실험실에서 시험했을 때의 20배가 넘는 질소산화물이 나왔다.

의도적으로 소프트웨어를 조작한 것으로 확인된 자동차 제조사는 닛산뿐이었지만, 나머지 제조사들도 실제 도로에서 오염물질이 훨씬 더 많이 배출됐다. 르노삼성 QM3은 17배, 나머지 차종들도 적게는 1.5배에서 많게는 10배까지 차이가 났다. 사실상 모든 차량이 실제로는 환경 규제를 맞추지 못했던 것이다.

20개 차종 중 실제 도로에서 오히려 질소산화물을 더 적게 배출한 차도 있었다. 바로, 클린 디젤의 상징 BMW 520d였다. 그러니까 20종의 디젤 자동차 중 19종은 환경 규제를 통과하지 못했고, 유일하게 환경 규제를 통과한 자동차는 '불자동차'의 오명을 썼다. 결국 환경과 안전을 모두 잡은 디젤 자동차는 없었던 것이다.

배기가스 재순환 장치만 문제가 된 것은 아니다. 선택적 환원촉매를 조작한 사건도 있었다.

독일 검찰이 아우디 2개 차종, 벤츠 3개 차종이 요소수 분사 소프트웨어를 조작한 혐의를 적발하면서 폭스바겐에 이어 아우디도 CEO인 루퍼트 슈타들러 회장이 구속됐다. 이들은 요소수 탱크의 크기를 줄이기 위해, 실험실 환경에서는 요소수가 충분히 분사되지만 실제 도로에 나가면 요소수를 적게 분사하도록 꼼수를 부렸다. 독일 정부에 이어 한국 환경부는 2018년 6월에 국내 수입된 해당 차종 2만8000여 대에 대한 조사를 진행했고, 조사 범위를 유로6 기준으로 인증받아 국내에 시판된 모든 디젤차로 확대했다.

2018년 11월 서울정부청사에서 국정현안점검조정회의가 열렸다. 이날 회의에서 '환경친화적 자동차 보급 촉진에 관한 법률'에서 '클린 디젤'이라는 용어가 삭제됐다. 이명박 정부 이후 클린 디젤에 적용되던 주차료, 혼합통행료 감면 등 각종 혜택도 사라졌다.

이렇게 클린 디젤과 하이브리드의 친환경 자동차 1차 대전은 하이브리드의 압승으로 끝났다.

친환경 자동차 2차 대전: 배터리전기자동차 VS 수소전기자동차

환경 규제가 강화되면서 친환경 자동차 시장은 2차 대전을 준비하고 있다.

저공해 자동차를 넘어 무공해 자동차로의 진화가 시작되고 있다. 현재 지구상에 무공해 자동차는 배터리전기자동차와 수소전기자동차, 단 둘뿐이다. 그리고 말했듯이, 양쪽 진영은 치열하게 논쟁 중이다.

2008년 미국의 전기자동차 회사 테슬라가 로드스터를 출시한 이후 미래 자동차의 대세로 자리 잡은 배터리전기자동차 진영은 수소전기자동차를 친환경적이지도, 현실적이지도 않은 기술이라고 비판해왔다. 반면 상대적으로 소수인 수소전기자동차 진영은 배터리전기자동차 진영이 결국 배터리 기술의 한계 때문에 스스로 무너질 것이라고 반박했다.

둘이 합심해서 내연기관을 몰아내도 시원찮을 판에 왜 양쪽 진영은 그렇게까지 감정적인 논쟁을 벌이고 있는 걸까?

회사들은 늘 자기가 가장 많이 투자한 기술에 호의적이다. 기술 전문가들 역시 자신이 전공하고 연구한 분야에 호의적이고, 그 기술이 얼마나 위대한지 다양한 데이터를 근거로 찬양한다. 반면 다른 기술에 대해서는 기본적으로 회의적이다. 그도 그럴 것이, 자신이 연구하는 기술보다 다른 기술이 더 위대하고 가능성이 있는 것으로 보였다면 기존 연구를 접고 다른 기술로 갈아타지 않았겠는가.

하지만 자신의 연구 분야에는 전문성이 있을지 몰라도 상대방 기술에 대해서는 속속들이 알지 못하기에 이런 논쟁은 한계가 있다. 다만 정부 예산을 둘러싼 밥그릇 싸움이 논쟁의 수위를 높이고 있는 것이다. 대부분 초기 기술은 시장성이 없으니 정부의 지원 없이는 유지되기가 힘들다. 한정된 정부 예산을 따내려면 상대방 기술을 폄하하고 자신의 기술은 포장해야 한다. 배터리 진영과 수소 진영의 논쟁은 단순한 기술 논쟁이 아니라 밥그릇 싸움의 성격도 있는 것이다.

배터리전기자동차와 수소전기자동차를 비교할 때 유념해야 할 점이 세 가지 있다.

첫째, 둘 모두 미완의 기술이라는 점이다. 배터리전기자동차는 충전시간이 길고 주행 거리가 짧다는 단점이 있다. 하지만 배터리

수소전기차 시대가 온다

기술의 발전으로 주행 거리는 점차 길어지고 있고 충전시간은 짧아지고 있다. 또 지금 사용 중인 리튬이온 배터리의 한계를 넘어서는 리튬황, 리튬에어, 전고체 배터리 등이 상용화되면 단점이 대폭 보완될 것이다.

하지만 이는 수소전기자동차 역시 마찬가지다. 수소전기자동차는 비싸고 인프라가 없다는 단점이 있으나, 연료전지 기술의 발전으로 내구성은 좋아지고 가격은 점차 내려가고 있다. 인프라는 구축해야 할 문제이지, 인프라가 없다고 해서 수소전기자동차 기술이 현실성 없다고 매도할 수는 없다.

기술 논쟁의 목적은 어떤 기술이 더 사회를 이롭게 할지 판단해 어떤 기술에 더 많은 투자할 것인가를 결정하는 데 있다. 그러나 현재 기술 수준만을 기준으로 두 기술의 장단점을 비교하는 것은 큰 의미가 없다.

둘째, 대중화 이후에 대한 가정이다. 기술을 개발하는 것과 대량생산을 하는 것은 다른 문제다. 기술을 개발하는 것도 어렵지만, 그 기술을 토대로 제품을 대량생산하는 것도 매우 어렵다. 대량생산이 되면 규모의 경제로 인해 가격은 낮아진다. 그렇다고 해서 현재 가격의 한계를 무조건 대량생산으로 해결하겠다는 주장은 무책임하다. 시장 초기에는 수요가 부족해, 대량생산으로 가격을 낮춘다 해도 재고가 쌓여 막대한 손실을 입게 된다. 손실을 감수하면서도 대량생산에 대한 투자를 단행하려면 맷집이 있어야 하고, 언제쯤 대중화를 할 수 있을지에 대한 전망과 그 근거가 있어야 한다.

토요타 프리우스의 경우 엔진과 모터의 동시 탑재로 인한 비용 상승을 대량생산과 규모의 경제를 통해 이겨낸 사례다. 허나 이를 위해 10년 넘게 적자를 내면서 버텨야 했다.

반면 GM은 전 세계 자동차 회사 중에 가장 먼저 수소 연료전지에 관심을 가졌고, 연구도 상당히 진행됐으며, 수소 연료전지 관련 원천 기술에 대해서는 세계 최고 수준인 것으로 알려져 있음에도 수소전기자동차를 양산한 적은 없다. GM의 전설적인 인물 밥 루츠 부회장은 토요타의 대량생산과 버티기 전략을 보며 "토요타가 가족 기업이라 가능한 전략"이라며 "장기적인 관점에서 판단하고 추진할 수 있는 지배구조가 부럽다"고 말했다. '대량생산을 하면 가격이 내려갈 것'이라는 주장은 아무나 할 수 있는 것이 아니라는 말이다.

셋째, 배터리전기자동차와 수소전기자동차의 보급이 일정 수준을 넘어가면 측정하기 힘든 인프라 구축비용이 발생할 수 있다. 자동차는 엄청난 자원을 사용하는 에너지 하마다. 에너지로 사용하는 원유의 절반이 자동차에 소모된다. 자동차의 심장이 바뀌면 전 세계 에너지 지형이 바뀐다. 배터리전기자동차가 소규모일 때는 현재 발전 능력 안에서 해결할 수가 있지만, 내연기관자동차만큼 보급되면 막대한 전기를 생산하기 위해 발전소를 새로 지어야 한다. 또한 송배전 망도 다 새로 설치해야 한다. 한 수소 업계 관계자는 "지금 배터리전기자동차가 저렴하게 전기를 이용할 수 있는 것은 기존 전력 인프라에 무임승차를 하고 있기 때문"이라며 "무임승차가 너무 많아서 버스를 더 사야 하는 경우, 즉 전력 인프라를 추가로 건설할 때를 감안해 평가해야 한다"고 했다.

하지만 이런 문제는 수소전기자동차 역시 마찬가지다. 한국에 수소전기자동차를 보급할 경우 200만 대 정도까지는 석유화학 단지에 있는 수소 생산 설비를 이용할 수 있지만, 이를 넘어서면 대량의 수소를 사오거나 만들어야 한다. 원유 사용이 줄고 수소 사용이 늘어날 경우 현재 에너지 패권을 쥐고 있는 국가나 오일 메이저들이 어떻게 저항할지도 예측하기 힘들다.

이런 세 가지 요인을 감안하면 배터리전기자동차와 수소전기자동차 중에 어느 쪽이 더 좋다고 장담하기 힘들다.

연료 및 인프라 가격

환경부 홈페이지에 고시된 연료비*를 기준으로, 100km를 달린다는 가정 하에 휘발유자동차와 배터리전기자동차, 수소전기자동차를 비교해보자.

연료비를 보면 아반떼 휘발유자동차 모델(연비 13.1km/l)은 1만 1448원(1499.65원/l), 아반떼 디젤 모델(연비 17.7km/l)은 7302원(1292.58

---

* 유류비는 '17.1.6 전국 평균 가격 적용.
  연간 연료비는 연간 13,724km 주행 기준('14. 교통안전공단 승용차 평균주행거리 적용)

원/l), 배터리전기자동차 아이오닉 일렉트릭(6.3km/kWh)은 급속 충전 기준 2759원(173.8원/kWh)이 든다. 단, 전기자동차 운전자에게는 그린카드가 지급되는데, 이를 이용해 50% 할인을 받으면 이 비용은 1379원이 된다. 급속이 아닌 완속 충전이라면 1132원(71.3원/kWh)밖에 들지 않는다.

즉, 휘발유자동차는 배터리전기자동차에 비해 연료비가 10배 가까이 비싸다. 연간 13,724km를 달린다고 가정할 경우 연료비가 휘발유자동차는 157만 원이 드는 반면, 배터리전기자동차는 급속 충전 시 19만 원, 완속 충전 시 16만 원에 불과하다.

한편, 수소전기자동차는 100km를 가는 데 약 1kg의 수소가 필요하다. 수소 가격은 지역에 따라 다르지만, 보통 7000원에서 1만 원 정도다. 이는 디젤차보다는 조금 비싸고 휘발유자동차보다는

구분	휘발유 자동차 (아반떼1.6)	디젤차 (아반떼1.6)	전기자동차(아이오닉)		
			완 속	급 속	
				일반	그린카드 추가 할인
연비	13.1km/ℓ	17.7km/ℓ	6.3km/kWh	6.3km/kWh	6.3km/kWh
연료비	1,499.65원/ℓ	1,292.58원/ℓ	71.3원/kWh	173.8원/kWh	86.9원/kWh
100km당 연료비	11,448원	7,302원	1,132원	2,759원	1,379원
연간 연료비	157만 원	100만 원	16만 원	38만 원	19만 원

조금 싼 것이다.

즉, 현재 기준으로 연료비는 배터리가 가장 유리하다.

이번에는 배터리전기자동차와 수소전기자동차를 비교할 때 감안해야 하는 3가지, 기존 기술 개선, 대량생산, 인프라 구축비용을 연료비에 비춰 생각해보자.

현재 기준으로 배터리전기자동차와 수소전기자동차의 연료 가격은 압도적으로 배터리전기자동차가 싸다. 하지만 배터리전기자동차에 충전될 전기 가격이 언제까지 낮은 수준으로 유지될 수 있을지에 대해서는 논란이 있다. 전기를 파는 한국전력의 김종갑 사장은 '두부공장의 걱정거리'라는 제목의 글을 통해 지나치게 저렴한 전기 가격의 문제점을 지적했다.

두부공장의 걱정거리

저는 콩을 가공하여 두부를 생산하고 있습니다. (1) 가공비도 들고, (2) 원자재의 일부는 버려지기도 하니, 당연히 두부값은 콩값보다 더 비싸야겠지요? 그런데 수입 콩값이 올라갈 때도 그만큼 두부값을 올리지 않았더니 이제는 두부값이 콩값보다 더 싸지게 됐습니다.

두부소비가 대폭 늘어나고, 원래 콩을 두부보다 더 좋아하시던 분들의 소비 성향도 두부 쪽으로 급속도로 옮겨갑니다.

> **생필품인 두부 공급대책** 원래 콩을 좋아하시던 분들이 콩 소비로 되돌아오도록 하면 문제의 상당 부분이 해결됩니다. 다음과 같은 조처를 검토하면 어떨까요?
>
> (1) 우선 두부공장 스스로 최대한의 원가절감, 생산성 향상 노력을 한다.
> (2) 생필품이므로 형편이 어려운 일부 소비계층에는 두부를 콩값보다 저렴한 현재 시세로 계속 공급한다.
> (3) 일반 소비자에게는 원자재가격을 회수하고 공장을 유지할 수 있는 정도의 정상가격을 받는 방안을 신중히 검토하고 다수 소비자들의 공감대를 얻어 시행한다.
>
> (김종갑 한국전력 사장 페이스북 발췌)

현재 한국의 전기 가격은 비정상적으로 낮다. 전기를 만드는 원가보다 전기 가격이 더 싸다는 것이 김종갑 사장의 말이다. 당장은 정부가 친환경 자동차인 배터리전기자동차 보급을 위해 전기 가격을 인상하겠다는 의지도 보이고 있지 않다. 하지만 배터리전기자동차 보급이 어느 정도 이뤄지면 지금의 전력 체계로 감당하기가 쉽지 않다. 일반 가정에서 사용하는 한 달 전기 사용량은 $300kWh$, 하루에 $10kWh$가량이다. 배터리전기자동차의 배터리 용량을 보면 닛산 리프가 $30kWh$, 테슬라 모델3는 $75kWh$, 모델S는 $100kWh$다. 전기 소모가 가장 적은 닛산 리프를 기준으로 하더라도 한 번 충전에 3가구의 1일 사용량과 같은 전기가 소모된다.

이런 주장에 대해 배터리전기자동차 진영은 태양광 발전의 가격이 급격하게 낮아지고 있다는 점을 들어 전력 체계에 부담을 주지 않을 것이라고 반박한다. 예를 들어 테슬라의 CEO인 일론 머스크는 태양광 회사 솔라시티도 소유하고 있다. 테슬라와 솔라시티는 2016년 합병했다. 솔라시티는 미국 전역의 주택 지붕을 태양광 패널로 변경하는 사업을 진행했다. 가가호호 생산한 전기로 테슬라의 전기자동차를 충전한다면 굳이 화력·원자력발전소를 더 지을 필요가 없다. 또한 각자 생산한 전기를 각자 사용한다면 송배전, 변압 등 국가 에너지 인프라를 추가로 구축할 필요도 없다.

하지만 전력 체계 전문가들은 태양광 발전을 아무리 확대해도 전체 에너지 생산에서 차지하는 비중이 20%를 넘을 수는 없을 것이라고 말한다. 낮에만 생산 가능한 변동성 큰 에너지 생산 방식은 기존 에너지 체계에서 수용하는 데 한계가 있기 때문이다.

일본 정부는 2018년 태양광 발전소로부터 구입하는 전력 가격을 1년 전 21엔에서 18엔으로 낮췄다. 2012년 40엔의 절반도 안 되는 수준이다. 보조금을 삭감한 이유는 더 이상 태양광 발전으로 생산하는 전기를 수용하기 힘들어졌기 때문이다. 정부 보조금이 삭감되자 태양광 발전 설비 수요가 둔화되고 관련 기업 약 82곳이 도산했다. 에너지공단은 일본 주요 전력 회사가 태양광 발전으로 생산한 전기 매입을 중단한 것을 두고 "전력사의 태양광 전기 매입 중단 결정은 변동이 큰 태양광 발전의 비중이 최근 과도하게 높아지면서 전력공급이 불안정해질 우려가 있기 때문"이라고 분석했다. 또 "일본 경제산업성은 태양광의 지속적 확대 가능 여부, 제도를 지속하기 위한 송전선 인프라 정비 투자규모 등을 검토할 계획"이라고 강조했다. 태양광발전이 배터리전기자동차가 사용할 전기의 완벽한 해결책이 되려면 넘어야 할 산이 많다.

수소전기자동차 역시 기술 진보, 대량생산, 인프라 투자비용을 감안해 살펴보자. 수소전기자동차의 현재 연료비는 7000~1만 원 정도다. 휘발유 자동차에 비해서는 저렴하지만 배터리전기자동차와 비교하면 훨씬 비싸다. 이 가격은 기업 간 거래에 의해 형성된 것으로, 적정성에 대한 논란이 있다. 개인 판매를 하려면 생산, 저장, 유통, 판매 비용을 감안해야 한다. 현재 기준으로 모두 판매가에 반영할 경우 수소는 1kg당 5만 원에 달한다. 수소융합얼라이언스는 기술 진보와 대량생산, 가동률 증대를 통해 이 가격을 5000원까지 낮출 수 있다고 전망했다. 그 근거는 수소충전소 가동률 향상과 운송 인프라 구축이다.

수소 분야에서 가장 앞서가는 일본에서 현재 수소 1kg의 가격은 1100엔, 우리 돈 1만1400원 정도다. 일본 정부는 「2050 수소 로드맵」을 만들며 수소 가격을 2030년까지 1/3, 2050년에는 1/5 이하로 떨어뜨리겠다고 밝혔다. 한국 정부는 2019년 발표한 「수소경제 활성화 로드맵」에서 2040년까지 수소 가격을 3000원 이하로 낮추겠다고 밝혔다. 계획대로 수소 가격이 kg당 3000원까지 떨어진다면 배터리전기자동차와도 경쟁해볼 만한 수준이다.

연료비 측면에서만 본다면 현재는 배터리전기자동차를 선택하는 것이 합리적이다. 하지만 정부는 향후 기술, 가격 개선 가능성과 대중적으로 보급됐을 때 발생할 인프라 구축비용까지 감안해 더욱 정밀한 기술적 분석을 토대로 배터리전기자동차, 수소전기자동차 보급 계획을 세울 필요가 있다.

성능과 주행 거리

결론부터 이야기하자면 주행 거리가 짧고 출력이 낮은 도심 주행에는 배터리전기자동차, 주행 거리가 길고 높은 출력이 필요한 버스나 트럭 등 대형차에는 수소전기자동차가 유리하다는 것이 전문가들의 중론이다.

국내 시판된 배터리전기자동차 중 1회 충전 주행 거리가 가장 긴 차는 테슬라의 프리미엄 세단인 모델S로, 1회 충전으로 451km를 달릴 수 있다. 현대자동차의 코나 일렉트릭은 1회 충전으로 406km를 달린다. 기아차의 니로EV는 385km, 쉐보레 볼트EV는 383km를 주행할 수 있다. 한집안 식구인 코나 일렉트릭에 비해 니로EV의 주행 거리가 짧은 이유는 니로EV가 더 크기 때문이다. 더 큰 차체를 구동하려면 더 큰 힘과 더 많은 배터리가 필요하다. 차체가 크면 무거운 차체 때문에 주행 거리가 줄어들고, 그렇다고 배터리를 더 싣는다면 배터리 무게 때문에 주행 거리 향상 효과가 반감된다. 폭스바겐의 전기자동차 E-골프의 배터리팩 무게는 318kg이며, 한 번 충전으로 200km를 달릴 수 있다. 모델S의 배터리 무게는 500kg이나 된다. 현대로템에서 2량짜리 배터리전기자동차를 만들어 실험한 적이 있는데, 적재 가능한 모든 공간에 배터리를 실었지만 1회 충전 주행 거리는 20km 정도에 불과해 상용화할 수 있는 수준이 아니었다.

배터리전기자동차는 주행 거리를 짧게 설계할수록 배터리가 덜 탑재되기 때문에 저렴하게 만들 수 있다. 반면 수소전기자동차는 600km를 가든 100km를 가든 일단 값비싼 수소 연료전지 시스템을 탑재해야 하기 때문에 기본 가격이 비싸다. 대신 주행 거리가 늘어나더라도 수소만 더 실으면 되기 때문에 주행 거리에 따른 가격 인상률이 낮다.

글로벌 컨설팅 업체인 맥킨지는 40톤 규모의 세미트럭을 기준으로 배터리전기자동차와 수소전기자동차의 원가를 비교했다. 40톤 디젤트럭에 들어가는 파워트레인은 7.5톤이고, 수소트럭의 연료전지 시스템은 7톤이다. 반면 배터리전기트럭의 배터리 및 파워트레인의 무게는 10톤에 달한다. 결과적으로 100km까지는 배터리전기트럭이 더 저렴하지만, 100km를 넘어가기 시작하면 배터리전기트럭의 비용이 가파르게 증가한다.

배터리 VS 수소시스템 비용 비교

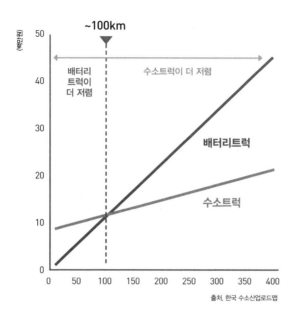

출처, 한국 수소산업로드맵

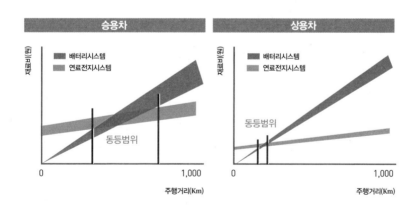

소형, 중형 승용차는 트럭에 비해 가볍기 때문에 배터리전기자동차가 경쟁력을 갖는 구간이 더 길다. 승용차를 기준으로 배터리 시스템과 수소 연료전지 시스템의 재료 원가는 주행 거리 350~700km 구간에서는 비슷하다. 주행거리가 그보다 짧으면 배터리전기자동차가, 그보다 길면 수소전기자동차의 원가가 더 저렴하다.

승용차보다 무거운 버스, 트럭 등의 상용차는 두 시스템의 가격이 비슷해지는 주행 거리가 훨씬 짧다. 14톤 규모 상용차의 경우 배터리 시스템과 연료전지 시스템의 가격이 비슷해지는 주행 거리 구간은 100~150km다. 주행 거리가 그보다 멀어지면 배터리 시스템 가격이 더 올라간다. 중소형 승용차 시장에 먼저 배터리전기자동차가 보급된 이유이자 버스나 트럭 등 상용차에서 수소 연료전지에 더 관심을 갖는 이유다.

배터리 기술의 진화로 주행 거리와 출력의 한계를 극복할 수 있다는 주장도 있다. SK이노베이션은 세계 최초로 1회 충전으로 450km를 달리는 전기자동차 배터리 NCM811을 양산하겠다고 밝혔다. NCM811 리튬이온배터리는 코발트와 망간의 비율을 낮추고 니켈의 비율은 높였다. 니켈 함량이 늘면서 에너지 밀도가 높아졌고, 주행 거리도 기존에 비해 100km 이상 늘어났다.

이존하 SK이노베이션 배터리연구소 셀개발 실장은 "NCM811 배터리로 전기자동차 주행 거리를 500km 이상으로 늘릴 예정이고, 2020년까지는 700km 이상 주행이 가능한 배터리를 개발할 계획"이라고 밝혔다. 실제로 그런 배터리팩을 개발할 수 있을지, 그 경우 가격경쟁력을 갖출 수 있을지는 출시돼봐야 알 수 있다.

또 리튬이온의 한계를 넘은 리튬황, 리튬에어, 전고체 배터리가 실제 개발에 성공해 양산된다면 배터리 진영이 다시 한 번 도약할 수도 있다. 하지만 아직까지는 크고 멀리 가는 운송수단을 만드는 데는 수소전기자동차가 경쟁력이 있다. 그래서 자동차 회사보다는 트럭이 필요한 물류 회사나 기차, 선박 분야에서 연료전지 시스템에 관심이 많은 것이다.

충전 설비

배터리전기자동차는 기존에 있는 전기 인프라를 이용할 수 있다는 것이 가장 큰 장점으로, 집에 있는 코드만 꽂아도 전기를 충전할 수 있으며, 충전소가 전국에 3100개 이상 설치돼 있다.

하지만 충전 시간이 오래 걸린다는 단점이 있다. 집에 있는 코드를 그대로 사용할 경우 완충에 8시간이 걸리고, 급속 충전기를 설치하면 30~40분 정도로 단축할 수 있다. 충전 기술이 많이 발전한다고 해도 현재 주유소에서 기름을 넣는 것만큼 시간을 단축할 수는 없다. 기름 탱크에 기름을 넣는 것은 물리적 행동이지만 배터리 충전은 전기화학적 행동이다. 밥을 빨리 먹을 수는 있지만 위가 음식을 빨리 소화시키도록 할 수는 없는 것과 같은 이치다. 게다가 급속 충전을 많이 하면 배터리 성능이 저하될 우려도 있다.

수소전기자동차는 충전시간이 짧다는 것이 장점이다. LPG 탱크에 LPG를 채우듯 수소 탱크에 수소를 채우기만 하면 되므로 3~5분이면 충분하다. 그러나 수소전기자동차는 충전소가 전국에 14개밖에 없고 충전 비용이 비싸고, 수소충전소 구축비용도 비싸다. 배터리전기자동차는 충전소는 4000만 원이면 충분하지만, 수소충전소를 지으려면 30억 원이 든다.

배터리전기자동차 충전소에는 30분 안에 충전이 가능한 급속 충전기, 5시간 이상이 걸리는 고정형 완속 충전기가 있다. 급속 충전기는 설치비용이 약 4500만 원 정도, 고정형 완속 충전기는 300만 원 정도가 든다. 배터리전기자동차와 수소전기자동차 모두 인프라가 부족한 상황에서 1기당 설치비가 훨씬 낮은 배터리전기자동차 충전기를 설치하는 것이 더 효과적일 수 있다. 하지만 수소전기자동차의 충전 시간이 훨씬 더 짧다는 점도 감안해야 한다.

김준범 울산대 교수가 충전 시간을 감안해 비교한 수소충전소와 배터리충전기 설치비용을 살펴보자.

배터리전기자동차는 충전 시간이 길어 한 번 충전하려면 오랜 시간 공간을 차지하고 있어야 하기 때문에 충전소 1기가 많은 차량을 감당할 수 없다. 쉐보레 볼트EV의 경우 충전 시간이 약 80분으로, 하루 종일 충전을 해도 18대밖에 충전하지 못한다. 반면 수소충전소는 한 번 충전에 3분밖에 소요되지 않기 때문에 하루에 480대를 충전할 수 있다.

수소충전소는 28기만 있으면 약 100만 대의 수소전기자동차를 감당할 수 있다. 이 경우 충전소 설치에 필요한 예산은 약 750억 원이다. 750억 원은 배터리전기자동차 급속 충전기 약 1500기를 설치할 수 있는 비용이다. 그러나 1500기의 급속 충전기가 감당할 수 있는 배터리전기자동차는 약 20만 대다. 단순히 초기 설치 비용만 따질 수는 없다는 의미다.

전기자동차 충전하려다 살인미수까지… 제주서 '충전 갈등' 심각(2019.1.4. 연합뉴스)

강 씨는 제주시청 주차장에서 급속 충전기를 이용해 충전하는 동안 잠시 가족과 함께 인근 커피숍을 찾았다. 30분가량 지났을까. '충전이 다됐으니 차를 빼달라'는 전화가 왔다. 어린아이들을 챙기느라 시간이 다소 지체되자 상대방이 1~2분 간격으로 전화를 하며 화를 내는 통에 서로 얼굴을 붉혀야 했다.
지난달에는 제주에서 전기자동차 충전소 내 시비가 살인미수 사건으로 번지기도 했다. 충전 과정에서 시비가 붙어 화를 주체하지 못한 남성 운전자가 상대 차량을 20여 차례나 들이받았고, 차에 타고 있던 여성 운전자가 크게 다쳤다.

수소전기자동차 진영은 충전소 문제를 두고 '주차 갈등처럼 전기자동차 충전기 갈등'이 나타날 수 있다고 지적한다. 미국이나 호주 같이 단독 주택이 많이 보급된 지역에서는 각 가정마다 전기 자동차 충전기를 설치할 수 있지만, 아파트 같은 집단 주택이 많은 우리나라는 그럴 수 없다. 그 긴 시간 동안 충전이 될 때까지 옆을 지키고 있을 사람은 없다. 그러다 보면 기사에서처럼 앞사람이 차를 빨리 빼주지 않으면 다음 사람은 하염없이 기다릴 수밖에 없고, 이는 이웃 간 갈등으로 번질 수 있다. 만약 전기자동차를 타고 출근을 해서 회사 주차장에 설치된 전기자동차 충전기를 이용하고 있는데 직장 상사가 자기 차 먼저 충전하겠다고 한다면 어떻게 될까? 이런 우려는 현실이 될 수도 있고, 아니면 전기자동차를 충전하는 문화나 습관이 지금과 달라질 수도 있다.

전기자동차 이용자 저는 퇴근할 때 롯데월드에 들러서 충전을 하고 가요. 회사에서나 집에서 충전을 하면 눈치가 보이거든요. 롯데월드에는 124개나 되는 전기자동차 고속 충전기가 설치돼 있어요. 외식을 하거나 마트에서 장을 보고 돌아오면 충전이 다 돼 있어요. 처음에는 불편하다는 생각이 들었는데 자주 이용하다 보면 일정한 패턴이 생겼어요. 휴대폰 충전하는 습관이랑 비슷하달까요?

친환경성

배터리전기자동차와 수소전기자동차 논쟁 중 가장 치열한 주제는 친환경성이다. 친환경성은 배터리전기자동차와 수소전기자동차의 존재 이유이기도 하다. 둘 모두 미세먼지나 이산화탄소를 배출하지 않는다.

하지만 전기나 수소는 지구상에 자연스럽게 존재하는 에너지가 아니다. 전기는 발전소에서 만들어지고 수소는 물을 전기 분해하거나 화석연료를 개질해 만든다. 수소나 전기를 만드는 과정이 친환경적이지 않다면 배터리전기자동차와 수소전기자동차를 친환경 자동차라고 평가하기는 어려울 것이다.

효율적인 에너지는 친환경적이다. 같은 운동을 하고도 연료를 덜 쓰기 때문이다. 친환경성을 평가할 때는 처음 에너지를 생산할 때부터 실제 구동될 때까지의 효율인 'Well-To-Tank'를 따져보아야 한다.

가장 적절한 비교 상대는 일단 천연가스다. 현재 사용되는 수소의 대부분은 천연가스를 개질해 사용한다. 천연가스는 태운 열로 가스 터빈을 돌리고, 배가가스의 열을 회수해 다시 증기 터빈을 돌리는 복합 발전이 가능해 석탄이나 석유에 비해 탄소가 적다.

가스터빈의 효율은 내연기관자동차와 비슷한 35% 정도다. 대신 자동차와 달리 복합 발전을 통해 60% 가량의 발전 효율을 낼 수 있다. 복합 발전을 하지 않고 열을 온수 등에 활용하면 효율을 80%까지도 올릴 수 있다.

수소는 천연가스를 개질하는 순간 30% 이상의 효율 손실이 생긴다. 수소 연료전지의 발전 효율은 약 50%로, 가정용 연료전지를 활용해 집집마다 온수, 난방에 활용하면 95% 가까운 에너지 효율을 낼 수 있다. 어디서 어떻게 활용하느냐에 따라 효율은 달라질 수 있다는 것이다.

배터리전기자동차와 수소전기자동차를 비교할 때는 조금 다른 방식을 사용한다. 토요타의 분석에 따르면 배터리전기자동차에 전기를 넣기 위해 전기를 만들어 자동차 안의 배터리까지 옮기는 Well-To-Tank는 39%, 배터리에서 자동차를 구동하는 Tank-To-Wheel은 85%로, 둘을 곱하면 33%의 효율을 낼 수 있다. 한편 수소전기자동차는 수소를 만들어 탱크로 옮기는 Well-To-Tank가 67%, 자동차 안에서 구동하는 Tank-To-Wheel가 59%로, 최종적으로 40%의 효율이 난다고 분석했다.

	Well-To-Tank	Tank-To-Wheel	Total
배터리전기자동차	39%	85%	33%
수소전기자동차	67%	59%	40%

하지만 배터리전기자동차와 수소전기자동차 논쟁을 할 때는 전기 자체의 친환경성도 따져 봐야 한다.

배터리전기자동차의 경우 발전소에서 만든 전기를 사용한다. 즉, 발전소가 얼마나 친환경적으로 전기를 생산했는지에 따라 친환경성이 달라진다. 자동차가 달리는 동안은 오염물질을 내뿜지 않는다 해도 만약 석탄 화력발전소에서 만든 전기를 사용한다면 그 과정에서 오염물질이 발생할 수 있다. 원자력발전소에서 만든 전기를 사용할 경우 원자력 폐기물에 의한 오염과 방사능 위험이 생겨난 것이다.

수력이나 풍력, 태양광 발전소처럼 재생에너지를 사용해 만든 전기를 이용한다면 배터리전기자동차는 친환경적이라고 할 수 있다. 그러나 어떤 에너지를 이용해 만든 것인지 전기에 꼬리표가 붙어 있지 않기에 어떤 방식으로 발전한 전기인지 일일이 알 수는 없다. 결국 한 국가에서 전력을 생산하는 발전 방식의 구성이 어떻게 되어 있느냐에 따라 배터리전기자동차의 친환경성이 달라진다.

글로벌 에너지기업 BP가 발간한 「2018 세계 에너지 통계 보고서」에 따르면 우리나라의 석탄발전과 원자력발전 비중은 각각 46.2%, 26%에 달한다. 오염물질 배출이 없는 수력, 신재생에너지 발전 비중은 0.5%, 2.8%에 불과하다. 그러므로 한국의 배터리전기자동차의 72.2%는 친환경적이지 않다고 볼 수 있다.

반면 노르웨이는 전체 에너지 사용량 중 수력 발전 비중이 96%에 달한다. 즉, 노르웨이에서 주행하는 배터리전기자동차의 96%는 친환경적이라 볼 수 있다. OECD 국가들의 석탄발전 비중은 27.2%, 신재생에너지 비중은 12.2%인 반면, 비 OECD 국가는 석탄발전이 46%, 신재생에너지 비중이 5.5%다.

수소전기자동차 역시 친환경성에 대한 논란이 있다. 수소는 전기와 마찬가지로 다른 에너지를 활용해 '생산'해야 하는 2차 에너지다. 수소를 생산하는 방식으로는 부생수소와 천연가스 개질, 여유 전력을 활용한 물 전기분해 등이 있다.

부생수소는 제철소나 석유화학 단지에서 부산물로 나온 수소다. 한국에는 대규모 철강, 석유화학 단지가 조성돼 있기 때문에 꽤 유용한 방식으로 꼽힌다. 하지만 부생수소는 이미 반도체나 태양광셀 제조공정, 원유정제, 탈황 등에 사용되고 있어 수소전기자동차에 사용될 어마어마한 수소를 부생수소로 충당하는 데는 한계가 있다.

천연가스 개질은 천연가스에서 수소를 분리해 사용하는 방식이다. 문제는 천연가스를 개질해 수소를 생산할 때 부산물로 탄소와 온실 가스인 이산화탄소가 배출된다는 점이다. 심지어 천연가스 개질 설비가 제대로 갖춰지지 않은 중국에서는 석탄을 개질해 수소를 만든다. 그럴 바에는 고효율 내연기관자동차가 차라리 친환경적이다. 화석연료로 만든 수소를 연료로 사용하는 수소전기자동차라면 친환경 에너지라고 평가하기가 힘들다.

수소 에너지 연구자들은 수소의 친환경성을 높이기 위해 천연가스 개질 시 발생하는 탄소를 포집하는 기술을 개발하고 있다. 포집된 이산화탄소는 땅속에 매장하거나 온실로 보내 식물이 흡수하도록 하는 등의 연구가 진행 중이다. 탄산으로 만들어 활용하거나, 고급 탄소소재로 만드는 연구도 진행되고 있다.

결국 수소 역시 궁극적으로는 태양광, 풍력 등 재생에너지를 이용해 생산하는 것이 목표다. 재생에너지로 만든 전기로 물을 전기분해 수소를 생산한다면 가장 친환경적일 것이다.

그러나 재생에너지를 활용하는 방식에는 한계가 있다. 태양광이나 풍력 에너지는 간헐적이다. 태양광은 태양이 떠 있을 때만, 풍력은 바람이 불 때만 전기를 만들 수 있다. 배터리에 전기를 담아둔다 해도 방전이 불가피하고, 멀리 송전을 하면 손실이 생긴다. 즉, 자연에너지를 이용한 발전 방식은 많을 땐 너무 많고 없을 땐 너무 없다는 한계가 있다.

그런데 이런 잉여 전력으로 수소를 만들면 에너지를 보관하는 셈이 된다. 또한 수소는 전봇대나 송전 설비 없이도 운반할 수 있다. 예를 들어 사막에 대규모 태양광 설비를 지을 경우 전기를 많이 생산할 수 있겠지만, 다 사용하지 못하고 낭비된다. 이를 운송하겠다고 전봇대를 세우거나 배터리에 싣고 이동하려 해도 낭비가 생긴다. 반면 그 전기로 수소를 만들면 운송이 가능하다.

실제로 호주는 대규모 태양광 설비를 건설해 전기를 만들고, 그 전기로 수소를 만들어 한국과 일본에 수출하고 있다. 각국 정부의 수소 로드맵을 보면 단기, 중기에는 천연가스를 개질해 수소를 만드는 방식을 취한다. 이산화탄소 배출이 불가피하지만 내연기관 자동차를 사용하는 것보다는 친환경적이기 때문이다. 중장기적으로는 재생에너지로 만든 전기로 물을 전기분해해 수소를 만드는 방식을 채택하는 것이 일반적이다.

결국 배터리전기자동차, 수소전기자동차 모두 전기나 수소를 생산하는 방식에 따라 친환경성이 달라진다. 어느 쪽이든 친환경성을 높이기 위해서는 재생에너지 비중이 높아져야 한다.

자원의
고갈과 가격

자원의 가격과 채굴 가능한 매장량도 배터리전기자동차와 수소전기자동차 진영의 주요 논쟁거리다. 수소전기자동차의 핵심인 연료전지에 들어가는 촉매는 희귀 금속인 백금이다.

촉매는 수소를 수소 이온과 전자로 분리하는 역할을 하는데, 이 기능을 가장 잘 수행하는 백금은 꽤 비싸다. 2019년 1월 현재 그램(g)당 대략 5만 원 정도다. 수소전기자동차 넥쏘에는 56g의 백금이 들어가, 백금 가격만으로도 약 280만 원 정도가 된다. 토요타 미라이에는 45g이 들어간다.

이것도 많이 줄인 것으로, 몇 년 전까지만 해도 수소전기자동차 한 대에 100g이 넘는 백금이 들어가 그것만으로도 500만 원에 달했다. 수소 연료전지 시스템 가격이 수소전기자동차 원가의 40%를 차지하고, 이 연료전지 시스템 가격의 40%는 촉매가 들어가는 막전극접합체(MEA)가 차지한다. 그 이유가 백금 때문이다.

연료전지 연구자들은 수십 년간 백금을 대체할 촉매를 개발해왔지만, 아직 비백금 촉매는 상용화되지 않았다. 대신 백금의 효율을 높이는 기술은 상당히 발전했다. 100g에서 56g으로, 중기적으로 20g 이하로 줄일 수 있다고 수소 업계 전문가들은 전망한다.

그러나 수소전기자동차가 비싼 이유가 비단 백금 가격 때문만은 아니다. 현대자동차가 처음 수소전기자동차를 만들었을 때 연료전지 값만 12억 원에 달했다. 흑연분리판은 한 장에 약 40만 원으로, 440장이 들어가면 분리판 가격만 1억6000만 원이 넘는다. 영하 날씨에서 시동을 걸려면 물을 녹여야 하는데, 물 끓이는 포트만 수천만 원이었다.

그러나 백금과 달리 다른 부품들은 대량생산과 기술 개발을 통해 가격이 낮아질 수 있다. 장당 40만 원이나 들던 분리판은 흑연에서 금속으로 소재를 바꾸고 대량생산 체제를 갖춤으로써 현저하게 가격이 떨어졌다. 또 금속으로 소재를 바꾸면서 훨씬 더 얇게 만들 수 있었고, 작은 공간에 더 많은 분리판을 넣음으로써 출력도 높일 수 있었다.

산업통상자원부는 현재 7000만 원대인 수소전기자동차가 연간 3만5000대 생산할 경우 5000만 원 정도로, 연간 10만 대를 달성하면 내연기관자동차 수준까지 하락할 것으로 전망했다.

자원의 고갈 역시 친환경 자동차의 한계로 지적된다. 그러나 백금의 전 세계 매장량은 2만7000톤으로 추정된다. 그중 75%는 남아프리카 공화국에 매정돼 있다. 이는 수소전기자동차 1대에 20g의 백금이 필요하다고 가정하면 약 13억 대를 생산할 수 있는 규모다. 「세계 자동차 통계 2017」에 따르면 세계 전체 자동차 대수는 약 13억2000만 대다. 수소전기자동차가 얼마나 빠르게 보급될지는 예측하기 힘들지만, 백금이 고갈되어 수소전기자동차를 생산하지 못하는 일은 당장 걱정할 일은 아니다.

배터리전기자동차 역시 희귀 금속을 사용한다. 일단 배터리의 기본 소재인 리튬도 풍족하지 않다. 씨티그룹은 자동차 산업에서의 리튬 수요가 2021년까지 매년 35% 증가하고 2025년까지 약 450% 늘어날 것이라고 전망했다.

리튬은 해수에 가장 풍부하다고 알려져 있고, 볼리비아, 호주 등의 리튬 광산에서 생산된다. 채굴 가능한 매장량은 약 20억 대의 배터리전기자동차를 만들기에 충분하다는 평가를 받고 있다. 또한 배터리에는 리튬뿐 아니라 망간, 바나듐, 몰리브덴 등 다양한 희귀 금속이 들어간다. 전 세계 배터리 업체들은 사용 중인 희귀 금속의 고갈과 공급이 수요를 못 따라갈 경우 가격이 급등할 것을 우려해 대체 재료를 찾고 있다.

배터리전기자동차와 수소전기자동차를 연료 가격, 주행 거리, 성능, 충전소, 친환경성, 자원의 고갈 측면에서 비교해봤다. 두 기술은 여전히 기술적으로 개선해야 할 여지가 많다.

하지만 두 기술은 각각 장단점이 있고 상호보완적인 성격도 있으니 서로 논쟁만 할 것이 아니라 힘을 합쳐야 할 때다. 지구온난화를 막고 우리 아이들에게 좀 더 깨끗한 지구를 넘겨주기 위해 서로 논쟁해야 할 상대는 배터리와 수소가 아니라 친환경연료와 화석연료다.

수소의 가격은
얼마일까

2018년 2월, 현대자동차가 차세대 수소전기자동차 넥쏘 출시 기념 미디어 시승회를 열었다. 경기도 고양시의 현대모터스튜디오에서 동계올림픽이 열리는 평창까지 약 227km를 주행하는 코스였다.

영동고속도로를 경유해서 평창까지 가는 중간에 여주 휴게소에 들르게 됐다. 여주 휴게소에는 현재자동차가 설치한 수소충전소가 있었다.

기자들은 방송 카메라로 보기 드문 수소충전소를 촬영했다.

충전원 어? 계기판은 찍으면 안 됩니다!

기자 왜 안 돼요?

충전원 어쨌든 안 돼요. 계기판 가리겠습니다.

기자 왜 안 되는지 설명도 해주지 않고 촬영을 방해하면 주최측에 항의하겠습니다.

충전원 ……계기판에 수소 가격이 나와서 안 돼요.

기자 아니, 예비 소비자를 생각하면 수소 가격은 중요한 정보인데 왜 그걸 가리는 겁니까?

충전원 이 수소충전소는 아직 일반인들이 이용하는 시설이 아니기 때문에 가격을 임의로 설정해 놓았거든요. 만약 계기판이 방송에 나가서 일반인들이 수소 가격을 보면 오해할 수 있어요. 여기에 나오는 가격이 실제 가격이 아닌데 괜한 오해를 사면 혼란만 가중될 겁니다.

(나중에 계기판을 가리기 전 촬영된 영상을 살펴보니 설정된 수소 가격은 kg당 100원이었다. 이는 물론 실제 가격이 아니다.)

수소사회를 여는 데 있어서 가장 중요한 요인은 수소 가격이다. 수소전기자동차 자체나 충전소 설치비용, 연료전지도 비싸지만, 수소 가격이야말로 무엇보다 중요한 요인이다. 수소가 너무 비싸면 수소사회는 열리지 않을 것이다.

가격은 참 어려운 주제다. 휘발유 가격은 주유소 앞에 걸린 간판의 숫자를 보면 알 수 있다. 하지만 수소는 일반적으로 사용하는 상품이 아니기 때문에 공식적인 가격이라고 할 만한 기준이 아직 형성되지 않았다. 한국에서 수소는 석유화학 단지에서 생산돼 반도체, 태양광셀, 정유공장에서 사용되고 있다. 개인 판매는 거의 없고 대부분 기업 간 거래이기 때문에 협상에 의해 가격이 정해진다.

지역별로도 차이가 나는데, 이는 수소의 운송비용 차이 때문이다. 석유화학 단지가 있는 울산, 여수, 대산 등에는 수소 파이프라인이 구축돼 있어 운송비가 매우 적게 든다. 그래서 파이프라인이 설치된 지역의 수소 가격은 싸고, 석유화학 단지에서 멀리 떨어질수록 비싸다.

$1kg$당 수소 가격이 울산은 5000원, 광주는 8000원이다. 강원도는 1만 원으로 울산에 비해 두 배나 비싸다. 울산에 사는 사람이 수소전기자동차를 타면 디젤보다 연료비가 싸지만, 강원도에 사는 사람은 디젤 자동차의 기름값이 더 싼 것이다.

한국에 수소는 얼마나 있을까?

수소의 공급량도 가격에 많은 영향을 미친다. 수소가 많으면 가격이 낮을 테고, 수소가 부족하면 가격이 높을 것이다.

그렇다면 우리나라에 수소는 얼마나 있을까? 몇몇 수소 찬양론자들은 한국에 대규모 석유화학 단지가 있어 부생수소가 충분히 많다고 주장한다.

이광국 현대자동차 부사장 국내 각종 산업에서 부가적으로 생산되는 부생수소는 연간 190만 톤에 달합니다. 추가로 생산 가능한 수소도 40만 톤이나 되는데, 그 정도면 수소전기자동차 200만 대가 연간 주행할 수 있습니다.

〈2018년 2월 수소전기자동차 미디어 시승회〉

그러나 이 말은 다소 오해를 일으킬 수 있다. 우리나라에 이미 부생수소가 190만 톤이 매년 생산되고 있고 추가로 40만 톤을 생산할 수 있는 것은 맞다. 그 말대로 200만 대의 수소전기자동차가 운행할 정도의 수소가 충분하다면 당분간 수소를 어디서 구할지 고민할 필요가 전혀 없다. 한국의 수소전기자동차 보급 목표는 2022년 6만 5000대(내수 기준)이고 2040년 목표는 275만 대에 불과하다.

하지만 정말 수소전기자동차에 넣을 부생수소가 추가로 40만 톤이 있을까? 이 말의 진위를 확인해보기 위해 석유화학 업계 관계자에게 부생수소의 연간 생산량과 추가 생산 여력에 대해 물었다.

석유화학 업계 관계자 정유나 화학 공정에서 부생수소가 나오긴 합니다. 하지만 부생수소는 정유 탈황 공정에 사용되거나 수소 가스 회사에 모두 판매가 됩니다. 수소전기자동차라는 새로운 수요가 만들어진다고 하면, 거기에 추가로 공급할 수 있는 부생수소는 아예 없습니다.

수소전기자동차에 들어갈 부생수소가 없다고? 왜 그렇게 석유화학 업계와 수소전기자동차 업계의 말이 다른지 취재해봤다. 그 안에는 희망과 욕망이 반영돼 있었다.

일단 수소전기자동차 업계에는 수소가 충분히 많다고 설명을 해야 할 유인이 있다. 그래야 수소전기자동차를 사려는 사람들이 불안해하지 않을 것이고, 수소 가격도 낮게 형성이 될 것이기 때문이다. 반면 수소를 공급하는 석유화학 업계에서는 수소가 없다고 주장해야 향후 수소 가격을 높게 부를 수 있다. 수소 가격은 수소 생태계를 만드는 핵심 키워드다.

석유화학 업계 관계자 화학 공정에서 부산물로 발생하는 부생수소는 발전용으로 사용하거나 다 팔기 때문에 수소전기자동차 공급용으로 쓸 부생수소가 없다는 것은 사실입니다. 하지만 수소 가격이 충분히 비싸다면 수소를 만들어서라도 팔지 않겠습니까? 정말 많이 팔리겠다 싶으면 수소 공장을 지어서라도 팔겠지요. 그래서 수소를 원활하게 공급받으려면 수소 가격이 높아야 하는 겁니다.

이것이 수소 가격이 중요한 이유다.

수소의 가격 형성 과정을 구체적으로 살펴보자. 수소융합얼라이언스가 정리한 「수송용 수소연료 가격 설정 및 수급체계 구축 방안」에 따르면, 2015년 기준 한국에서 생산되는 전체 수소량은 190만 톤이다. 190만 톤의 75%는 정유 공장에서 나온다. 하지만 정유

공장에서는 대기오염물질인 황산화물을 제거하는 '탈황작업'을 할 때 수소를 사용한다. 정유 공장에서 나오는 부생수소보다 탈황 작업을 할 때 사용하는 수소가 더 많다. 그러니 정유 공장은 수소 공급자가 아니라 수소 소비자인 셈이다.

석유화학 공정, 철강 공정, CA공정에서도 수소가 나온다. 한국에서 생산되는 190만 톤의 수소 중 실제로 외부에 공급이 가능한 것은 14%인 26만 톤 정도다. 이는 반도체, 타이어, LED, 태양광셀 공정에서 활용된다. 부수적으로 나오는 부생수소만으로는 수요를 모두 충족하지 못하고 있다. 수소전기자동차에 공급할 '부생'수소가 없다는 정유, 석유화학 업계의 주장은 진실이다. 한국은 부족한 수소를 '생산'해서 사용하고 있다. 석유화학 단지에는 덕양, SPG, 에어리퀴드 등 가스 회사들이 천연가스를 개질해 수소를 생산해 판매하고 있다.

그렇다고 수소전기자동차에 충전할 수 있는 수소가 충분히 많다는 수소 에너지 진영의 주장 역시 완전히 거짓말은 아니다. 수소 가스 생산 업체들은 생산 능력에 비해 실제 생산하는 수소의 양이 적다. 즉, 유휴 설비가 있다. 유휴 설비가 있으면 수소 생산 공장을 더 짓지 않고도 추가로 수소를 생산할 수 있다. 이 유휴 설비를 활용해 추가로 만들 수 있는 수소의 규모가 최대 40만 톤이다. 수소 진영이 주장하던 40만 톤은 수소 가스 업체들의 유휴 설비를 활용할 경우를 가정해 측정한 수치다. 공짜 수소는 없지만 새로 공장을 짓지 않아도 만들 수 있는 수소는 있는 것이다.

수소 가격은 수소 공급업자만이 아니라 수소의 운송 · 판매업자, 그리고 수소충전소 부품 업체에도 영향을 미친다. 2018년 3월 국회에서 '수소전기자동차 보급을 위한 토론회'가 열렸다. 토론회가 끝나고 수소 업계의 여러 사람들이 서로 명함을 교환하며 인사를 나누고 있었다. 그러던 중 한 사람이 큰 용기를 낸 듯 김종률 환경부 대기환경정책관에게 다가와 조심스럽게 물었다.

수소 업계 관계자 저…… 수소 가격은 얼마쯤 생각하십니까?

김종률 환경부 대기환경정책관 (잠시 머뭇하다가) 가격은 시장에서 결정돼야 합니다.

가격이 시장에서 결정된다는 것은 매우 상식적이다. 그걸 몰라서 물어본 것은 아닐 게다. 수소 가격을 결정할 시장이 아직 형성이 안 되어 있으니 물어본 것이다. 그런 상황을 누구보다 잘 아는 김종률 정책관이 굳이 이렇게 답한 것은 답변을 회피하기 위해서다. 수소 가격은 그만큼 예민한 주제다.

기자 잠시만요. 수소 가격 물어보시던데 혹시 생각하는 수소 가격은 어느 정도 선인가요?

수소 업계 관계자 *kg*당 1만 4000원 정도 생각하고 있습니다.

기자 수소융합얼라이언스에서는 산업부에 7000원 정도 제안한 것 같던데요. 공급가 5000원, 소비자가 7000원.

수소 업계 관계자 소비자가 7000원이요? 그 정도 가격으로는 안 되는데…….

기자 어떤 일을 하시나요?

수소 업계 관계자 수소충전소에 들어가는 수소탱크 만드는 일을 하고 있습니다. 공급 가격 5000원으로는 도저히 수소충전소 설치비도 맞출 수가 없습니다. 수소탱크 만들어서 납품을 해야 하는데, 잘될지 모르겠네요.

수소 공급자와 소비자가 희망하는 수소 가격의 간극은 너무나 크다. 수소 가격이 낮으면 충전소 사업자는 물론 충전소 부품을 만드는 업체도 어려움을 겪게 된다. 수소 가격을 둘러싼 수소 공급자와 소비자는 완전히 다른 관점에서 수소 가격을 인식하고 있다. 결론부터 이야기하자면 현재 기준으로 수소 공급자가 원하는 수소의 kg당 가격은 5만5000원, 소비자가 원하는 가격은 kg당 7000원이다. 그러니 거래가 되겠는가?

소비자 전 환경을 생각하는 사람입니다. 충전소가 부족하다는 불편함을 알면서도 상대적으로 비싼 수소전기자동차를 샀어요. 연료비라도 좀 아낄 수 있어야 하지 않겠어요? 제가 전기자동차처럼 100km를 갈 때 1500원만 내겠다는 욕심을 부리는 건 아닙니다. 뭐 LPG차(6200원/100km), 하이브리드차(6400원/100km) 보다 연료비 비싼 것까지도 이해할 수 있습니다. 더러운 질소산화물을 내뿜은 경유

(9200원/100㎞)보다는 싸야 하지 않겠습니까? 7000원이 적정하다고 생각합니다.

소비자들이 수소 가격을 생각할 때 비교 대상이 되는 것은 다른 차종의 연료비. 심리적인 부분에서 전기자동차나 LPG차보다 비싼 것까지는 어느 정도 용납이 되지만 디젤차보다 비싼 것은 용납하기 힘들다. 지구 환경을 생각해서 비싼 값을 지불하고 수소전기자동차를 샀는데 연료비까지 비싸면 억울할 수 있다. 소비자들이 희망하는 가격은 경유와 LPG의 중간인 ㎏당 7000원이다. 넥쏘의 수소탱크 용량인 6㎏을 가득 채울 경우 4만2000원이 든다.

반면 공급자에게 중요한 것은 원가다. 여기서 공급자는 수소충전소에서 수소를 판매하는 사업자만이 아니라 수소를 생산하는 사람, 수소를 운송하는 사람도 포함된다. 이 모든 원가가 가격에 반영돼야 한다.

공급자(생산, 유통·판매업자) 석유화학 단지에 있는 저희 설비 가동률이 65% 정도 됩니다. 35%를 추가로 생산하는 데는 굳이 설비를 더 짓지 않아도 됩니다. 그러니 설비 투자비는 더하지 않겠습니다. 현재 천연가스를 개질해 수소를 만들고 있습니다. 생산 가격은 ㎏당 3000원 정도입니다.

수소를 판매처까지 운송하는 데도 돈이 만만치 않게 듭니다. 석유화학 단지 가까운 곳은 이미 설치해둔 수소 파이프라인으로 운송하면 됩니다. 하지만 울산이나 여수, 대산 등 지금까지 수소를 많이 쓰는 지역에만 파이프가 설치돼 있습니다. 사람들 많이 사는 서울과 경기도까지 운송하려면 튜브 트레일러(운송트럭)를 이용해야 해요. 이를 감안해 운송비는 *kg*당 7600원 정도 듭니다.

그리고 수소충전소를 설치하는 데 돈이 많이 듭니다. 땅도 사야 하고 충전소 시설도 만들어야 해요. 돈이 30억 원이나 듭니다. 생산비, 운송비, 수소충전소 설치비 등을 감안하면 5만 원은 받아야 합니다. 여기에 마진 10%를 더해 5만 5000원을 받겠다는 겁니다. 정말 빠듯하게 계산한 겁니다.

이 경우 넥쏘의 수소탱크 용량을 가득 채우는 데 33만 원이 든다. 반면 같은 거리를 휘발유자동차로 가면 9만 3000원이다. 아무리 소비자들이 친환경의 가치를 높게 평가한다 해도 연간 수백만 원씩 연료비를 더 쓰면서까지 수소전기자동차를 이용하기는 힘들 것이다.

그러나 이 간극은 수소전기자동차 보급이 확산되면 좁혀질 수 있다. 수소전기자동차가 많이 보급되고 가동률이 높아지면 수소의 생산, 운송, 판매에 드는 비용이 크게 줄어든다. 여기서 또다시 닭이 먼저냐 달걀이 먼저냐의 딜레마에 빠지게 된다. 수소전기자동차의 대중화가 이뤄지면 수소 가격이 낮아진다. 그리고 수소전기자동차의 대중화를 이루려면 수소 가격이 낮아져야 한다.

결국 초기에 대중화가 이뤄질 때까지 누가 비용을 부담해야 하는지가 문제로, 시장이 형성될 때까지 정부의 지원은 불가피한 상황이다. 소비자를 지원할 수도 있고 공급자를 지원할 수도 있다. 하지만 행정 편의를 위해서는 상대적으로 숫자가 적은 수소 공급자를 지원하는 것이 유리하다. 초기의 부담은 수소 공급자가 지고 규모의 경제 발생해 원가가 낮아질 때까지, 이른바 '죽음의 계곡'에서 공급자들이 낙오하지 않도록 정부가 지원해야 한다.

수소 가격을 소비자와 공급자 모두가 감당할 수 있는 수준까지 낮추기 위한 여러 대안들도 논의되고 있다. 2018년 12월, 국회에서는 2019년도 예산안이 통과됐다. 이때 수소 관련 법안들이 부수 법안으로 통과됐다. 환경친화적 자동차 개발 촉진법에는 수소 충전소를 설치할 때 국·공유 재산 임대료를 최대 50%까지 낮출 수 있는 내용이 들어 있다. 충전소 설비 부담을 줄일 수 있는 내용이다.

또, 한국가스공사가 수소 에너지 보급 사업을 할 수 있도록 하는 '한국가스공사법 개정안'도 국회 문턱을 넘었다. 이 개정안에는 가스공사의 사업범위에 수소의 제조, 공급 및 공급망의 건설, 운영과 수소의 개발 및 수출입 등을 포함하는 내용이 담겼다. 공기업인 가스공사가 수소 파이프라인을 개설하거나 해외에서 수소를 수입하는 등의 업무를 수행할 수 있게 됨으로써 수소 가격을 낮추는 데 기여할 수 있게 됐다. 또 가스나 석유처럼 국가가 수소를 국가 에너지로 지정해 통합 관리함으로써 규모의 경제 달성 가능성을 높이는 방식도 거론되고 있다.

구영모 자동차부품연구원 팀장은 "민간에서 비체계적으로 형성된 수소 가격을 국가 에너지 체계 내로 들여와 정비를 해야 한다"며 "한국가스공사와 같은 공공기관이 수소에너지를 국가에너지로 흡수했다가 체계가 잡히면 민간으로 돌려보내는 방식이 필요하다"고 했다.

2019년 1월에 발표된 「수소경제활성화 로드맵」에 따르면 정부의 수소 가격 목표는 2022년 kg당 6000원, 2030년 4000원, 2040년 3000원이다. 수소 생산기지를 확충하고 다양한 수소 생산 기술을 연구해 수소 가격을 낮추겠다는 계획이다. 또한 호주 등 해외에서 수소를 수입하기 위해 관련 선박 기술을 지원하는 방안도 계획 중이다. 주요 수요처에는 고압용 수소 파이프라인을 설치하는 것을 시작으로 전국 단위로 구축하기로 했다. 수소를 공정하고 효율적으로 유통하기 위해 수소 유통 센터를 설치하는 방안도 검토할 예정이다.

수소 가격은 수소 생태계 구축에 있어 매우 중요한 과제다. 가격을 낮추려면 누군가 초기 비용을 지불해야 한다. 모든 주체들에게는 초기 비용을 내지 않고 시장이 형성되면 진입하고자 하는 자연스러운 욕망이 있다. 정부는 초기 시장 형성을 위해 지원을 하는 한편, 향후 이익을 예상할 수 있는 민간업자들이 초기 비용을 형평성 있게 부담할 수 있도록 유도해야 한다.

수소전기자동차의 전제 조건,
수소충전소

● 　　　　　　　　서울에서 수소전기자동차를 타고
양재동 현대자동차 본사에 있는 수소충전소를 지나 남쪽으로 내려
오면 그다음 가장 가까운 충전소는 130km 떨어진 충남 내포에 있
다. 어디를 가도 10분 안에 주유소를 발견할 수 있는 내연기관자동
차와 비교해보면 참 불안한 일이다. 또한 전국 15개 광역단체 중
수소충전소가 있는 지자체는 서울, 울산, 광주, 충남, 경남 5군데에
불과하다.

　수소전기자동차 시승을 했을 때도 충전소 때문에 조마조마했
던 기억이 있다.

　앞서 이야기한 넥쏘의 미디어 시승회가 2018년 2월에 있었는
데, 경기도 일산의 현대자동차 고양모터스튜디오에서 동계 올림픽

이 열리는 평창까지 약 227km를 달리는 코스였다. 처음 출발할 때 계기판을 보니 현재 충전된 수소로 주행 가능한 거리는 429km였다. 그러니 연료 걱정을 할 필요는 없어보였다. 하지만 고속도로를 달리는 동안 아직 평창IC에도 도착하지 못했는데 계기판의 주행 가능 거리는 51km로 줄었고, 경고등이 떴다. 차량의 성능을 시험하기 위해 고속 주행, 급가속 주행 등 무리하게 운행한 탓에 너무 많은 연료를 사용한 것이다.

내연기관자동차였다면 '너무 밟았나?' 하고 다음 주유소를 기다리거나 만약 길에서 멈추더라도 보험사에 도움을 요청해 다음 주유소까지 갈 연료를 공급받을 수 있지만, 수소전기자동차는 상황이 달랐다. 다음 충전소는 100km 이상 떨어져 있었고, 보험사에 연락할 수도 없었으며, 주최측이 수소를 가지고 있을지도 장담할 수 없었다. 다행히 그때부터 연비를 최대한 높일 수 있도록 정속 주행을 한 덕에 목적지에 겨우 도착할 수 있었다.

이처럼 휘발유나 디젤차의 기름이 줄어드는 것과 수소전기자동차를 탈 때 수소가 줄어들 때의 압박은 정말 다르다.

한국의 수소전기자동차 기술은 내연기관자동차 수준을 거의 따라잡았지만, 수소충전소는 갈 길이 멀다. 수소충전소는 2005년 참여정부가 「수소경제 로드맵」을 발표하면서 숫자가 늘어났지만, 정권이 바뀌고 수소에 대한 관심이 줄어들면서 9개가 폐기 혹은 운영중단 상태가 돼 2018년 말 현재 전국 14개밖에 되지 않는다. 수소전기자동차 부문은 현대자동차를 중심으로 연구개발을 이어

가 거의 모든 부품이 국산화됐지만, 수소충전소 관련 부품의 국산
화율은 40%에 불과하다. 심지어 수소충전소에 대한 대중적인 이
미지도 그리 긍정적이지는 않다.

수소충전소의
부정적인 이미지

2018년 10월 경상남도 창원에서는 수소 박람회가 열렸다. 허
성무 창원시장은 창원을 수소 특별시로 만들겠다며 굉장히 공을
들이고 있다. 창원 시청에서 수소전기자동차 전달식이 있었고, 이
후 창원컨벤션센터에서 'H2WORLD 수소박람회' 개막식이 열렸
다. 창원시청에서 창원컨벤션센터로 이동하는 길에 택시를 타게
됐다.

기자 창원 컨벤션 센터로 가주세요.

택시 기사 거기서 무슨 행사해요?

기자 수소 관련한 행사예요.

택시 기사 시위하는 거 취재하러 오셨나 보네요.

기자 시위요? 무슨 시위요?

택시 기사 저기 어디 수소 저장고인가 뭔가 짓는다고 해서 데모하는
거 아니에요?

(창원시는 2018년 중에 성산구에 1개, 2019년 상반기까지 마산과 진해에 각 1개씩

충전소를 건립할 예정이었다)

기자 수소충전소 짓는다고 하면 사람들이 싫어하나요?

택시 기사 좋아하는 사람이 어디 있겠어요? 터지면 어떻게 하려

고…….

기자 창원 시장님은 창원을 수소특별시로 만들겠다고 하시던데요.

택시 기사 저장고 지어봐야 지키는 사람만 한두 명 있지 일자리가

없잖아요. 공장을 지어야지. 그런 거 짓는다고 하면 땅값만 떨어져.

창원시는 수소전기자동차에 관심이 많다. 경상남도 내 지자

체 중에서는 유일하게 '팔룡 충전소'를 2017년 3월 준공했고, 대당

8500만 원인 투싼 수소전기자동차를 40대나 구입했다.

창원시가 수소전기자동차에 관심을 가지는 이유는 자동차 산

업 때문이다. 창원시 산업단지에는 약 3000여 개의 업체가 있는데

그 절반은 자동차 부품 산업과 관련이 있다.

수소전기자동차는 자동차 산업, 일자리 측면에서도 의미가 크

다. 내연기관자동차의 부품은 3만 개가 넘는다. 그런데 배터리전기

자동차의 부품은 1만9000여 개에 불과하다. 내연기관자동차가 모

두 배터리전기자동차로 바뀔 경우 1만여 개의 부품을 만드는 협력

업체들은 생존이 불가능하다.

다행인 것은 수소전기자동차는 그나마 부품이 2만4000여 개

로 배터리전기자동차보다 많다는 점이다. 각국 정부와 지자체가

수소전기자동차에 관심을 갖는 것은 이런 산업적 파급력과 일자리 때문이다.

택시 기사님은 수소 인프라가 일자리에 별 도움이 안 된다고 생각했지만, 창원시는 지역 자동차 부품업체들의 미래 먹거리를 만들기 위해 수소전기자동차에 관심을 갖고 있다. 창원에 있는 자동차 부품업체들이 친환경 자동차로 변하는 패러다임 속에서 수소전기자동차 부품 업체로 탈바꿈할 수 있다면 사라지는 일자리를 최대한 유지할 수 있다. 그럼에도 불구하고 수소충전소는 아직 지역 주민들의 사랑을 받기에 갈 길이 멀다.

산업적인 매력은 충분하지만 일반적으로 수소충전소는 환영받지 못하고 있다. '수소'라고 하면 사람들은 '수소폭탄'을 떠올린다. 그러나 다시 말하지만, 수소전기자동차로는 수소폭탄을 만들 수 없다. 어쨌든 수소에 대한 부정적인 이미지와 고압이라는 특성 때문에 수소충전소 규제도 매우 깐깐하게 되어 있다.

2018년 10월 14일, 문재인 대통령은 마크롱 프랑스 대통령과의 정상회담을 위해 프랑스를 방문했다. 문 대통령은 프랑스 파리 시내에서 운영되는 수소전기자동차를 탑승하고 샹젤리제 거리에서 두 블록, 에펠탑과는 $1km$ 떨어진 수소충전소에서 수소전기자동차를 충전하는 모습을 지켜봤다. 시연에서는 택시 운전사가 직접 수소연료를 충전했다.

이 같은 모습을 한국에서는 볼 수가 없다. 수소는 위험한 고압 가스로 분류되어 학교 부지에서 $200m$ 이내, 아파트 · 빌라 · 의료

시설 등으로부터 50m 이내, 철도로부터 30m 이내에 지을 수 없다. 전용 주거지역에도 안 되고 자연환경보전지역에도 안 되고 상업지역에도 안 된다. 일반인이 수소충전소에서 수소를 직접 충전하는 것도 안 된다.

문재인 정부는 '규제 샌드박스 1호'로 도심 내 수소충전소를 채택하는 방안을 검토하고 있다. 규제 샌드박스는 신산업, 신기술 분야에서 새로운 제품과 서비스를 내놓을 때 특정한 조건에서 기존 규제를 면제하거나 유예시켜주는 제도다. 아이가 뛰어 놀다가 넘어져도 다치지 않도록 놀이터에 모래를 깔아 놓는 공간 '샌드박스'에서 유래한 단어다.

현행 고압가스 안전관리법을 다 지키려면 도심 내에서 수소충전소를 설치할 수 있는 공간은 거의 없다. 도심 내 수소충전소가 규제 샌드박스 대상이 되면 법을 개정하기 전에라도 일단 시험적으로 설치를 할 수 있게 될 것으로 보인다.

수소충전소가 넘어야 할 수많은 장애물

수소충전소 이용 시간도 제한적이다. 서울 상암동에 있는 수소충전소의 이용 시간은 평일 오전 9시부터 저녁 6시까지다. 출근길이나 퇴근길에는 수소충전소를 이용할 수 없고, 주말에도 운영을 안 한다. 이유는 단순하다. 수소를 충전하려면 자격증이 있어야 하는데, 자격증이 있는 공무원이 그 시간에만 근무하기 때문이다. 대부분의 수소충전소가 그렇게 운영된다. 지금까지는 수소전기자동차가 거의 없었고 그나마 있는 수소전기자동차도 일상적인 용도로 이용되는 차가 아니었기에 이렇게 운영해도 큰 불편은 없었다. 그러나 본격적으로 수소전기자동차가 보급되기 시작하면 변화가 필요하다. 미국이나 독일, 일본에서는 일반인도 안전 교육을 이수하면 직접 수소전기자동차를 충전할 수 있다.

이처럼 셀프 충전은 수소전기자동차 보급에 있어 매우 중요한 규제완화 대상이다. 수소전기자동차가 본격적으로 대중화되기 전까지 수소충전소는 적자가 불가피하다. 자격증이 있는 사람만 충전할 수 있다면 충전소 운영 인건비가 더 많이 든다. 셀프 충전이 가능해지면 인건비를 절감해 수소충전소의 초기 적자폭을 줄여 부담을 덜어줄 수 있다.

안 될 일은 참 많다. 정부는 2025년까지 고속도로에 수소충전소 200개를 구축하는 정책을 추진했는데, 무산됐다. 수소충전소 설치의 걸림돌 중에 하나는 운영비용이다. 수소전기자동차 보급 초기에는 충전소의 적자가 불가피하다. 대신 정부는 민간 사업자가 초기 적자를 감수할 수 있도록 고속도로 수소충전소 사업을 하면 신규 휴게소 영업을 할 수 있도록 허가하는 계획을 세웠다. 수소충전소 사업에서 적자를 보더라도 휴게소를 운영해 운영비를 충당할 수 있도록 복합 사업을 구상한 것이다. 그러나 이 정책은 기존 사업자들의 반발로 무산됐다. 고속도로 휴게소가 200개 늘어나면 기존 고속도로 휴게소의 손님이 분산될 수 있기 때문이다. 기존에 있는 고속도로 휴게소에 수소충전소를 설치하는 것도 싫고, 다른 사업자가 휴게소를 만들어 수소충전소를 설치하는 것도 싫다는 것이다. 영향력이 미미한 초기에는 몰라도 수소충전소 보급이 더 많이 이뤄지게 되면 기존 주유소나 가스 충전소 업자들과도 갈등이 발생할 가능성이 있다.

수소충전소 설치가 '재벌 특혜'라는 비판도 충전소 보급에 걸림돌로 작용했다. 수소전기자동차를 만들 때는 130여 개 중소 · 중견 협력업체가 부품을 만들고 충전소에도 국내 중소기업들이 많이 참여하고 있다. 하지만 현대자동차의 이름이 먼저 떠오르다 보니 수소충전소도 대기업만을 위한 사업으로 비춰지곤 한다. 그러다보니 정부 예산으로 대기업에 특혜를 준다는 비판을 받는 것이다.

하지만 이는 타당하지 않다. 수소전기자동차 구매에 보조금을 주는 이유는 대기업을 지원하기 위해서가 아니라 환경오염을 줄이기 위해서다. 한국뿐 아니라 미국, 유럽, 중국, 일본 등 대부분 국가들이 수소전기자동차와 수소충전소에 보조금을 지원하고 있다. 그렇다면 자국의 상용화된 수소전기자동차가 없는 미국이나 유럽, 중국도 다른 나라 기업에 특혜를 주기 위해 보조금을 지원한다는 말인가?

어쨌든 수소충전소 보급을 위해서는 넘어야 할 장애물이 참 많다.

수소충전소는 수소의 공급 방식, 구축 방식, 입지에 따라 구분한다. 먼저 공급 방식에 따라서는 저장식(off-site), 제조식(on-site)으로 구분된다. 수소를 트럭(튜브 트레일러)에 싣고 와서 탱크에 저장해 뒀다가 팔면 저장식이고, 수소의 원료를 가져와 판매처에서 만들어 팔면 제조식이다. 저장식은 기존 주유소와 같은 방식이라 이해하기가 쉬우나 제조식은 다소 낯설어 보일 수 있다. 제조식은 도시가스, LPG 가스 등을 공급받거나 물을 전기 분해해 수소를 만들어 파는 방식이다.

제조식과 저장식의 또 다른 차이는 운송비다. 제조식은 수소 운송비가 많이 들지만, 저장식은 도시가스, LPG 가스 등의 기존 인프라를 이용할 수 있기 때문에 운송비가 적게 든다. 다만 도시가스 등에서 수소를 추출하는 설비를 갖춰야 하기 때문에 초기 투자비가 크다. 저장식은 석유화학단지처럼 수소를 운송하기 용이한 곳 근처에, 제조식은 강원도처럼 수소를 운송하기 불편한 지역에 유리하다.

수소충전소는 구축 방식에 따라 일반 주유소처럼 건설하는 일반형, 저장탱크와 냉각기 및 충전기를 하나의 패키지로 묶어 건축비를 줄이는 패키지형으로 구분된다. 또 수소 보관 트럭이 수소를 싣고 다니다가 수소전기자동차에 충전을 해주는 이동형도 있다.

수소 파이프라인 연결형: 약 27억 원 (3개 도시 기존 구축망 활용, 200㎞)

수소생산 거점   파이프라인   파이프라인   압축기   고압용기 디스펜서

수소가스 운반형: 약 26억 원 (튜브트레일러 활용)

수소생산 거점 압축기   튜브 트레일러   카트리지   압축기   고압용기 디스펜서

도시가스 추출형: 약 56억 원 (추출기 설치)

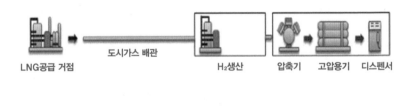

LNG공급 거점   도시가스 배관 H_2생산   압축기   고압용기 디스펜서

수소충전소 유형 및 설치비용

입지에 따라서는 단독형, 복합형, 융합형으로 나누어진다. 단독형은 말 그대로 수소충전소가 단독으로 설치되는 경우다.

복합형은 기존 주유소, LPG/CNG(압축천연가스) 충전소 부지에 수소충전기를 설치하는 형태다. 융합형은 복합형처럼 LPG/CNG 충전소 기존 부지에 수소충전소를 설치하지만, LPG/CNG를 개질해서 수소를 생산한다. 한국 정부는 2004년 이후 실증 사업을 통해 부생수소를 활용한 저장식, 천연가스/LPG 개질 방식, 물을 전기분해하는 수전해 방식, 납사개질 방식 등 다양한 수소충전소를 실제 설치해 2008년까지 운영해본 바 있다.

수소충전소를 만들면 돈을 벌 수 있을까?

2018년 이전까지만 해도 수소충전소가 부족하다는 것은 전혀 문제가 되지 않았다. 일반인이 이용하는 수소전기자동차가 거의 없었기 때문이다. 하지만 2018년 차세대 수소전기자동차가 출시되어 보급 대수가 늘면서 수소충전소 설치에 대한 사회적 압력이 점점 높아지고 있다.

수소충전소 설치에서 가장 중요한 것은 역시 초기 설치비와 운영비용이다.

수소충전소를 설치하는 데 저장식 충전소는 약 30억 원, 제조식 충전소는 약 50억 원 정도의 초기 투자금이 필요한데, 2019년 4월 현재 정부 충전소 1기당 15억 원을 지원하고 있다.

그렇다면 민간 사업자들이 자발적으로 수소충전소를 설치하게 되려면 어떤 조건이 필요할까? 이에 대해 박진남 경일대 교수는 「수소버스 보급 촉진 확대에 따른 수소충전소의 경제성 확보와 기대효과」에서 밝힌 바 있다.

어떤 사업이든 경제성이 있어야만 사람들이 자발적으로 참여하게 되어 있다. 수소충전소 역시 민간 사업자가 자발적으로 지으려면 최소한 자신이 쓴 돈(투자 및 운영비용) 이상의 수익을 올릴 수 있어야 하고, 초기 투자금을 수년 안에 회수할 수 있어야 한다.

예를 들어 저장식 충전소라면 정부지원금 15억 원 외에도 15억 원의 개인 투자가 필요하다. 여기에 인건비와 유지 보수비, 품질 검사비, 카드 수수료, 전기세를 비롯한 각종 공과금 등의 운영비용도 들어간다. 박진남 교수의 발표에 따르면, $500kg$을 저장할 수 있는 수소충전소의 가동률이 100%일 경우 연간 운영비가 3억 원이 넘게 든다고 한다. 여기에 초기 투자비용도 감안해 수익성을 따져야 한다. 투자비용을 대출받은 경우 이자비용도 들어간다.

수소를 kg당 7000원에 공급받아 3000원씩의 이득을 남긴다고 감안해도 현재로서는 수익성은 거의 없는 실정이다. 게다가 가동률이 100%가 될 가능성은 거의 없다는 점까지 감안하면 수익성은 더더욱 떨어진다.

물론 시간이 흐를수록 수소전기자동차 보급이 늘면서 규모의 경제가 실현될 수 있고, 충전소 설치비용이나 운영비용도 하락할 가능성이 높다. 이 경우 수익성이 더 커질 것이고, 민간 사업자가 수소충전소를 운영할 요인도 커질 것이다.

문제는 수소전기자동차가 대중적으로 보급되지 않은 초기다. 이 경우 수소충전소의 가동률은 현저히 떨어질 수밖에 없고, 당연히 수익은 큰 폭으로 줄어든다. 그리고 손실을 볼 것이 뻔한 사업에 자발적으로 뛰어들 민간 자본은 없다.

그래서 수소전기자동차 보급률이 늘고 충전소의 가동률이 정상화될 때까지 정부의 보조금 지급이 필요하다.

특히 수소를 사오는 것이 아니라 충전소에서 수소를 만드는 제조식 충전소는 초기 투자비가 높아 가동률이 낮을 경우의 손실 규모가 더 크다. 이 경우 운영비용에 수소 생산비용까지 감안해야 하기 때문이다. 단, 제조식 충전소는 수소를 사올 때보다 수소의 원가가 낮다는 장점이 있다. 만들어진 수소를 사오는 것보다 그 재료인 천연가스 등을 구입해 직접 제조하는 편이 훨씬 저렴하기 때문에 실제 마진은 더 커지는 것이다. 똑같이 kg당 1만 원에 수소를 판매하는 충전소라 해도 kg당 마진이 저장식 수소충전소는 마진이 3000원일 때 제조식 충전소는 6000원이 될 수도 있다는 의미다.

어쨌든 저장식 충전소나 제조식 충전소 모두 가동률이 낮은 초기에는 적자가 불가피한 상황이다. 양재동에 위치한 수소충전소의 하루 방문 차량은 대략 20대로, $6kg$을 가득 채운다고 하더라도 판매되는 수소는 하루 $120kg$에 불과하다. 현재로서는 운영비용도 충당하지 못해 수익성으로 따진다면 마이너스인 것이다. 현대자동차가 수소전기자동차 보급을 위해 운영하고 있을 뿐, 현재로서는 수익이 나는 사업은 아니라는 의미다.

그동안 수소충전소는 정부가 50%, 지자체가 50%를 출자해 설치하고 공무원들이 운영했기 때문에 운영비를 보조하지 않았다. 민간 사업자를 지원할 근거도 없었고, 굳이 손해를 보면서 수소충전소를 만들겠다는 주체도 없었다.

그러다가 2018년 2월 개정안에 따라 보조금 지원 범위에 '수소충전소를 운영하려는 자'도 포함되면서 운영비를 보조할 법적 근거가 만들어졌다. 또한, 차세대 수소전기자동차가 출시되면서 민간 사업자 중에도 수소충전소를 설치하겠다는 사업자가 나오기 시작했다. 2019년 1월 발표된 「수소경제 활성화 로드맵」에는 '수소충전소 운영 보조금 신설을 검토하고 구축비용 절감 및 추가 수익 창출을 유도하겠다'는 내용이 담겼다.

외국의 경우 수소충전소에 대한 운영비 보조 제도도 운영되고 있다. 미국은 수소전기자동차를 만드는 자국 회사가 없음에도 불구하고 수소충전소의 운영 현황에 따라 운영지원금을 지원한다. 미국 캘리포니아에만 해도 34개의 소매 수소충천소가 캘리포니아 에너지위원회의 운영비 보조를 받아 운영되고 있다. 각 충전소는 가동률이 70%에 도달할 때까지 운영 현황에 따라 적게는 7000만 원에서 많게는 3억2000만 원 한도에서 운영 보조금을 받는다. 일본은 전년도 운영비의 2/3를 지급하는 방식으로 최대 2200만 엔,

우리 돈으로 약 2억1700만 원까지 지급하고 있다. 또한, 일부 지자체는 운영비의 나머지 1/3을 지급함으로써 충전소 운영을 지원하고 있다.

수소사회가 열리기를 원한다면, 우리 정부도 규모의 경제가 달성될 때까지, 나아가 민간 사업자가 자발적으로 시장에 뛰어들어 수소충전소를 운영할 정도의 경제성이 확보될 때까지 지원의 범위와 규모를 확대할 필요가 있다.

내연기관자동차의
미래는 없다

폭스바겐 소유자 연비 조작을
한 폭스바겐이 리콜을 한다고요? 당연히 응해야지요. 연비 좋다고
사람을 속이더니 잘됐네요.

기자 리콜을 하면 100만 원 바우처를 주기는 하는데 배기가스 저
감 장치를 추가로 설치해야 하고 그럼 연비가 떨어질 텐데 괜찮으
시겠어요?

폭스바겐 소유자 리콜을 하면 연비가 떨어진다고요? 그게 무슨 소리
에요?

기자 폭스바겐은 실험실에서만 배기가스가 덜 나오고 실제 도로에
서는 배기가스가 더 많이 나오도록 조작을 했어요. 실제 도로에서도
배기가스가 덜 나오게 하면 출력이 떨어지고 연비가 나빠집니다.

폭스바겐 소유자 그게 말이 됩니까? 폭스바겐이 사기를 쳤는데 그걸 개선하면 내 차 연비가 떨어진다고요? 사기는 폭스바겐이 쳤는데 왜 내가 피해를 봐야 합니까? 그렇다면 절대 리콜 안 할 겁니다.

디젤 게이트를 취재하면서 본 매우 이상한 풍경이다. 폭스바겐은 전 세계적으로 1100만 대의 차량을 리콜했다. 그런데 잘못된 점을 시정하겠다는데 오히려 소비자들이 거부하는 아이러니한 상황이 펼쳐졌다. 이는 환경 규제에 대응해야 하는 자동차 회사들이 처한 상황을 매우 적나라하게 보여준다. 환경 규제가 강화될수록 자동차의 성능은 떨어진다. 배기가스를 뿜고 다니는 디젤차가 성능은 좋다. 지구 환경을 생각하면 배기가스 배출을 줄여야 하는데 그렇게 되면 자동차의 경쟁력은 떨어진다. 폭스바겐이 사기를 친 이유는 환경 규제를 충족하면서 자동차 성능은 떨어뜨리지 않기 위해서였다. 그러다 한계에 부딪혔고 조작을 한 것이다.

친환경성과 자동차의 성능 및 원가는 반비례한다. 친환경성이 높으면 자동차의 성능은 떨어지고, 환경 규제를 맞추기 위해 오염물질 저감 장치를 탑재하면 가격이 비싸진다. 더 나은 성능과 더 저렴한 가격으로 경쟁해온 자동차 제조사는 이제 환경까지 더한 삼차 방정식을 풀어야 하는 상황이다.

자동차 환경 규제가 시작된 1990년대 이래 자동차 회사들은 강화되는 환경 규제에 끈질기게 저항했다. 자동차 회사들은 높은 연비의 친환경 자동차를 출시하며 브랜드 이미지를 개선하곤 하지만, 이는 담배회사의 금연 운동과 다를 바 없다. 환경 규제는 자동차 회사에게 거추장스러운 장애물일 뿐이다. 환경 규제를 받지 않으려는 자동차 회사의 로비는 꽤 오랫동안 매우 강력하게 진행돼왔고 지금도 진행되고 있다.

소비자들 역시 친환경성에 대해 상당히 보수적이다. 다른 사람의 시선을 의식할 때는 친환경성이 중요하다고 말하지만 실제 구매를 결정할 때 친환경성의 영향을 거의 받지 않는다.

한국과학기술정보연구원 전승표 연구원에 따르면 사람들은 자동차를 구입할 때 친환경성이 중요한 선택 항목이라고 답했지만, 실제로 구매할 차를 알아볼 때 친환경성 관련 키워드는 검색조차 하지 않았다.

사람들이 그나마 친환경 자동차에 관심을 갖는 이유는 연비 때문이다. 실제로 친환경 자동차를 구매하는 사람들은 연비와 같은 경제적 요소와 관련해 주로 검색했다. 그러나 그나마도 저유가 기조가 이어지면서 소비자들이 친환경 자동차를 선택할 요인은 더욱 줄어들었다.

자동차가 친환경적으로 변하는 동력은 자동차 회사의 이미지 개선이나 소비자들의 요구가 아니라 오로지 규제다. 배기가스 배출이 많은 고성능 자동차를 만들기 싫어서도, 사람들이 사지 않아서도 아니고, 정부가 못 팔게 하니까 못 만드는 것이다.

환경 규제의 목표는 한마디로 이산화탄소와 미세먼지 저감(低減)이다. 이산화탄소는 화석연료를 사용하면 필연적으로 나온다. 이산화탄소 배출을 줄이려면 연료 사용량을 줄여야 한다. 연료 사용을 줄이면서 높은 성능을 유지하기 위해 자동차 회사들은 자동차의 심장인 엔진, 변속기 등 파워트레인부터 얼굴이라 할 수 있는 외부 디자인까지 연구했다. 공기 저항을 최소화하는 디자인은 성능에 큰 영향을 미친다. 효율적인 자동차는 같은 에너지로 더 빨리, 더 강하게 달릴 수 있다. 자동차의 에너지 효율이 높아지면서 사람들은 같은 연료를 투입해 더 멀리, 더 강하게 갈 수 있는 자동차를 갖게 됐다.

즉, 어느 정도의 환경 규제는 더 '좋은' 자동차를 만드는 동력이었다. 하지만 이제 환경 규제는 족쇄가 됐다. 족쇄는 시간이 갈수록 점차 무거워지고, 급기야 자동차의 심장인 엔진을 버려야 하는 지경에까지 이르렀다. 자동차 회사가 연비를 개선하는 속도가 환경 규제의 속도를 따라잡지 못하면서 자동차 회사들은 더 이상 환경 규제와 성능 개선, 원가라는 세 마리 토끼를 잡을 수 없게 됐다. 환경 규제를 맞추려면 원가와 성능을 포기해야 하는 상황에 이르게 된 것이다.

내연기관자동차의
종말을 예고하는 환경 규제

미국의 자동차 환경 규제는 1975년 EPCA(Energy Policy and

Conservation Act)에서 시작됐다. 이 제도는 이산화탄소 배출량을 줄이도록 유도하고 있는데, 이산화탄소 배출량 자체가 아닌 연비, 연료 사용량당 주행 거리(MPG: Mile per Gallon)를 기준으로 한다. 이때 만든 기준이 현재까지 시행되고 있는 기업평균연비(CAFE: Corporate Average Fuel Economy) 기준이다. 기업평균연비는 자동차 제조사가 연간 생산하는 자동차의 평균 연비를 규제하는 제도로, 차종별 연비에 생산대수를 가중해 산출한다. 1975년 처음 만든 기업평균연비 기준은 10년 이내에 평균 목표 연비를 27.5mpg(11.7km/l) 이상으로 끌어올리는 것이었다.

2012년 미국 오바마 행정부는 2017년부터 2025년까지 적용되는 기업평균연비 기준을 발표했다. 자동차 회사들은 36mpg(15km/l)였던 연비를 연간 5%씩 개선해 2025년까지 평균 54.5mpg(23.1km/l)로 높여야 하는 상황이었다. 연비가 높은 자동차를 구입하는 데 추가로 드는 비용은 약 2000~3000달러로 추산했는데, 미국 교통국은 이를 절감된 연료비로 충당할 수 있을 것이라 내다봤다. 기준을 충족시키지 못하면 0.1mpg 미달될 때마다 총 판매대수 기준으로 대당 14달러의 벌금을 내야 한다. 10만 대를 팔았다면 140만 달러(약 15억 원), 100만 대를 팔았다면 1400만 달러(약 150억 원)를 벌금으로 내야 하는 것이다.

준중형 세단 연비가 12km/l 남짓으로, 23.1km/l는 내연기관자동차가 달성할 수 있는 수준이 아니다. 기업평균연비 제도에는 기준 연비보다 높은 차량을 만들어 팔면 상점(賞點)의 일종인 크레딧을 주는 제도가 있는데, 이 크레딧은 다른 자동차 회사에 팔 수도 있다. 무오염 배터리전기자동차만 만드는 테슬라는 크레딧으로만 분기에 수백억 원을 벌기도 했다.

어쨌든 자동차 제조사들은 수익성이 높은 대형 세단, SUV, 픽업트럭을 팔기 위해서라도 하이브리드, 플러그인 하이브리드, 배터리전기자동차, 수소전기자동차 등 친환경 자동차의 비중을 높여야 하는 상황이 됐다.

2018년 취임 이후 모든 면에서 '오바마 뒤집기'를 단행한 트럼프 대통령은 오바마 행정부의 기업평균연비 기준이 자동차 산업 발전을 저해한다며 뒤집기를 시도했다. 이에 미국 교통부와 환경보호청은 신차에 적용될 연비 기준을 2020년부터 2026년까지 $37mpg$(약 $15.7km/l$)로 동결하기로 했다. 환경 규제 속도를 늦춰 달라는 자동차 회사의 로비가 주효했던 것으로 보이는데, 미국 정부는 난데없이 '교통사고 증가'를 자동차 환경 규제를 완화한 이유로 들었다. '연비 기준 강화 → 자동차 가격 상승 → 신차 구매 거부 → 자동차 노후화 → 교통사고 증가'라는 논리를 펼친 것이다.

그러나 환경 규제가 엄격한 캘리포니아 등 19개 주는 이에 반대하며 연방정부를 상대로 소송을 제기했다. 트럼프 행정부는 환경 정책에 매우 미온적이지만, 추세로 볼 때 환경 규제가 강화되는 것은 필연적이다.

반면 유럽은 환경 규제가 매우 엄격하다. 2018년 1월 유럽연합(이하 EU) 집행위원회는 강화된 이산화탄소 목표를 제시했다.

2015년 만든 기준에 따르면 EU에서 자동차를 판매하는 기업은 연평균 이산화탄소 배출량이 $130g/km$를 넘지 않아야 한다. EU 집행위원회는 이 기준을 2020년까지 $95g/km$로, 2025년까지 $80g/km$로, 2030년까지 $67g/km$로 설정했다. 비율로 치면 48% 이상 감축해야 하는 매우 엄격한 기준이다.

2025년까지 모든 자동차의 이산화탄소 배출량을 쏘나타 하이브리드($81g/km$) 수준으로 맞춰야 한다는 것인데, 사실상 불가능하다. 그 상황에서 2018년 12월에 EU는 한 번 더 환경 규제를 강화했다. EU 회원국을 대표하는 EU이사회와 유럽의회는 2030년까지 신차 이산화탄소 배출량을 2021년 기준으로 37.5% 감축하기로 결정했다. $95g/km$에서 37.5%를 줄이면 $59g/km$이 된다.

현대자동차의 휘발유 자동차 중 1등급 연비($17.3km/l$)를 자랑하는 i30조차 연간 배출하는 이산화탄소량이 $120g/km$다. 전기 모터까지 달고 연비를 $21.7km/l$까지 끌어올린 아이오닉 하이브리드 정도가 겨우 기준을 맞출 수 있을 뿐, 쏘나타나 제네시스, EQ900 등은 기준을 현저히 초과한다.

$80g/km$라는 기준을 맞추려면 현대자동차는 유럽에서 아이오닉 하이브리드 외의 차를 팔 때마다 기준을 초과한 배출량을 따져 g당 95유로(약 12만 원)를 벌금으로 내야 한다. 이는 천문학적인 금액이다. 2020년 기준으로 100만 대를 파는 자동차 제조사가 현재 수준을 유지하면 28억5000만 유로, 우리 돈 3조6400억 원을 과징금으로 내야 한다. 현대자동차의 2017년 영업이익이 4조5000억

수소전기차 시대가 온다

원이니, 그 정도 과징금을 낼 바에야 유럽에 아예 차를 안 파는 것
이 이익이다. 모든 차의 엔진을 개량해 이산화탄소 배출을 20% 줄
인다고 하더라도 과징금은 6100억 원이 된다.

구 분	복합 연비[MPG]	CO2 배출량[g/km]
제네시스	20	200
EQ900	19	219
쏘나타	29	147
쏘나타 HEV	42	115
아반떼	30	118
아이오닉 HEV	56	69

　　내연기관 엔진으로는 절대 유럽의 환경 규제를 충족할 수 없
다. 2020년 환경 규제를 맞추려면 주력 차종을 모두 하이브리드로
바꿔야 한다. 하물며 2030년 59g/km은 하이브리드로도 못 맞춘다.
이에 독일 등 자동차 산업이 경제의 큰 비중을 차지하는 국가들은
강력하게 반발하고 있다. 독일자동차제조협회는 유럽연합의 환경
규제 강화 발표가 나오자마자 "세계 어느 곳에도 이처럼 엄격한 규
정은 없다"며 "이번 목표치는 비현실적"이라고 비판했다. 그러나
비판만으로는 환경 규제 강화 추세를 막을 수 없다. 내연기관자동

차를 판매하고 싶다면 수소전기자동차나 배터리전기자동차를 만들어 평균 이산화탄소 배출량을 줄여야 한다.

열심히 노력하면 제때 환경 규제를 맞출 수 있을까? 영국의 컨설팅회사인 PA컨설팅은 11개 유럽 자동차 제조사 중 2019년부터 내연기관으로만 구동되는 자동차는 만들지 않겠다고 선언한 볼보 등 4개 기업을 제외하고는 모두 벌금을 낼 것으로 예상했다. 친환경 자동차의 최강자 토요타도 환경 규제를 맞출 수 있을 전망이다. 하지만 나머지 자동차 회사들은 환경 규제를 통과할 가능성은 높지 않은 것으로 분석됐다. 독일 다임러의 경우 배터리전기자동차를 집중적으로 생산할 예정이지만, 그럼에도 PA컨설팅은 약 2억 유로(약 2540억 원)의 벌금을 내야 할 것으로 내다봤다. 폭스바겐은 12억 유로(약 1조 5270억 원), BMW는 5억 유로(약 6360억 원), 현대자동차와 기아자동차 역시 약 3억 유로(약 3820억 원)의 부담을 안게 될 것으로 예상된다. 자동차 팔아 번 돈을 죄다 유럽 국가 국민에 퍼다 주기 싫으면 친환경 자동차는 선택이 아니라 필수가 됐다.

연비 규제와 별도로 친환경 자동차를 의무적으로 판매해야 하는 제도도 있다. 자동차는 연비 규제와 함께 '무공해 자동차 의무판매 제도(ZEV: Zero Emission Vehicle)'도 준수해야 하는 것이다. 무공해 자동차 의무판매 제도는 자동차 회사가 의무적으로 배터리전기자동차, 수소전기자동차 등 오염물질을 배출하지 않는 자동차를 일정량 판매하는 제도다. 이 제도는 미국 캘리포니아에서 가장 먼저 시작됐다. 1990년 캘리포니아 대기자원국은 8년 후인 1998년부터 주 내에서 판매되는 자동차의 2%를 의무적으로 무공해 자동차로 판매하도록 하는 무공해 자동차 의무판매 제도를 도입하겠다고 선포했다. 2%면 적어 보일 수도 있으나, 당시에는 무공해 자동차 자체가 없었다.

무공해 자동차 의무판매 제도는 거의 70년간 잊혔던 배터리전기자동차 붐을 다시 일으켰다. 이는 엔진 효율 개선으로는 지킬 수 없었기에, 1996년을 전후해 글로벌 자동차 제조사들은 모두 당시로서 유일한 무공해 자동차였던 배터리전기자동차를 만들기 위해 치열하게 경쟁했다.

무공해 자동차 의부판매 제도는 당시 배터리 기술의 한계 때문에 계획대로 도입되지 못했다가 최근 들어 다시 강화되고 있는 추세다. 2018년의 가장 최근 버전에 따르면, 전체 자동차 판매의 4.5%는 의무적으로 무공해 자동차를 판매해야 하고, 이후 해마다 2.5%씩 늘려 2025년 22%를 달성해야 한다.

세계 최대 자동차 시장인 중국도 무공해 자동차 의무판매 제도를 도입하기로 했다. 중국 정부는 전기자동차를 친환경보다는 산업적인 관점에서 육성했다. 이미 기술적으로 따라가기에 너무 늦어 버린 내연기관자동차에 투자하는 대신 배터리전기자동차 시장을 선도하는 전략을 택한 것이다.

정부의 막대한 지원에 힘입어 중국은 전기자동차 판매가 급격하게 늘어 2013년 1만4600대에서 2017년에는 56만9000대로 늘었다. 덕분에 BYD, 베이징자동차, 지리자동차, 상하이자동차 등 중국 기업 4곳이 전 세계 전기자동차 판매 상위 10개 안에 이름을 올렸다. 배터리전기자동차 벤처기업 또한 빠르게 생겨나 2011년 134개에서 2015년에는 204개로 늘었다. 한국에 자동차 회사가 단 5개라는 점을 감안하면 놀라운 숫자다.

전기자동차 생산의 증가와 함께 보조금 지급 규모도 기하급수적으로 늘었다. 2015년부터 2017년까지 지급된 보조금만 23조 원이 넘는다. 중국 정부는 아직 보급이 많이 이뤄지지 않은 수소전기자동차 보조금은 그대로 두고, 이미 충분히 보급된 배터리전기자동차에 대해서는 당근 대신 채찍을 들었다. 이에 배터리전기자동차 보조금을 매년 삭감해 2021년에는 완전히 폐지하기로 했다. 이어서 무공해 자동차 의무판매 제도를 도입했는데, 그 기준은 2019년 10%, 2020년 12%다. 중국은 연간 2800만 대가 팔리는 자동차 시장이니 2019년에는 280만 대의 무공해 자동차를 팔아야 한다는 의미다.

아예 내연기관자동차 판매를 금지하는 나라들도 나타났다. 여러 나라에서 내연기관자동차 판매를 금지하기로 했는데, 노르웨이와 네덜란드는 2025년부터, 인도와 독일은 2030년부터, 영국과 프랑스는 2040년부터 시행된다. 노르웨이의 수도 오슬로에서는 2017년부터 이미 디젤 자동차의 운행금지 조치가 내려졌고, 인도의 수도 뉴델리에는 생산된 지 10년이 경과한 디젤 차량의 등록은 받지 않는다.

각국 정부가 내연기관자동차 판매 자체를 금지하는 움직임을

수소전기차 시대가 온다

보이자 자동차 회사들도 탈탄소를 선언하고 있다. 볼보는 2019년부터 최소한 하이브리드급 이상 친환경 자동차만 만들겠다고 선언했다. 폭스바겐은 2025년까지 전기자동차 80종 이상을 출시하기로 했고, 일본 토요타는 2050년부터는 가솔린 엔진 자동차를 판매하지 않을 수 있도록 목표를 세웠다. 현대자동차는 2025년까지 친환경 자동차 44종을 출시한다는 계획이다.

내연기관자동차 판매를 아예 금지시키는 것이 과도한 규제라고 느껴질 수도 있으나 꼭 그렇게 생각할 필요는 없다. 어차피 연비 규제가 강화되는 추세임을 감안하면 2030년 이후부터는 내연기관이 있는 자동차가 연비 규제를 충족시키는 것은 사실상 불가능하기 때문이다.

친환경 자동차만
예뻐하는 각종 제도

환경 규제만 내연기관자동차를 밀어내고 있는 것이 아니다. 내연기관자동차에 징벌적 세금을 매겨 거둔 세수로 친환경 자동차를 보조해 가격을 역전시킨 나라도 있다. 가장 공격적으로 내연기관자동차를 축소하고 있는 노르웨이는 이미 신차 판매의 절반이 전기자동차 등 친환경 자동차다. 노르웨이 정부는 내연기관자동차에 세금을 부과하여 그 돈으로 전기자동차를 지원해 차량 판매가격 자체를 역전시켰다. 예를 들어 폭스바겐 골프 같은 경우, 스웨덴에서는 가솔린 모델이 2만 유로(약 2540만 원), 같은 모델의 전기자동차는 4만1200유로(약 5240만 원)다. 그런데 노르웨이에서는 가솔린 모델이 3만 유로(약 3820만 원), 전기자동차가 2만8500유로(약 3630만 원)로 전기자동차가 더 싸다. 노르웨이에서는 내연기관자동차에 25%의 부가가치세와 별도의 등록비를 매긴다. 반면 전기자동차에는 세금이나 수수료가 없다. 이로 인해 최소 1만 유로(약 1270만 원) 정도의 가격 차이가 생긴다. 노르웨이 오슬로 도시환경청 전기자동차 담당자인 스튜어 포트빅은 "사람들이 전기자동차를 구매하는 것이 올바른 선택이 될 수 있도록 각종 정책을 활용하고 있다"고 했다.

	스웨덴	노르웨이
폭스바겐 골프 가솔린	2만 유로(약 2540만 원)	3만 유로(약 3820만 원)
폭스바겐 골프 EV	4만1200유로(약 5240만 원)	2만8500유로(약 3630만 원)
쉐보레 카마로	5만500유로(약 6420만 원)	17만2000유로(약 2억1880만 원)
테슬라 모델S	8만 유로(약 1억180만 원)	6만3000유로(약 8020만 원)

그나마 소형차인 폭스바겐 골프는 양반이다. 휘발유를 사용하는 자동차 중 스웨덴에서 5만500유로(약 6440만 원)인 쉐보레의 스포츠카 카마로의 경우 노르웨이에서는 무려 17만 2000유로(약 2억

수소전기차 시대가 온다

1880만 원)로 가격이 올라간다. 반면 전기자동차인 테슬라의 프리미엄 세단 모델S는 스웨덴에서 8만 유로(약 1억180만 원)지만 노르웨이에서는 6만3000유로(약 8020만 원)에 불과하다. 아무리 내연기관을 좋아하는 소비자라도 솔깃할 만한 가격차이다.

노르웨이에서 전기자동차는 부가가치세나 등록세 외에도 각종 혜택을 받는다. 유료 도로를 무료로 달릴 수 있고, 주차장 사용과 전기자동차 충전도 보급 단계에서는 무료였다. 대중교통만 다닐 수 있는 전용도로도 전기자동차는 달릴 수 있고, 수상버스도 무료로 승차할 수 있다. 국민들에게 "이래도 내연기관자동차를 타겠는가?"라고 묻는 것이다. 2025년부터 내연기관자동차 판매를 금지하는 것은 이미 도입됐거나 예고된 정책들에 비하면 그리 과격한 것도 아니다.

정부뿐 아니라 시민단체의 압박도 만만치 않다. 독일의 환경단체인 도이체움벨트힐페(DUH: DuetscheUmwelthilfe)는 독일 56개 도시에 대해 소송을 제기했다. 독일 도시들이 2008년 시행된 EU 대기질 지침을 지키지 않고 있다는 이유였다. 2018년 2월, 독일 연방행정법원은 도시들이 오염물질을 배출하는 차량의 진입을 금지하는 것은 부당하지 않다고 판결했다. 독일 연방 행정 법원은 "노후 디젤차를 유예기간 없이 즉시 운행을 중단시키는 것은 과도한 조치가 아니"라고 판결했다. 이 판결 이후 DUH가 제기한 소송은 연전연승을 거듭하고 있다. 또 2018년 5월에는 EU 집행위원회가 프랑스, 독일, 영국 등 7개 회원국을 EU의 대기오염, 자동차 형식 승인 관련 규정을 위반했다며 유럽 사법 재판소에 제소했다.

DUH는 이미 2010년부터 디젤 자동차의 배기가스와의 전쟁을 시작한 시민단체다. 에센, 함부르크, 슈투트가르트 등 도시에서 노후 디젤 자동차는 다닐 수 없게 됐고, 베를린에서는 8개 도로에서 노후 디젤차 이용을 금지했다. DUH는 한발 더 나아가 노후 디젤차에서 유로6 이하 디젤 차량을 모두 퇴출시켜야 한다고 주장하고 있다. 우파 시민단체를 중심으로 DUH에 대한 비판이 이어졌지만, 대세는 이미 넘어갔다. 심지어 토요타가 DUH의 후원자라는 음모론까지도 제기되고 있는 형국이다. 친환경 자동차 분야에서 경쟁력 있는 토요타가 BMW, 다임러, 아우디폭스바겐 등 독일 자동차 브랜드를 공격하기 위해 배후에서 DUH를 조종한다는 것이다. 실제로 토요타는 매년 6500만 원 가량을 DUH에 기부하고 있는 것으로 알려졌다.

독일뿐 아니라 이탈리아 로마와 프랑스 파리는 2024년부터 도심에서 디젤 자동차 운행을 금지하겠다고 선언했다. 그리스 아테네, 스페인 마드리드 역시 디젤 자동차가 시내에서 돌아다니지 못하게 하겠다고 밝혔다. 사람이야 대중교통이라도 타고 들어올 수 있지만 트럭 등 물류 관련 차량에는 치명적인 규제다.

현대자동차는 2018년 9월 독일 하노버에서 열린 국제상용차박람회에서 스위스 수소에너지기업 'H2에너지'와 향후 5년 동안 수소전기 트럭 1000대를 공급하기로 하는 양해각서를 체결했다. 현대자동차가 납품할 수소전기 트럭은 기존 대형 트럭인 엑시

언트를 기반으로 유럽 현지 법규에 맞춰 개발하고 있는 차량이다. 이 수소전기 트럭에는 넥쏘에 들어가는 신형 수소 연료전지 시스템 2개를 병렬로 연결한 190kW급 수소 연료전지 시스템이 들어간다. 아직 출시도 되지 않은 수소전기 트럭을 1000대나 구매하려는 이유는 단 하나, 도시에 들어갈 수 있는 트럭이 필요하기 때문이다. 자동차의 심장인 파워트레인의 변화는 1, 2년 내에 할 수 있는 일이 아니다. 2025년, 2030년에 내놓을 친환경 자동차 기술은 이미 개발이 돼 있어야 하고, 남은 기간 개선을 통해 친환경성을 높여야 한다. 강화되는 환경 규제 앞에 내연기관자동차의 미래는 없다.

수소사회 선도하는 일본,
수소시대의 중동을 꿈꾸는 호주

"가장 가치 없고 가격이 저렴한 자원을 활용해 수소를 만들고자 합니다. 예를 들면 호주에서는 갈탄을 사용합니다. 갈탄은 무겁고 상온에서 쉽게 불이 붙기 때문에 장거리 운송이 불가능합니다. 멀리 운송할 수가 없으니 현지에서는 남아도는 자원입니다. 갈탄을 사용해 수소를 만들면 비용이 떨어질 것이라고 봅니다.

신재생에너지도 마찬가지입니다. 풍력, 태양광 등 자연 에너지를 사용하는 재생에너지는 수급 균형이 맞지 않습니다. 바람이 불면 전기가 많이 생산되고, 바람이 불지 않으면 전기가 생산되지 않습니다. 낮에는 많이 생산되고, 밤에는 생산이 되지 않습니다. 신재생에너지 발전이 늘어날수록 잉여전력이 발생합니다. 이미 유럽은 마이너스 전기 요금까지 나오고 있습니다. 그래서 가장 가치가 낮은 원료를 활용해 수소 가격을 지금의 1/5 수준으로 떨어뜨리는 것이 일본 정부의 계획입니다."

– 에이지 오히라 NEDO(일본 경제산업성 산하 신에너지산업기술개발 종합기구) 수석연구원

자연 상태에서는 존재하지 않는 수소를 어떻게 해야 대량으로 싸게 구할 수 있을까? 이는 수소사회 구축에 있어 매우 중요한 질문이다. 수소사회에 가장 가까이 다가갔다고 평가되는 일본은 '쓸모없는 에너지'를 찾아 전 세계를 누빈다. 쓸모없는 에너지란 대체로 저장 및 운송이 불편한 에너지다. 갈탄처럼 무거운 에너지원, 심지어 남아도는 전기는 쓸모없는 에너지다. 이런 에너지에서 수소를 추출하면 수소 가격은 떨어질 것이다.

일본이 수소를 찾아다니는 이유는 규모의 경제 때문이다. 수소 가격을 낮추려면 많이 만들어야 하고, 많이 만들려면 많이 써야 한다. 일본은 수소의 대량생산과 대량소비 구조를 갖추기 위해 수소의 생산과 운송, 소비에 이르는 전 과정에 대한 전방위적인 연구개발과 실증사업을 진행하고 있다. 그 결과, 수소를 전기로 바꾸는 연료전지 분야 특허 출원 세계 1위국이 되었다. 수소전기자동차는 수소를 소비하는 하나의 수요처다. 일본의 자동차 회사인 토요타와

혼다가 수소전기자동차 분야에서 앞서가는 것도 다 이유가 있다.

일본이 처음 수소 에너지에 관심을 가진 것은 1993년 위넷 (WE-NET: World Energy Network)을 통해서다. 10년간 진행된 위넷은 에너지를 생산하고 사용하는 전 세계 모든 곳을 연결시키고자 했던 장대한 프로젝트였다. 구상은 최근의 수소 로드맵과 유사하다. 재생에너지가 많은 곳에서 청정한 방식으로 수소를 생산하고, 그 수소를 일본으로 수입하는 청정에너지 네트워크를 만드는 것이다.

1998년까지 이뤄진 첫 번째 단계의 프로젝트에서는 수소 활용에 대한 장기적인 개념을 만들고 재생에너지 생산과 운송을 위한 핵심 기술을 개발했다. 1998년부터 이뤄진 두 번째 단계에서는 광범위한 수소 응용분야 기술 개발을 진행했다. 10년에 걸쳐 이뤄진 위넷 프로젝트를 통해 2003년 일본의 1호 수소충전소를 오사카에 설치한 것을 필두로 총 3개의 수소충전소를 설치했다. 하지만

〈일본 수소사회 로드맵〉

	현재	2020년	2025년	2030년
수소전기자동차	2만5000대	4만 대	20만 대	80만 대
수소충전소	100개소	160개소	320개소	900개소
수소 가격	10달러		3달러	2달러
가정용 연료전지	25만 개	140만 개		530만 개

수소전기차 시대가 온다

기술 수준이 기대만큼 향상되지 않자 여느 나라가 그렇듯 정권이 바뀌면서 수소사회 프로젝트는 단절됐다. 미치오 하시모토 오사카대 교수는 "그때 당시에는 수소사회를 현실화할 수 없었지만 실패였다고 하고 싶지는 않다"며 "프로젝트의 부수 효과로 많은 기술들이 파생됐고, 이는 새로운 수소 연구의 씨앗이 됐다"고 말했다.

일본이 다시 수소 에너지에 정책 역량을 집중하게 된 것은 2011년 동일본 대지진 이후다. 일본 산리쿠 연안 태평양 앞바다에서 일본 지진 관측 사상 최대 규모의 해저 지진이 발생하면서 혼슈섬이 동쪽으로 2.4m 이동했고 지구 자전축이 10cm 이상 움직인 어마어마한 지진이었다. 이 일로 1만6000명이 사망하고 20만 명이 난민이 됐다. 그러나 동일본 대지진의 더 큰 피해는 원자력발전소 사고였다.

사고로 후쿠시마 제1원자력발전소의 많은 전기 발전기가 꺼졌고, 이후 냉각기가 고장을 일으켜 최소 3개의 후쿠시마 원전 노심이 폭발했다. 방사능 유출에 대한 공포는 전 세계로 퍼졌다. 원자력발전소를 불신하게 된 일본 국민들은 원전 가동 중단을 요구했다. 이로 인해 일본의 에너지 자급률은 2010년 19.6%에서 2014년에는 OECD 34개국 중 2번째로 낮은 수준인 7.4%까지 떨어졌다. 원전 가동을 중단하면서 일본은 자신들이 얼마나 원전에 의존하고 있었고 에너지 안보에 취약했는지 절실히 느끼게 됐다.

일본 정부는 에너지 문제를 생존의 문제, 안보의 문제로 인식하고 수소사회로의 전환을 택했다. 2017년 12월, 일본은 세계 최초로 국가차원의 수소기본전략을 수립했다. 수소기본전략에는 에너지 안보를 확보하고 수소 기술에 있어 세계를 리드해 나가겠다는 목표와 함께 저렴하게 수소를 이용할 수 있도록 국제적인 수소 공급체인을 개발하고 전력분야, 모빌리티 분야에서 연료전지 기술을 적극 활용한다는 내용이 담겼다. 또한 국제표준을 확립하고, 도시와 지방을 가리지 않고 국민적으로 연계할 수 있는 수소 에너지 활용 방안을 모색하기로 했다. 이와 함께 온실가스 배출량을 2030년까지 2013년 대비 26% 감축한다는 목표를 세웠다.

일본의 에너지 전환 목표는 '3E+S'로 정리할 수 있다. 3E는 에너지 안보(Energy security)와 환경(Environment), 경제적 효율성(Economic efficiency), S는 안전(Safety)이다. 90% 이상 에너지를 해외에서 수입하고 있으니 에너지 공급처 다변화는 '안보'의 문제다. 전 세계 정부가 이산화탄소 배출을 줄이기로 약속했으니 '환경'문제도 필수다. '안전'은 모든 사업의 기본 전제이고, 정부가 보조금을 주지 않아도 자생적으로 작동될 수 있도록 '경제적 효율성'도 갖춰야 한다. kg당 10달러인 수소 가격을 2030년까지 3달러로, 2050년까지 2달러로 낮추는 것이 목표다. 수소전기자동차 보급 목표는 2020년 4만 대, 2025년 20만 대, 2030년 80만 대다. 수소충전소는 2020년 160개소, 2025년 320개소 설립을 목표로 세웠으며, 2020년대 후반까지 수소충전소가 지원 없이 자립으로 운영되는 것을 목표로 삼았다. 수송 분야에서 지게차, 쓰레기 트럭, 트랙터, 철도 등에 대한 실증 사업도 진행한다.

일본의 수소기본전략에서 수송 분야는 일부일 뿐이다. 수소생산 분야에서는 호주, 브루나이와 연계해 실증 사업을 진행하고 있고, 2030년까지 수소전기자동차를 중심으로 수소 수요를 증가시키려 한다. 2030년 이후에는 공급 면에서 국제 수소 공급망을 확대하고, 산업 분야에서도 적극적으로 수소를 이용해 가격 면에서 규모의 경제를 더 확보할 계획이다. 일본 내에서도 신재생에너지와 하수 찌꺼기, 부생수소 등을 이용해서 수소를 만드는 방법을 연구하고 있다. 특히 에너지 인프라 구축이 쉽지 않은 지방을 우선으로 분산형 전력인 수소의 활용을 촉진한다는 계획이다.

일본은 수소 수요처를 늘림으로써 가격을 낮춘 경험이 있다. 일본 전역 25만 호의 가구에는 가정용 수소 연료전지가 설치돼 있다. 가정용 연료전지는 수소와 산소가 반응할 때 나오는 열을 난방과 온수에 이용하는 꽤 효율적인 에너지원이다. 열에너지까지 활용하면 수소 연료전지의 효율은 95%까지 올라간다. 일본에서 판매되는 가정용 연료전지 에네팜은 2009년부터 보급됐는데, 당시 가격은 303만 엔(약 3000만 원)으로 매우 비쌌다. 그러나 가격이 점차 하락해 지금은 103만 엔(약 1000만 원) 정도로 떨어졌다. 일본 정부는 초기에는 절반 가까이 보조금을 지급했지만 보급 속도가 빨라지면서 점차 보조금을 줄여 업체들이 자립할 수 있도록 유도했다.

순수한 수소를 사용하는 수소전기자동차와 달리 가정용 연료전지는 천연가스를 연료로 이용한다. 한국의 대부분 가정에 도시가스 배관이 연결돼 있듯, 일본에도 도시가스 배관이 연결돼 있다.

에네팜을 도시가스 배관에 연결하면 에네팜 내에 있는 개질기가 도시가스에서 수소를 추출한다. 수소를 직접 운송하는 것이 아니라 도시가스 배관을 이용해 운송하기 때문에 인프라 투자비가 들지 않는다.

일본에서는 에네팜 광고를 흔히 접할 수 있어, 일본가스협회 조사에 따르면 일본 국민들의 92%가 에네팜에 대해 매우 잘 알고 있다고 답했고, 사용자의 85%는 만족한다고 답했다. 일본은 에네팜 보급을 2020년 140만 대, 2030년 530만 대까지 늘릴 계획이다. 한국에서도 에스퓨얼셀이라는 업체가 가정용 연료전지를 만들고 있지만 인식하고 있는 국민이 거의 없는 것과 대조적이다.

그러나 일본에서도 수소를 사용하는 데 가장 앞선 기술을 확보한 것은 결국 자동차 분야로, 토요타와 혼다는 세계에서 가장 앞선 수준의 수소전기자동차 기술을 확보하고 있다. 토요타는 2014년 세계 최초의 양산형 수소전기 세단 미라이를 출시했고, 혼다는 이듬해인 2015년 수소전기자동차 클라리티를 선보였다. 미라이는 현대자동차의 투싼 수소전기자동차에 비해 1년 늦게 출시됐지만 5배 넘게 판매되며 전 세계적으로 5000대 이상 보급됐다.

수소를 싸게 만들 수 있는 곳이 있다면 지구 반대편도 마다하지 않는 일본은 호주와 브루나이에서 두 개의 프로젝트를 운영하고 있다. 일본 가와사키중공업과 J파워, 이와타니산업 등은 호주 AGL에너지와 컨소시엄을 구성해 호주 빅토리아 광구에서 갈탄을 수소로 만들어 일본으로 수송하는 사업을 진행 중이다.

호주에 넘쳐나는 갈탄은 수분을 많이 포함하고 있어 무겁고 에너지량이 많지 않다. 건조시키면 무게도 줄고 에너지 밀도도 높아지지만, 상온에서도 불이 붙을 정도로 예민해 운송하기에 부적합한 에너지원이다. 그러나 이를 수소로 만들면 수송할 수 있다. 호주 빅토리아 주에는 채굴 가능한 갈탄이 2000억 톤가량 매장돼 있다. 일본 전체가 240년간 발전을 할 수 있는 어마어마한 양이다.

일본은 이 갈탄을 가스로 만들어 수소로 개질하는 사업을 호주에서 진행하고 있다. J파워는 갈탄을 가스화해 수소를 추출하는 정제 설비를 담당하고 있다. 그렇게 만들어진 수소가스는 액화하는데, 그러면 부피가 800분의 1로 줄어든다. 이를 배로 운송하려면 영하 253℃까지 온도를 끌어내려 운송하는 액체수소 운송선박이 필요하다. 이 작업을 가와사키중공업이 맡았다. 가와사키중공업과 이와타니산업은 액체수소 화물기지를 만들고, 또 마루베니는 최종적으로 만들어진 수소의 공급망 구축을 맡았다.

액체수소뿐 아니라 수소를 암모니아로 만드는 사업도 진행하고 있다. 수소(H)에 질소(N)를 더하면 암모니아(NH_3)가 된다. 암모니아는 액화하기 위해 영하 253℃까지 온도를 끌어내릴 필요 없이 기존 운반선으로도 운송할 수 있고, 육상에서도 LPG와 마찬가지로 탱크로리나 트레일러로 운송할 수 있다. 수소를 암모니아로 만들고 암모니아를 다시 수소로 변환하는 기술이 호주에서 연구되고 있는 것이다. 여기에 호주의 종합에너지 기업인 AGL은 갈탄의 공급과 가스 정제설비의 건설 부지를 제공하기로 했다. 또한 호주는 탄소포집 기술도 함께 연구하고 있다.

　그러나 호주와 일본의 수소 생산 프로젝트에는 불편한 구석이 있다. 갈탄을 수소로 만들면 이산화탄소가 배출되는 것이다. 그러니 친환경 에너지라고 부르기 어렵다는 점도 문제지만, 수소를 수입해 사용하는 국가인 일본이 아닌 호주가 자기들이 사용하지도 않는 에너지의 이산화탄소를 떠안게 된다는 것도 문제다. 호주 국민들 입장에서는 기분이 나쁠 수밖에 없다. 이는 호주가 탄소배출 감축 목표량을 맞추는 데도 부담이 된다.

　그런 측면에서 탄소포집 기술은 일본보다 호주에게 더 중요한 기술이다. 탄소포집과 저장(CCS: Carbon Capture and Storage) 기술은 화석연료에서 수소를 추출하는 과정에서 발생하는 이산화탄소를 모으는 기술이다. 포집된 이산화탄소는 압축해 땅속 깊은 곳에 묻기도 하고, 탄산으로 변환해 산업용으로 사용할 수도 있다. 탄산은 콜라나 사이다 등의 청량음료나 냉각제, 용접용 가스, 냉동용 소화기, 드라이아이스 등에 이용된다. 기술적인 진보가 이뤄지면 값비싼 탄소소재도 만들 수 있다. 탄소소재는 철보다 강도가 10배가량 강하지만 무게는 4분의 1에 불과하다. 게다가 녹슬지 않고 내구성도 뛰어나 '꿈의 소재'라 불리며 최고급 자동차나 항공기, 우주선 등에 사용되고 있다. 탄소 포집과 저장 기술 수준이 높지 않아 아직은 탄소를 모으고 사용하는 데 돈이 많이 들지만, 수소가 진정한 친환경 에너지로 입지를 강화하기 위해 반드시 필요한 기술이다.

　일본은 2020년 수입하는 것을 목표로 브루나이에서 LNG를 개질해 수소를 만드는 프로젝트도 진행하고 있다. 여기에는 일본 미쓰비시그룹, 해운기업인 닛폰유센, 엔지니어링 기업인 치요다화공건설, 미쓰이그룹 등이 참여했다. 브루나이 프로젝트의 특징은 SPERA수소를 이용한다는 점이다. SPERA수소는 치요다화공이 보유한 유기케미칼 하이드라이드법 기술을 활용해 만든 액체수소다. 이 기술을 활용하면 톨루엔과 수소의 화학반응을 통해 메틸시크로헥산을 만들고, 이를 상온, 상압으로 수송할 수 있어 별도의 수소 운송 설비가 필요치 않다. 일본으로 수입하고 나면 톨루엔과 수소를 분리해 수소만 사용하고, 톨루엔은 다시 브루나이로 보내 메틸시크로헥산을 만드는 데 쓴다.

쉽게 설명하자면 이렇다. 수소를 액화해 운송하려면 영하 253℃까지 끌어내리고 이를 운반할 선박이 있어야 하지만, 수소에 톨루엔을 넣으면 일반 화학제품처럼 운송할 수 있다. 수소와 톨루엔을 섞어 일반 화학 운송선박으로 일본으로 수출하고, 톨루엔은 다시 브루나이로 보내 일반 화학 제품으로 만드는 것이다.

SPERA수소는 이미 사용하고 있는 운송 기술과 인프라를 활용할 수 있기 때문에 따로 수소 전용 설비를 만들 필요가 없다. 브루나이에서 생산될 수소는 연간 210톤으로, 4만 대의 수소전기자동차를 구동시킬 수 있는 분량이다.

일본 정부는 2020년 도쿄 올림픽을 기점으로 현재 진행 중인 프로젝트들의 1차 성과물을 전 세계에 선보일 예정이다. 호주에서 갈탄으로 만든 수소, 브루나이에서 천연가스로 만든 수소도 모두

2020년 일본에 들어온다. 토요타는 도쿄 올림픽에서 차세대 수소 전기자동차를 공개하겠다고 밝혔다. 일본은 올림픽 경기장과 선수촌에도 수소의 제조, 사용 기술을 적용할 예정이다. 또 후쿠시마에서 재생에너지로 수소를 만들어 $200km$ 떨어진 도쿄까지 운반하는 계획도 추진 중이다.

후쿠시마재생에너지연구소는 태양광과 풍력으로 생산한 전기로 물을 전기분해해 수소를 만드는 'CO$_2$ Free' 수소 생산 프로젝트를 진행하고 있다. 이 수소는 호주와 브루나이에서 적용했던 액화, 메틸시클로헥산, 암모니아 등 운송 방식을 통해 도쿄로 운송된다.

수소시대의 중동을 꿈꾸는
호주

"한국은 $1km^2$에 500명이 살 정도로 인구밀도가 높지만 호주는 같은 면적의 인구밀도가 3명에 불과합니다. 방대한 에너지를 사용할 인구가 적기 때문에 에너지 수출에 많은 관심을 두고 있습니다."

- 호주 연방과학산업연구기구 패트릭 하틀리 박사

호주는 수소시대의 중동이 되고자 한다. 자원은 풍부한데 이를 사용할 사람이나 산업은 별로 없는 호주는 2018년 8월 「국가 수소 로드맵」을 만들었다. 호주의 「국가 수소 로드맵」은 한국이나 일본과 다르다. 한국은 수소전기자동차 등 수요 측면에 편중된 경향이 있고, 일본은 수소의 공급과 수요 모든 것을 아우르고 있는 반면, 호주는 수소의 생산, 특히 '수출'을 중점적으로 다루고 있다. 갈탄에서 수소를 추출해 일본에 수출하는 것은 호주의 주요 수소 관련 사업 중 하나일 뿐이다. 남한 면적의 5.5배에 달하는 필바라 사막 지역에서는 태양광 발전을 통해 수소를 생산하는 프로젝트도 진행 중이다. 인적이 없는 드넓은 사막에 태양광 패널을 설치하면 막대한 양의 전기가 발생한다. 하지만 그곳에는 전기를 사용할 사람도, 공장도 없다. 그렇다고 전기를 옮기자니 에너지 손실이 너무 크다.

호주 신재생에너지국의 보고서에 따르면 이 지역에서 2040년까지 2만 기가와트의 재생에너지가 창출될 전망이다. 원자력발전소 2만 곳에 맞먹는 전기가 생산된다는 것이다. 호주는 이 태양광 발전으로 만든 전기를 수출할 예정이다. 그렇다고 태평양을 건너 한국, 일본까지 전봇대를 세울 수는 없는 노릇이니, 이 전기로 물을 분해해 수소를 만들고 이를 이동하기 편한 암모니아 형태로 변환해 운송하는 기술을 연구하고 있다.

호주 연방과학산업연구기구의 패트릭 하틀리 박사는 "호주는 남부 지역의 강한 바람을 이용한 풍력 발전과 조력, 파력 등의 재생에너지는 물론 석탄, 천연가스와 같은 많은 자원이 있다"며 "이를 활용해 수소를 만들어 수출하는 것을 국가 정책적으로 추진하고 있다"고 했다.

호주는 수소의 생산뿐 아니라 운송 기술에 대한 연구에도 집

중하고 있다. 수소는 기체 상태일 때 에너지 밀도가 3 m^2당 0.08kg
에 불과하다. 이를 기압의 200배(200bar)로 압축하면 18kg까지 높아지고, 700배(700bar)로 압축하면 42kg까지 올라간다. 이를 영하 253℃로 액화하면 71kg이 된다. 메탄올이나 LNG, 암모니아, 시클로헥산(탄소원자 6개와 수소원자 12개로 이뤄진 화합물)으로 변환하면 47kg에서 108kg까지 에너지 밀도를 확보할 수 있다. 물론 꼭 에너지 밀도가 높다고 좋은 것은 아니다. 각 물질에는 장단점이 있다. LNG로 운송해 개질하면 이산화탄소가 배출되고, 암모니아나 시클로헥산으로 운송하려면 독성을 제거해야 한다.

기후 변화를 유발하는 온실가스 배출을 줄여야 한다는 점에는 모두가 동의할 것이고, 인류는 수소가 친환경적이라는 사실을 이미 수십 년 전부터 알고 있었다. 그럼에도 아직까지 수소 에너지가 대중화되지 않은 것은 비싸기 때문이다. 수소사회를 열기 위해서는 수소 가격이 내려가야 한다. 아무리 친환경적이라 하더라도 가격이 비싼 에너지를 사용하는 것은 지속 불가능하다.

수소가 석유에 비해 비싼 가장 큰 이유는 규모의 경제가 이루어지지 않고 있기 때문이다. 오랜 기간 여러 이해관계자들이 뛰어들면서 석유를 얻기 위해 전 세계 땅속을 파헤쳤고, 어마어마한 투자를 했으며, 인프라를 구축했다. 규모의 경제가 달성될 정도로 막대한 생산의 반대편에는 막대한 소비가 있었다. 처음에는 전등에 불을 밝힐 때 사용하던 고래 기름을 대체하는 정도였다. 그러다가 가솔린 엔진이 발명되었고, 자동차에 원유를 정제한 휘발유를 사용하게 됐으며, 터빈이 발명되면서 발전용으로도 사용하게 됐다.

수소 역시 가격을 낮추려면 일단 저렴하게 구할 수 있어야 한다. 공급 측면에서는 규모의 경제를 달성하기 위해 많이 생산해 싸게 운송해야 한다. 수요 측면에서는 막대한 수소를 소비할 수 있는 자동차, 터빈, 보일러 등이 있어야 한다. 지금 당장 화석연료보다 비싸다고 포기할 문제가 아니다. 석기시대가 종료된 것은 지구상에 돌이 사라졌기 때문이 아니고, 철기시대가 온 것은 청동기를 만들 재료가 사라졌기 때문이 아니다. 돌에 비해 청동기가, 청동기에 비해 철기가 더 좋은 재료이기에 자연히 받아들여진 것이다.

당장은 석유나 가스가 어떤 에너지보다 효과적이다. 그 인프라 또한 다른 에너지가 범접할 수 없을 정도로 압도적이다. 하지만 화석연료가 필연적으로 지구온난화를 촉진한다면 새로운 에너지로의 전환에 더 많은 관심을 기울여야 한다. 이는 한 개인이나 기업, 한 국가가 할 수 있는 일이 아니다. 지구온난화에 공동으로 대응하는 것처럼, 다양한 국가들이 각자 잘할 수 있는 분야에서 수소사회를 함께 열어가야 한다.

한국은 국토가 좁고 석유화학 산업이 고도화되어 있어 수소사회가 되기에 적합한 환경을 갖추고 있다. 하지만 수소 생산과 유통에 대한 연구개발의 속도가 더디다. 이제라도 다른 국가들과 연합해 국가 수소 로드맵을 다시 세울 필요가 있다.

2부

한국의
수소전기자동차
개발자들

FUEL
CELL
ELECTRIC
VEHICLE

20년 만에 빛을 보는
수소전기자동차

●　　　　　　2018년 12월 11일, 수소 연료전
지 시스템을 만드는 현대모비스 충주 공장에는 눈이 내리고 있었
다. 수소 연료전지 시스템 2공장의 기공식이 열리는 날이었다.

2017년 세계 최초로 연료전지 시스템 대량생산 체계를 갖춘
1공장은 설립 1년 만에 연간 생산 능력 3000대를 모두 채웠다.
2013년 현대자동차가 세계 최초의 양산형 수소전기자동차 투싼
을 만든 후 5년 동안 판매량은 1000대에 불과하다. 그랬던 수소전
기자동차를 사기 위해 대기하고 있는 사람만 5000명을 넘어섰다.
예상을 뛰어넘는 뜨거운 관심에 해외 수출은 아직 생각도 못했다.
2000년 싼타페에 미국 UTC파워의 연료전지를 탑재해 처음 수소
전기자동차를 만든 지 18년 만의 일이다. 그간 수소전기자동차는

안팎에서 천덕꾸러기 취급을 받았다. 많은 사람이 현대자동차가 전 세계에서 아무도 하지 않는 수소전기자동차에 집착하느라 정작 중요한 시대적 흐름을 따라가지 못했다고, 심지어 정부 예산을 빼먹는다고 비난했다. 그랬던 현대자동차의 수소 연료전지가 자동차에 쓰기에도 부족함이 없을 정도로 진화해 전 세계 수요자들의 러브콜을 받으며 대량생산을 위해 공장을 증축하게 된 것이다.

이날 정의선 현대자동차그룹 당시 수석부회장은 「FCEV(수소전기자동차) 비전 2030」을 발표했다. 수소 연료전지 대량생산 계획을 밝힌 것은 세계 최초였다. 언론은 이날 발표를 '정의선의 충주 선언'이라고 명명했다.

정의선 현대자동차그룹 회장 이곳 충주 공장에서는 독자 개발한 연료전지 발전기가 생산되고 있습니다. 현대자동차그룹은 오는 2030년까지 발전기 생산을 완성차 50만 대분을 포함해 70만 대 규모로 확대할 계획입니다. 협력사와 함께 2030년까지 연구개발 설비 확대 등에 단계적으로 7조6000억 원을 신규 투자할 계획이며, 5만 1000명의 신규 고용이 창출될 것입니다.

타 완성차, 선박, 철도, 지게차 등의 운송 분야와 전력 생산·저장 등 발전 분야에 연료전지 시스템을 공급하는 신산업 추진을 통해 수소 연료전지 분야 글로벌 리더십을 지속적으로 확보해 나가겠습니다. 우리는 다가올 수소경제라는 신산업 분야의 '퍼스트 무버'로서 수소가 주요 에너지인 수소사회를 선도해 나가겠습니다.

현대자동차그룹은 연 3000대 규모의 수소 연료전지 시스템 생산 능력을 오는 2022년 약 13배인 연 4만 대 규모로 확대하고, 2030년에는 수소전기자동차 50만 대를 생산할 계획이다. 이들은 2030년 전 세계에서 수소전기자동차가 약 200만 대 정도 팔릴 것으로 예상하고 있다. 연 50만 대를 생산하겠다는 것은 전 세계 시장 점유율 25%를 차지하겠다는 자신감의 표현이자 원대한 목표다. 내연기관자동차나 배터리전기자동차 시장은 전 세계 자동차 회사들이 치열하게 경쟁 중이라 시장 점유율 10%도 넘기기가 힘들다. 하지만 누구보다 앞서 수소전기자동차 기술을 갖추었으니 수소전기자동차 시장에서 만큼은 세계 1, 2위를 다퉈보겠다는 것이 현대자동차의 포부다. 현대자동차 관계자는 "2030년까지는 인프라가 구축되는 과정이기 때문에 안정적인 성장세를 보이다가 인프라 구축이 충분히 이뤄지면 높은 성장세로 전환될 것으로 기대한다"고 말했다.

　　특이한 점은 수소전기자동차 생산 규모보다 수소 연료전지 시스템 생산 규모의 목표가 더 크다는 것이다. 수소전기자동차 생산 설비 목표는 50만 대인데, 연료전지 생산 목표는 70만 개다. 자신들의 수소전기자동차에 50만 개를 보급하고 나머지 20만 개는 다른 곳에 판매하겠다는 의미다. 자동차 제조사의 핵심 경쟁력은 동력 장치인 파워트레인이다. 하지만 미래 자동차 시대에는 파워트레인조차 무색해질 전망이다.

　　2018년 12월, 구글 계열사인 자율주행차 회사 웨이모는 세계 최초로 자율주행 택시 서비스 '웨이모원'을 상용화했다. 웨이모원의 자율주행 시스템이 웨이모, 구글의 기술이라는 것은 누구나 알고 있지만, 웨이모원의 자동차를 크라이슬러가 만들었다는 사실은 거의 관심조차 받지 못했다. 차량공유 플랫폼 우버가 자율주행차를 만들고 있다는 사실은 잘 알려져 있지만, 여기에 납품하는 차가 볼보의 차량이라는 사실은 잘 모른다.

미래에는 자동차를 만드는 제조사보다 커넥티드카, 자율주행자동차, 친환경 모듈 등 핵심 부품을 만드는 회사가 자동차 산업을 주도하게 될 것이라는 전망이 지배적이다. 수소전기자동차 역시 그렇게 될 수 있다. 머지않아 현대자동차가 만든 연료전지를 탑재한 다른 브랜드의 자동차를 보게 될 수도 있는 것이다. 즉, 누가 자동차를 조립했는가보다 어떤 핵심 기술을 가진 자동차인가가 더 중요해지는 시대가 오고 있다.

수송용으로 개발된 연료전지는 효율이 좋고 가볍고 내구성이 높고 작다. 이를 다른 완성차나 선박, 철도, 지게차 등 운송 분야에 얼마든지 사용할 수 있다. 또 연료전지는 수송용에만 사용되는 것이 아니다. 현대자동차는 2018년 11월 울산에서 500kW급 발전소 실증 사업을 시작했다. 자동차 회사가 발전소를 만든다니, 기존 상식으로는 이해하기 힘든 일이다.

울산에 짓고 있는 이 발전소는 수소전기자동차에 들어가는 연료전지를 이용한 수소 열병합 발전소다. 울산 석유화학 단지로부터 수소 전용 배관을 통해 수소를 공급받아 운영된다. 현대자동차는 2019년에는 1000세대 이상 가정에 전력을 공급할 수 있는 1MW급 발전용 연료전지 시스템을 추가로 구축할 계획이다. 연료전지 판매업이 현대자동차그룹의 신사업으로 등재됐고, 연료전지 시스템 판매를 위해 판매 전담 조직도 만들었다. 연료전지 시스템 판매가 대폭 늘어날 경우 현대자동차는 자동차 회사일까? 아니면 에너지 솔루션 회사일까? 미래에는 자동차 회사로서 정체성까지 고민해야 할 수도 있다.

2018년은 한국 수소전기자동차 분야에 있어 역사적인 해다. 만약 20~30년 후에 수소전기자동차가 전 세계적으로 보급되고 한국의 수소전기자동차가 선두에 있다면, 2018년이 그 원년으로 기록될 것이다.

2018년 1월, 미국 라스베가스에서 열린 가전박람회 CES에서 현대자동차는 차세대 수소전기자동차 넥쏘를 선보였다. 이후 평창 동계올림픽 때는 자율주행 시스템을 갖춘 넥쏘가 서울에서 평창까지 200km가 넘는 거리를 혼자서 달려갔다. 독일과 프랑스, 스위스에서 한국의 수소전기자동차와 수소 연료전지에 대한 러브콜이 이어졌다.

문재인 정부는 수소 에너지를 혁신 전략 3대 과제 중 하나로 선정했고, 2019년 1월에는 정부가 「수소경제 활성화 로드맵」을 발표했다. 10년간 고집 센 몇몇 연구자들의 영역이었던 수소 분야는 국가의 핵심 성장 동력으로 떠올랐다. 하지만 승용차, 트럭, 버스, 심지어 선박과 기차에도 수소 연료전지를 쓰겠다고 하는데도 도무지 실감이 나지 않는 것이 현실이다. 국토가 좁고 인구밀도가 높은 한국에서는 왜 수소 연료전지가 필요한지 쉽게 이해가 되지 않으니, 유럽을 떠올리면서 글을 읽어보면 조금은 도움이 될 것이다.

2018년 9월, 독일 하노버에서 열린 국제 상용차 박람회 현대자동차 부스에 BMW 관계자들이 찾아왔다. 미래형 스마트 공장을 선도하는 인더스트리 4.0팀이었다. BMW의 고민은 물류였다. 독일 남부 바이에른 주 뮌헨은 BMW의 고향이다. 이곳에서 BMW가 시작됐고, 현재도 본사와 박물관, 그리고 가장 핵심적인 공장이 그곳에 있다.

1920년대에 처음 들어설 때만 해도 BMW 공장은 뮌헨 시 외곽에 있었다. 그런데 인구가 늘고 도시가 커지면서 뮌헨 공장이 도시의 일부가 되어 버렸다. 그러나 도시는 많은 규제를 받는다. 심지어 오후 10시 이후에는 소음 때문에 공장도 가동할 수 없다. 또 도심이라 공장 부지를 넓힐 수 없어 자동차 공장을 4층 빌딩으로 운영하고 있다. 부품을 보관할 장소도 부족해 500개 부품 협력업체들은 도시에서 멀리 떨어진 곳에 있다. 그래서 필요할 때 즉시 부품을 조달할 수 있는 시스템을 갖춰야 했다.

문제는 환경 규제다. 독일의 주요 도시들은 하나둘 디젤 트럭의 출입을 금지하고 있다. 뮌헨 시는 아직 금지를 선언하지 않았지만, 언젠가 그날이 올 가능성이 높다. 그런데 트럭이 아니면 도대체 어떤 수송 수단으로 그 막대한 양의 부품을 옮길 것인가. 또한 BMW는 뮌헨 공장으로부터 약 $450km$ 떨어진 곳에 라이프치히 공장을 운영하고 있어 두 공장 사이에서도 많은 물품이 상시적으로 오간다. 트럭이 없으면 그 물류를 감당할 대안이 마땅치 않다.

이에 BMW와 그들의 물류를 담당하는 DHL, DHL의 친환경 차량을 담당하는 자회사 스트리트스쿠터는 고민에 빠졌다. 배터리로 구동되는 트럭을 개발했는데, 1회 충전 주행 거리가 200km를 넘지 못했기 때문이다. 그래서 대안으로 수소트럭을 검토하게 됐고, 수송용 연료전지에 경쟁력이 있는 현대자동차를 찾아오게 된 것이다.

> **현대자동차 관계자** 수소트럭은 만들어드릴 수 있는데 수소충전소를 설치해야 합니다. 충전소 만드는 데도 비용이 꽤 드는데 괜찮겠습니까?
>
> **BMW 관계자** 우리는 공장마다 수소충전소가 있습니다.
>
> **현대자동차 관계자** 수소충전소가 있다고요?
>
> **BMW 관계자** 네. 우리 공장에서 사용하는 지게차는 수소 연료전지 지게차입니다. 물류창고 안에서 쓰는 것이라 매연이 발생하지 않는 수소지게차를 쓰고 있습니다.

BMW는 스스로 수소전기자동차를 만들고 있지는 않지만 수소 연료전지가 어디에 효과적으로 적용될 수 있는지는 알고 있었다. 수소충전소는 이미 공장마다 있으니 수소트럭만 만들어 공급하면 곧장 이용할 수 있다. 현대자동차와 BMW, DHL, 스트리트스

쿠터는 수소트럭으로 자동차 부품을 운송하는 실증 사업 프로젝트를 검토하기로 했다.

BMW는 자동차 기술에 있어서는 둘째가라면 서러워할 자동차 회사다. 그런데 이들이 트럭을 사겠다고 현대자동차를 찾아오다니, 내연기관 시대에는 상상도 할 수 없었던 장면이다.

수소지게차를 통해 연료전지의 장점을 체감한 기업은 BMW만이 아니다. 세계 최대 유통회사인 아마존과 월마트의 물류창고에서도 수소지게차를 이용하고 있다. 두 회사는 심지어 수소지게차를 만드는 플러그파워의 지분을 인수하기도 했다.

연료전지 업계 관계자 물류창고는 실내이기 때문에 매연을 내뿜는 내연기관 엔진을 사용할 수가 없습니다. 이전까지는 배터리지게차를 사용했는데 24시간 내내 사용해야 하는 지게차는 충전시간이 길면 사용이 어렵습니다. 절반이 운행을 하는 동안 절반은 충전하는 경우도 생기지요. 그러려면 공간도 많이 차지합니다. 그렇다고 급속 충전을 하면 배터리에 부담이 가 내구성이 떨어집니다. 그런 이유로, 배터리지게차에 비해 더 비싼데도 불구하고 많은 곳에서 수소전기지게차 도입을 검토 중입니다.

환경 규제가 강화되면서 주요 도시를 중심으로 디젤 트럭 진입이 금지되는 추세다. 프랑스 파리는 가스 배출 정도에 따라 차량을 5등급으로 나누어, 5등급 차량은 도심 주행을 금하고 있다.

2000년 이전 생산된 디젤 차량은 5등급으로 분류되는데, 이들은 물류 트럭의 약 14%에 달한다.

독일에서는 2008년부터 베를린, 쾰른, 하노버 등에서 배기가스 배출량이 많은 차량의 진입을 통제하는 '움벨트존 제도'를 시행하고 있다. 2018년 2월, 독일 연방행정법원은 슈투트가르트와 뒤셀도르프 시 당국이 디젤 자동차 운행을 제한해야 한다고 판결했다. 슈투트가르트와 뒤셀도르프는 EU가 규정한 대기오염 기준치를 충족하지 못하는 지역이다. 이 판결 이후 함부르크 시 당국은 디젤 차량의 진입을 제한하는 조치에 대한 검토에 착수했다.

대규모 물류 트럭이 도시에 진입하지 못하면 기업 입장에서는 답이 없다.

현대자동차가 만든 수소트럭의 첫 대량 구매 고객은 스위스의 에너지기업인 H2에너지다. 2018년 9월, H2에너지는 5년 동안 총 1000대를 유럽 시장에 공급하는 내용의 양해각서를 체결했다. 수소트럭을 만들기도 전부터 공급 계약부터 맺을 정도로 유럽 시장에서 육상 물류를 위한 수소트럭은 필수적인 검토 과제다.

전기자동차의 국가 노르웨이도 마찬가지다. 노르웨이는 전체 전력의 95%를 수력 발전을 통해 얻는다. 그래서 배터리전기자동차 보급 정책을 매우 강력하게 추진한 결과 전체 승용차의 39%가 배터리전기자동차다. 그런 노르웨이도 물류를 위해 수소트럭을 검토 중이다. 어설프게 수소트럭을 조립하기보다는 수송용 연료전지 사업에 집중해온 현대자동차에게 수소트럭을 만들어 달라며 러브콜을 보내고 있다.

한국에서는 낯선 풍경이지만 선박이나 기차의 동력으로도 수소 연료전지가 관심을 받고 있다. 한국의 도시는 인구 밀도가 높아 집중적인 인프라 투자가 가능하다. 예를 들어, 한국 지하철은 전 노선에 전기선을 깔아 전기로 운영하고 있다. 서울에서 천안까지 전철 위에 전기선을 쭉 깔아 전기를 공급해도 할 만하다. 하지만 도시가 드문드문 떨어져 있는 유럽에서는 2량짜리 소규모 기차가 도시와 도시를 연결하고 있다. 유럽의 고즈넉한 시골길을 달리는 2량짜리 기차를 상상해보라.

하루에 한두 번 운행하는 2량짜리 기차 때문에 그 긴 구간 전체에 전선을 까는 것은 매우 비효율적이라, 이런 기차는 디젤 터빈으로 전기를 생산해 동력으로 사용한다. 그런데 환경 규제가 강화되면서 디젤 트럭과 마찬가지로 디젤 터빈을 돌리는 기차도 도시에 진입할 수 없게 될 날이 다가오고 있다. 배터리로는 트럭을 운행하기도 버거운데 더 무거운 기차를 운행하는 것은 현재 기술로는 불가능하기에 기차의 동력으로 수소 연료전지 사용을 고민하는 것이다.

고속전철 떼제베(TGV)를 만드는 프랑스의 알스톰은 캐나다 연료전지회사 하이드로제닉스와 함께 수소로 가는 기차를 만들고 있다. 유럽 대도시와 외곽 지역을 연결하는 출퇴근용 철도는 디젤 엔진을 동력으로 사용하고 있는데, 이를 2030년까지 친환경 기차로 교체하는 프로젝트를 진행 중이다. 여기에 들어가는 연료전지 발

◐ 알스톰 수소전기기차

전기는 400kW로, 넥쏘에 들어가는 연료전지 4개 규모다. 선박 역시 마찬가지다. 한국에서는 도심에서 선박이 오가는 풍경을 상상하기 힘들지만, 유럽에서는 선박을 통한 물류 비중이 꽤 높다.

　세계적인 물류회사 DHL이 매년 집계하는 세계연결지수 1위는 네덜란드다. 유럽 28개국에 이송되는 컨테이너의 79%가 네덜란드 항구와 운하를 통해 이송된다. 그러나 수차례 말했듯이 도시를 지나가는 어떤 운송 수단도 경유 사용이 금지될 가능성이 높다. 또한, 유럽에서 대중교통으로 많이 이용하는 페리 보트에 오염물질을 내뿜는 벙커C유 등을 사용할 수 없게 된다. 노르웨이는 벙커C유를 사용하는 선박은 항구 근처에도 못 오게 하겠다는 입장이다. 그러니 선박도 대책을 마련해야 한다. 지금은 벙커C유 대신 LNG를 연료로 하는 방식과 수소를 연료로 하는 연료전지 방식이 경합 중이고, 스위스에 본사를 둔 자동화기술 전문 기업 ABB는 선박용 연료전지 개발 프로젝트를 진행하고 있다.

떠오르는 업종인 드론도 수소 연료전지에 눈독을 들이고 있다. 하늘을 날아야 하는 드론에 있어 가벼운 전원은 매우 중요한 기술이다. 장거리를 이동하려면 배터리가 많이 필요한데, 그렇다고 배터리를 많이 탑재하면 그 무게 때문에 주행 시간이 더 짧아질 수 있다. 그런데 수소는 에너지 밀도가 높아 가벼운 무게로 더 많은 에너지를 보관할 수 있다.

한국의 드론 업체 자이언트드론은 수소로 운행하는 드론을 개발하고 있다. 취재 중 만난 자이언트드론 이용우 대표는 "배터리를 사용하면 20~25분밖에 비행을 못 하는데, 수소 연료전지를 탑재해보니 2시간 이상 비행이 가능했다"고 말했다. 그러면서 "지금은 드론이 주로 촬영용, 농업용 등에 사용되기 때문에 장시간 비행을 요하지 않지만, 향후 물류 등에 활용하려면 장시간 비행이 매우 중요하다"며 "목포에서 남해안 섬으로 소규모 물류를 할 때 큰 배를 띄울 필요 없이 드론으로도 가능하다"고 했다.

또 연료전지는 에너지 저장장치(ESS)로도 활용할 수 있다. 태양광이나 풍력과 같은 재생에너지로는 전기를 간헐적으로밖에 만들 수 없는데, 이런 단점을 극복하려면 전기를 보관해야 한다. 그런데 지금 주로 사용하는 배터리 ESS는 시간이 지나면 방전이 되기 때문에 오랜 기간 전기를 보관하기 쉽지 않다. 낮에 저장해서 밤에 쓰는 정도는 문제가 없지만 여름에 저장해서 겨울에 쓰기는 어렵다. 반면 과도하게 생산된 전기로 물을 전기분해 해서 수소로 만들면 오랫동안 보관할 수 있다. 그 수소를 다시 연료전지에 넣으면 전기가 나온다.

석탄과 LNG, 원자력발전이 대부분인 한국에서는 '남는 전기'라는 말 자체가 낯설다. 하지만 해발 4000m가 넘는 알프스 산맥에서 흘러내리는 풍부한 수자원을 가진 스위스나 오스트리아는 그 물길에 수력발전소를 설치해 전기를 얻고 있다. 물은 산맥을 따라 흘러내리니 전기를 계속 만들 수 있다. 풍차의 나라 네덜란드는 연중 불어오는 바람이 끊임없이 전기를 만든다. 뜨거운 햇살이 끊임없이 내리쬐는 아프리카의 드넓은 초원과 사막에 태양광 패널을 설치한다면, 북극해의 날카로운 칼바람을 받는 아일랜드에 풍력발전소를 설치한다면, 어마어마한 양의 전기가 만들어질 것이다. 그리고 그 전기 에너지를 운반하는 데는 전봇대보다 수소가 더 적합할 수 있다.

더 이상 지구온난화로 환경이 파괴되는 것을 막기 위해 전 세계 정부는 이산화탄소 배출을 줄이기로 약속했다. 배터리와 수소가 지난 100년 넘게 수송의 심장 역할을 했던 엔진의 대체재로 떠오르고 있고, 그중 수소는 장거리, 대형 수송 수단의 에너지원으로 각광받고 있다. 아직 대중화를 말하기에는 이르지만 트럭, 선박, 기차 분야에서 꽤 유력한 대안으로 떠오르면서 수소가 발견된 지 250년 만에 처음으로 가능성이 엿보이기 시작했다.

이제 막 태동하려는 수소경제의 시대에 맞춰 현대자동차는 20년 동안 연구 개발한 수소전기자동차, 수소 연료전지 시스템을 공

수소전기차 시대가 온다

식적으로 하나의 사업으로 끌어올리고 세계 최초로 대규모 투자 계획을 밝혔다.

그런데 현대자동차는 왜 다른 자동차 회사들이 하나둘 손을 뗀 수소 연료전지 기술을 20년 가까이 고집하고 있었던 걸까? 그에 대한 답을 찾기 위해 20년 전 현대자동차가 처음으로 수소 연료전지를 자동차에 탑재했던 때로 거슬러 올라가보자.

전기자동차의 몰락과
수소전기자동차의 시작

●   1988년 취임한 노태우 대통령은
공산권에 적대적인 기존 정책을 전환하는 북방정책을 추진했다.
아직 자본주의 진영과 공산주의 진영의 냉전이 한창인 시기였다.
서울 올림픽이 개최된 1988년, 사마란치 국제올림픽위원장은 노
태우 대통령과 만난 자리에서 "북방정책은 안보의 상징적 효과를
위해서는 바람직하지만, 돈을 벌려면 역시 서방을 택하는 것이 좋
다"고 조언했다. 사마란치 위원장은 모스크바 주재 스페인 대사를
지낸 사회주의 국가 전문 외교관으로, 사회주의 국가에 대해 매우
잘 알고 있었다. 그럼에도 불구하고 노태우 정부는 북방정책을 적
극 추진했고, 1990년 9월 30일 한국과 러시아는 대한제국과 러시
아가 수교를 끊은 지 86년 만에 국교를 복원했다.

자동차 연료가 석유만 있겠는가?
정주영 현대그룹 명예회장이 남긴 2차 에너지에 대한 관심

예민한 정치적 상황의 윤활유 역할을 했던 곳은 경제계다. 자본주의와 공산주의의 정치적 명분과 간극은 도저히 좁힐 수 없는 냉전 시대였지만, '먹고사는 문제', 즉 '실리'는 간극을 좁힐 충분한 명분이 됐다. 한국과 러시아의 경제계 인사들은 자연스럽게 교류하며 먹거리에 대한 이야기를 나눴고, 서로 윈-윈할 수 있는 고리들을 만들어갔다. 그중 1987년까지 전국경제인연합회 회장을 맡았던 정주영 현대그룹 명예회장은 최고의 민간 외교관이었다. 그는 1989년 1월 국내 기업인으로는 최초로 소련연방 상의 회장의 공식 초청을 받아 소련을 방문했다.

정 회장은 소련과 함께 연해주 지역 산림개발, 시베리아 토볼스크석유화학공장 건설 등 13건의 각종 사업을 추진하며 양 국가를 경제라는 고리로 촘촘하게 엮었다. 정치가 들어오기 전 마중물이 되는 것이 한국 경제계를 대표하는 정주영 회장의 몫이었다. 그는 시베리아 천연가스를 블라디보스토크를 거쳐 한국으로 반입하는 가스관 프로젝트를 추진하기 위해 1990년 고르바초프 소련 대통령을 만났다. 이 자리에는 이명박 당시 현대건설 사장과 이충구 현대자동차 연구개발 책임도 함께했다.

고르바초프 대통령은 한국의 '한강의 기적'으로 표현되는 한국의 경제 성장과 그 과정에서 현대그룹의 공을 치하했다. 정주영 회장은 "종교에는 기적이 있을 수 있지만 경제에는 기적이 없다"
며 함께 힘을 모으자는 협력 의지를 표했다.

정주영 회장이 고르바초프 대통령과 만난 주요 의제는 시베리
아 가스관 사업이었지만, 수행단에는 현대자동차 기술진도 포함시
켰다. 애초부터 기술에 관심이 많았던 그는 국가적인 경제 사업을
위해 고르바초프 대통령을 만나러 가는 자리였지만, 그 와중에도
러시아의 높은 기술력을 견학하고 싶다고 요청했다. 그리고 러시
아의 기술을 보고 감을 잡을 수 있는 연구 개발진들과 동행했던 것
이다.

이충구 자동차공학한림원 회장(당시 현대자동차 연구개발 책임)은 "정
주영 명예 회장님은 '내가 가서 보면 뭘 아나, 채금자(책임자)들이 가
서 봐야지'라며 기술이 많이 필요한 자동차 담당자를 데리고 가셨
다"며 "국방, 항공 등 러시아의 세계적인 기술 수준을 볼 수 있었
다"고 말했다.

정주영 회장이 자동차 기술진을 데리고 간 것은 러시아의 기
술력을 눈으로 보고 자동차 기술을 한 단계 업그레이드 하라는 취
지였다. 그는 기술 개선을 할 수 있는 기회라면 하나도 놓치지 않
으려 했다.

한국에 돌아온 정주영 회장은 당시 울산에 있던 현대자동차
연구소의 기술진을 다시 서울로 불렀다. 부랴부랴 서울로 올라온
현대자동차 기술진은 성북동 영빈관에서 미국의 2차 전지업체인
오보닉* 관계자들을 마주하게 됐다. 정주영 회장은 자동차의 차세

대 동력으로 2차 전지를 생각하고 있었다. 오보닉은 니켈수소 2차 전지를 만드는 회사였다. 당시만 하더라도 전기자동차의 주요 배터리로 이용되는 것은 납축전지였고, 오보닉의 니켈수소 전지는 미국에서도 앞서가는 차세대 기술이었다.

정주영 회장이 주선한 현대자동차 기술진과 오보닉의 만남은 결실을 맺었다. 1991년 현대자동차는 무공해 전기자동차 독자개발 계획을 발표했다. 현대자동차는 최고 속도 60km, 1회 충전 주행 거리 70km인 쏘나타 전기자동차를 개발했다고 발표했고, 오보닉과 함께 1994년 말까지 쏘나타 전기자동차의 실용화 개발을 완료하기로 공동개발 계약을 체결했다. 이에 100억 원을 투자해 1994년까지 전기자동차의 필수 장치인 구동 시스템, 컨트롤 부품 일체를 자체개발하고 1995년부터 양산체제를 구축하기로 했다. 이와 함께 1992년까지 최고 속도 시속 100km의 전기 엑셀을, 1993년에는 시속 120km에 1회 충전 주행 거리 150km의 시험용 신형 전기자동차를 선보이기로 했다. 최종 목표인 1995년에는 최고 시속 160km, 1회 충전 주행 거리 350km를 달성하고, 배터리 충전 시간

---

* 미국 미시건주의 발명가 스탠 오브신스키가 만든 오보닉은 납축전지가 자동차용 배터리로 주류를 형성하고 있던 시기에 니켈수소전지를 만들어 많은 관심을 받았던 미국의 배터리 회사다. 현대적 의미의 최초의 배터리전기자동차 EV1을 만든 1994년 GM은 오보닉의 지배지분을 인수했고, EV1 개량 모델에 니켈수소전지를 탑재했다. GM은 오보닉의 지분을 2000년 석유회사인 텍사코에 매각했고 이후 사실상 영업을 중단했다. 다큐 영화 「누가 전기자동차를 죽였나」에서 스탠 오브신스키 박사는 "GM이 오보닉의 지분을 인수했을 때 내가 만든 배터리는 자동차에 탑재하는 것이 어렵지 않은 상황이었다"며 "신문에 대대적으로 보도가 되고 장미와 샴페인을 기대했는데 어디에서도 언급을 하지 못하게 했다"고 말했다. GM이 배터리전기자동차의 상용화 가능성을 막기 위해, 내연기관자동차를 더 판매하기 위해 오보닉의 차세대 배터리를 사장시켰다는 것을 암시한다.

○ 1991년 개발된 쏘나타 전기자동차

도 1시간 이내로 단축하겠다고 발표했다. 현대자동차와 그들에게
배터리를 납품하던 경원산업, 오보닉은 전기자동차용 배터리 개발
및 생산을 위한 생산 설비를 설치했다. 이 설비는 전기자동차용 니
켈수소전지를 연간 100대까지 생산할 수 있었다.

쏘나타 전기자동차는 기초적인 단계인 프로토 유형이 아니라
양산을 염두에 둔 파일럿 모델이었다. 하지만 현대자동차의 전기
자동차 프로젝트는 1996년을 기점으로 동력을 잃었다. 현대자동
차만이 아니라 전 세계 자동차 회사들의 전기자동차 연구도 마찬
가지였다. 세계 최초의 양산형 전기자동차 EV1을 만든 GM은 연
구를 줄인 정도가 아니라 애써 만들어 보급한 전기자동차를 모두
회수해 사막 한가운데서 압축해 분쇄해 버렸다. 도대체 무슨 일이
있었던 것일까?

전기자동차의 죽음과
수소전기자동차의 시작

미국 캘리포니아는 전 세계에서 가장 악질적인 대기오염으로 유명했다. 특히 로스엔젤레스는 한쪽은 높은 산맥으로 막혀 있고 반대편은 바다와 접해 있는 분지다. 차가운 바다 공기가 분지 안에 갇혀 순환이 잘 이뤄지지 않는다.

1948년 하겐 슈미트 캘리포니아공대 생화학과 교수는 오랜 시간 실험을 마치고 바람을 쐬러 밖에 나왔다가 불어닥친 더러운 공기에 분노를 느꼈다. 그리고 본인의 전공을 살려 LA 스모그의 원인을 밝히기로 마음먹었다. 그는 오랜 실험 결과 LA 스모그의 주범이 자동차에서 나오는 배기가스라는 사실을 알아냈다.

이 사실이 발표되자 자동차 회사들은 거세게 반발했고, 스모그를 증오하던 사람들조차 하겐 슈미트 교수의 발표를 외면했다. 누구나 대기오염을 싫어했고 스모그 문제를 해결하려면 자동차 사용을 줄여야 했지만, 아무도 자동차 사용을 줄이려 하지는 않았다.

자동차의 마력에 중독된 LA는 스모그의 지배에서 벗어나지 못했다. 호흡기 질환으로 병원을 찾는 사람은 줄을 이었다. 대기 환경에 예민한 시금치와 난은 LA에서 더 이상 자라지도 않았다. 스모그가 시야를 가로막아 고속도로에서는 자동차 충돌사고도 발생했다. 일본의 진주만 공습 악몽이 있는 미국 사람들 사이에서는 "일본이 LA에 화생방 공격을 감행했다"는 루머가 돌았고, 이를 믿는 사람도 많았다. 심지어 공항에서 비행기가 뜨지 못했고, 1966년에는 우주 비행사들이 휴스턴에 있는 기지 사진조차 찍을 수 없는 지경에 이르렀다.

1967년, 후에 40대 미국 대통령이 되는 로널드 레이건이 캘리포니아 주지사로 취임했다. 레이건 주지사는 LA 대기 오염 참사를 개선하기 위해 캘리포니아 대기자원위원회(CARB: California Air Resources Board)를 창설했다. 그리고 대기오염 문제를 해소할 적임자로 20년 전 자동차 배기가스가 스모그의 원인이라고 밝혔던 하겐 슈미트를 찾아 위원장을 맡겼다. 40대 젊은 학자였던 하겐 슈미트 교수는 이미 67세 노교수가 된 후였다.

CARB는 수십 년간 LA를 괴롭혀온 자동차 배기가스에 강한 규제를 가하기 시작했다. 자동차 회사들은 하겐 슈미트를 비난했지만, CARB는 개의치 않았다. CARB는 연방 정부가 정한 배기가스 배출 기준보다 더 엄격한 기준을 법제화할 수 있는 권한까지 부여받았다. 이는 미국 50개 주 중 캘리포니아에서만 통용되는 법이었지만, 뉴욕과 뉴저지 등 9개 주가 이 기준을 따랐다. 캘리포니아와 이들을 추종하는 주까지 포함하면 미국 전체 자동차 판매량의 30%를 차지하는 수준이었다. 규모의 경제가 무엇보다 중요한 자동차 산업에서 미국 전체 시장의 30%를 포기할 자동차 회사는 없었다. 캘리포니아를 포기할 수 없다면 친환경 자동차를 만들어야 하고, 어차피 만든 친환경 자동차라면 캘리포니아에만 팔 이유는 없다. 즉, 미국에서 자동차를 팔려면 캘리포니아의 기준에 따라야 한다는 것이다.

1990년, CARB는 무공해 자동차 의무판매 제도를 추진해, 캘리포니아에서 자동차를 판매할 자동차 회사들은 의무적으로 전체 판매 차량의 일정 비율 이상을 무공해 차량으로 대체해야 했다. 그 비율은 1998년까지 판매 차량의 2%, 2003년까지는 10%로 정해졌다.

사실 자동차 회사에게 있어 몇%인지는 추후의 문제다. 그에 앞서 판매할 수 있는 무공해 차량을 만들어야 한다는 것이 문제다. 당시 만들어낼 가능성이 있는 무공해 자동차는 배터리로 모터를 구동시키는 배터리전기자동차 밖에 없었다. 이에 미국에서 자동차를 판매하는 모든 회사들은 배터리전기자동차 개발에 엄청난 자금을 투입했다. 현대자동차가 쏘나타 전기자동차를 개발한 것도 그런 이유다.

1996년 CARB는 무공해 자동차 의무판매 제도 시행을 앞두고 공청회를 열었다. 자동차 회사는 로비를 벌였고, 이는 성공적이었다. 강건하게 무공해 자동차 의무판매 제도를 밀어붙였던 CARB는 결국 한 발 물러섰고, 무공해 자동차 판매를 강제하는 대신 저공해 자동차 비중을 높이기로 했다. 무공해 자동차 의무판매 적용 시점을 2003년으로 변경했고, 그 이전에 무공해 자동차를 판매할 경우 인센티브를 주기로 했다. 하지만 막상 2003년에도 자동차 회사들의 저항에 못 이겨 결국 적용 시기는 2012년 이후로 다시 한 번 미뤄졌다.

그렇다면 자동차 회사들이 어떻게 로비를 했기에 CARB가 넘어갔을까? 사람들의 의심은 커졌다. 2006년 개봉한 다큐멘터리 영화 「누가 전기자동차를 죽였나」는 이 같은 문제의식을 담은 영화다. 이 영화는 1996년 출시됐다가 2003년 사라진 GM의 전기자동차 EV1의 일대기를 담고 있다.

EV1은 GM이 1996년 출시한 세계 최초의 양산형 배터리전기자동차다. 무게를 줄이기 위해 알루미늄 섀시를 사용했고, 마그네슘 시트와 경량 강화 플라스틱 등 고가의 경쟁 소재로 만든, 매우 훌륭한 배터리전기자동차였다. 제로백은 10초, 최고 속도는 시속 130km였다. 충전하는 데 약 4시간 정도가 걸리긴 하지만, 한 번 충전으로 약 160km를 달릴 수 있었다. 가격은 3만4000달러 수준으로, 매월 400~550달러를 4년간 내는 리스 판매 형식이었다. 소형 쿠페치고는 가격이 다소 높았지만, 최첨단 친환경 파워트레인과 고가의 경량 소재 등 원가를 감안하면 비싼 가격은 아니었다.

처음 EV1이 출시됐을 때 많은 사람이 열광했다. 우선 내연기관과 달리 전기자동차는 소음이 거의 없어서 처음 운전해보면 마치 우주선을 탄 듯한 느낌이 든다. EV1은 심지어 디자인도 우주선 모양이다. 내연기관처럼 복잡한 부속품도 없고 엔진오일 등을 교환할 필요도 없다. 특히 배기가스가 전혀 없다는 점은 전기자동차의 가장 큰 매력이었다. 환경을 생각한다는 긍정적인 이미지 때문에 멜 깁슨, 톰 행크스 등 할리우드 스타들의 관심도 받았다.

「누가 전기자동차를 죽였나」에 출연한 톰 행크스는 "풋내기

(EV1)는 나를 태평양 해안 고속도로까지 너무 빨리 데려가서 딱지를 끊게 할 수도 있다"며 "충전 시간은 하루에 필요한 운전거리보다 더 많았지만, 난 오염에 찌든 미국을 구하고 있었다"고 말했다. 멜 깁슨은 "마치 배트맨이 된 것 같은 기분이 들었다. 위잉 하며 동굴에서 빠져나와 출발하는 기분이었다"고 회상했다. 전기자동차를 운전해본 사람이라면 이들이 말하는 전기자동차의 주행감을 알 수 있을 것이다.

공고한 마니아층이 형성됐으나, 2002년 GM은 EV1을 전량 회수해 폐기처분했다. 이는 직접 판매가 아니라 만기에 소비자에게 이전되기 전까지는 소유권을 판매사가 갖는 장기 리스 판매였기 때문에 가능한 일이었다. EV1을 리스한 사람들은 저항했지만, 법적으로 막을 방법이 없었다. EV1의 구매자들은 EV1을 회수해 모아놓은 GM 소유 주차장 근처에서 불침번까지 서며 EV1을 지키고자 했다. 하지만 GM은 EV1을 극비리에 애리조나 성능 시험장으로 옮겼고, 압축기와 분쇄기로 산산조각을 냈다.

EV1의 처형을 지켜본 사람들은 분노했다. 지구온난화와 미세먼지로부터 지구를 구할 영웅 EV1은 왜 처형을 당해야만 했는가? 누가 EV1을 죽였는가? 「누가 전기자동차를 죽였나」의 감독인 크리스 페인은 석유회사, 자동차회사, 소비자, CARB, 연방정부, 배터리 그리고 수소 연료전지를 용의자로 지목했다. 석유회사는 휘발유와 경유를 더 팔아야 한다는 점, 자동차 회사는 전기자동차보다 내연기관자동차를 더 팔고 싶어 한다는 점이 요인이었다. 소비자들은 내연기관자동차보다 불편한 전기자동차의 필요성을 외면했고, 연방정부와 CARB는 자동차 회사들의 로비에 넘어가 무공해 자동차 의무판매 제도 도입을 연기했다. 수소 연료전지 진영은 현실성도 없는 기술로 전기자동차 대신 정부의 연구개발 예산을 탈취해갔을 뿐만 아니라 자동차 회사들이 무공해 자동차 의무판매 제도 도입 시점을 가늠할 수 없는 미래로 미뤘다는 것이다.

그러나 각종 음모론에도 불구하고, 배터리야말로 전기자동차를 죽인 범인이라는 의견이 가장 일반적이다. 당시 배터리 기술은 자동차를 운행하기에 한계가 있었다. EV1의 초기 모델에는 연축전지가 탑재됐다. 연축전지는 완충이 안 된 상태에서 상당 기간 내버려두면 배터리가 망가진다. 주행할 때가 아니라면 반드시 충전기를 꽂아둬야 한다. 2세대 모델에는 니켈 배터리를 탑재했다. 그런데 니켈 배터리는 전기가 남아 있을 때 충전기를 꽂으면 셀이 망가지게 돼 있어, 완전히 방전될 때까지 쓴 후에야 충전할 수 있다.

이런 불안정한 배터리전기자동차를 계속 운영하는 것은 GM에게 위험 요인이었다. GM은 EV1 리스 프로그램을 장기간 유지할 경우 일어날 사고와 비용을 우려해 직접 회수해서 폐기하는 길을 택했던 것이다.

GM의 전설 밥 루츠 부회장은 저서 『빈 카운터스』(비즈니스북스)에서 이렇게 말했다.

2도어 스포츠 쿠페였던 이 차는 차체 중량을 줄이기 위해 알루미늄 섀시와 플라스틱 차체 패널을 사용했고, 한 번 충전으로 $100km$를 거뜬히 달렸다. 그러나 생산비용이 너무 비싸서 1117대를 생산했지만 판매는 하지 못했다. EV1 배터리팩 하나를 생산하는 데만 약 4000만 원 정도가 들었다.

이때 리스를 했던 사람의 상당수는 EV1을 이용하는 것이 환경파괴의 주역인 미국인들을 대신해 속죄하는 길이라고 믿는 할리우드 스타들이었다. 우스운 것은 그렇게 환경을 사랑하는 이들이 페라리나 벤츠 S클래스 12기통 모델을 세 대씩 갖고 있었다는 것이다. 환경 지키기에 앞장선다는 생각에 기분이 좋긴 좋았나보다.

수요가 적고 수익성이 없었기 때문에 GM은 2002년 리스 중이던 EV1을 모두 회수했다. 누가 EV1을 운전하다가 사고가 나면 책임 문제가 생길 수 있다는 법무팀 의견 때문에 우리는 모든 EV1을 폐차시키기로 했다. 리스한 사람들의 수는 적었지만 다들 영향력 있는 사람들이다보니 반발이 거셌다. 아마 GM이 교회와 병원에 폭탄을 쏟아붓는다고 해도 그렇게까지 비난받기는 어려웠을 것이다. 급기야 크리스 페인 감독까지 나서서 GM이 뒷돈을 받고 EV1을 폐기했다는 내용의 영화를 제작하기에 이르렀다. GM은 험머(대형 픽업트럭) 같은 차를 만들고 EV1을 죽여 버리는 회사, 탐욕스럽게 지구를 파괴하는 회사로 낙인찍힌 것이다.

GM이 수소 연료전지 차량 개발에 있어 확실한 선두 주자라는 사실은 일반인들에게 거의 알려져 있지 않았다. 전기자동차를 충전할 수 있는 콘센트는 어느 집에나 있으니 소비자들은 전기자동차의 장점을 금방 이해할 수 있다. 그러나 수소 연료전지의 판매망을 확충하겠다는 말을 일반 소비자들이 쉽게 납득하기는 어려웠다.

결국 GM이 입증한 것은 무공해 자동차의 가능성이 아니라 현재 기술 수준으로는 대중화가 가능한 전기자동차를 만들 수 없다는 것이었다. EV1의 기술적 한계는 스스로 전기자동차의 기술적 한계를 입증함으로써 CARB를 비롯한 규제 당국이 무공해 자동차 의무판매 제도 도입을 연기하도록 한 주요 논거가 됐다. 결과적으로는 자동차 제조사들이 무공해 차량을 만들어야 한다는 부담에서 벗어나게 해준 것이다.

무공해 차량이 아니라 저공해 차량을 더 많이 만드는 것으로 바뀐 규제에 자동차 회사들은 전기자동차보다는 기존 엔진을 활용하면서 연비를 높일 수 있는 고효율 자동차, 하이브리드 자동차로 연구의 무게중심을 옮겼다. 토요타가 세계 최초의 양산형 하이브리드 차량이자 지금까지도 하이브리드 시장에서 압도적인 1위를 차지하고 있는 프리우스를 출시한 것은 무공해 자동차 의무판매 제도가 무력화된 이듬해인 1997년이다. 친환경 자동차의 역사는 규제의 역사와 맥을 같이 한 셈이다.

현대자동차 연구팀
새로운 에너지를 꿈꾸다

현대자동차 연구팀이 수소 연료전지에 관심을 보인 것은 1997년이다. 쏘나타 전기자동차 등을 거의 양산 직전까지 연구했으나, 다른 자동차 회사들과 마찬가지로 무공해 자동차 의무판매 제도가 연기되자 당장 양산을 위한 전기자동차 연구에 대한 부담이 줄었다. EV1 프로젝트의 실패 사례에서 보듯 차세대 배터리가 나오지 않고서는 당장 내연기관을 대체할 수 있는 배터리전기자동차를 만들 수 없는 상황이었고, 미국 시장에 진출한 지 10년이 넘으면서 어느 정도 자신감도 생겨 한 단계 도약을 꾀하던 시점이기도 하다.

이충구 자동차공학한림원 회장(당시 현대자동차 연구개발 사장) 이제 미국 빅3 중 크라이슬러는 기술적으로 넘어섰다고 생각했던 시점이었습니다. 브랜드나 시장 지배력에서는 다소 밀릴지 몰라도 품질의 일관성에 있어서는 밀리지 않는다고 스스로 평가하고 있었지요. '10년 10만 마일(약 16만km)'을 보증할 수 있는 용기가 생겼을 때 더 높은 도약을 위한 30년 초장기 계획을 세우기로 했습니다.

10년이면 강산도 변하는데, 30년 후를 누가 예측할 수 있겠는가? 30년 장기 계획은 아예 차원이 다른 변화를 상상해야 한다.

30년 후 자동차가 존재한다면 가장 극단적으로 변할 수 있는 부분은 자동차의 심장인 파워트레인과 연료였다. 정주영 명예회장이 2차 전지 배터리에 대한 혜안으로 배터리전기자동차 사업을 시작한 이후 현대자동차는 차세대 연료 분야에 많은 관심을 갖고 있었다. 배터리전기자동차를 넘어선 미래 동력은 무엇일까? 30년 장기 계획인 만큼 세계 최고 수준의 기술을 갖추는 것을 목표로 했다. 한국 본사 연구팀과 미국 디트로이트 연구소 연구팀은 머리를 맞대고 배터리와 관련한 미래 청사진을 그리면서 연료전지를 차세대 자동차의 심장으로 검토했다.

　　당시 한국에는 쓸 만한 수소 연료전지 기술이 없었기에 현대자동차 연구팀은 미국, 일본, 유럽 등 선진국을 중심으로 수소 연료전지 분야에 뛰어난 기술을 가진 업체를 수소문했다. 그러던 중 캐나다의 발라드가 자동차용 수소 연료전지를 연구하고 있다는 사실을 알게 됐다. 당시 현대자동차 연구개발 부문 이사였던 임태원 현대자동차그룹 중앙연구소장은 캐나다로 날아가 발라드를 만났다.

　　그들은 수소 연료전지 발전기 한 세트를 제공하는 데 500만 달러를 요구했다. 심지어 소유권 이전 없이 1년 후 자신들이 요구하면 반납해야 하고, 발전기를 개봉하는 것도 금지한다는 조건을 걸었다. 발라드는 당시 다임러, 포드와 공동으로 자동차용 연료전지 발전기를 개발하고 있었다. 다른 경쟁 자동차 회사가 자신들이 개발 중인 자동차용 연료전지 발전기를 공개해줄 리도 없고, 이들과 함께 자동차용 연료전지 발전기를 연구하는 발라드 역시 현대자동차와 따로 계약을 맺을 수 없었다.

권문식 현대자동차 부회장(연구개발 본부장)　발라드 나름의 노하우도 있었지만 다임러, 포드와 함께 개발한 자동차용 수소 연료전지 기술도 있었습니다. 공동 개발 중인 기술이 유출되는 것을 우려했던 것 같습니다. 그러나 연료전지 발전기를 한 세트 빌려서 연결시켜보는 것만으로는 수소전기자동차를 개발할 수가 없으니 다른 곳을 수소 문해볼 수밖에 없었지요.

발라드와의 계약을 포기한 현대자동차는 다른 곳을 물색했다.

이충구 자동차공학한림원 회장(당시 현대자동차 연구개발 사장)　우주 산업에 엄청난 투자를 했던 미국에는 반드시 수소 연료전지 기술을 가진 업체가 있을 것이라고 생각했습니다. 그래서 다른 나라가 아닌 미국에서 특히 항공우주 산업을 하는 업체를 중심으로 찾아보기로 했고, 그러던 중 IFC를 발견하게 됐습니다.

유나이티드 테크놀로지스 코퍼레이션(UTC: United Technologies Corporation)은 항공기 엔진 분야에 경쟁력이 있는 항공우주 산업 업체로, 에어컨 캐리어, 엘리베이터 오티스, 군용 헬리콥터, 미사일 시스템 등 다양한 사업을 하는 종합 방산업체였다. 수소 연료전지 기술을 가진 IFC(International Fuel Cells)는 UTC의 자회사로, 1964년부터 아폴로 우주선과 우주왕복선용 연료전지 시스템을 만들어 미국 항공우주국(NASA)에 공급했고, 1976년에는 세계 최초로 연료전지 발전소를 상업화하기도 했다.

IFC는 수소 연료전지를 만들기는 하지만 그들의 관심사는 항공우주, 발전용 연료전지였지 자동차용 연료전지에는 관심이 없었다. 자동차용 수소전지는 발전용과 많이 다르다. 자동차에 들어가야 하니 작고 가벼우면서도 내구성이 강해야 한다. 또한 고정된 공간에서 운영되는 빌딩용, 발전용 연료전지와 달리 흔들거리는 자동차 안에서 10년 이상 안정적으로 작동해야 한다. UTC는 이미 충분히 거대한 기업이었고, 자동차용 수소 연료전지는 돈이 되는 사업도 아니었기에, IFC는 굳이 무리해서 자동차용 수소 연료전지를 만들고 싶어 하지 않았다.

이충구 현대자동차 사장과 김영우 현대자동차 미국연구소장은 미국으로 날아가 IFC 밀러 사장을 직접 만났다. 돈 안 되는 사업을 제안하러 온 동양인 기업가를 만나는 밀러 사장의 표정은 심드렁했다.

그대로 있다가는 거절을 당할 것이 뻔하다고 여긴 현대자동차 연구팀은 그들의 자존심을 건드려보기로 했다. 수소 연료전지는 항공우주 산업에서 개발했고 인류 최초로 인간을 달에 보낸 나라는 미국이다. 또한 미국은 자동차의 고향이기도 하다. 그런데 미국 자동차 회사인 포드가 캐나다 회사인 발라드에서 만든 연료전지를 사다 쓰고 있다니, 자존심 상하는 일 아니냐는 이야기로 자존심을

수소전기차 시대가 온다

건드린 것이다. 이 전략은 유효해, 현대자동차는 미국 기업이 만든 최초의 수송용 연료전지를 탑재한 자동차를 만들게 됐다.

'미국의 자존심'으로 인한 효과는 여기서 끝이 아니었다. 2005년 미국 부시 대통령은 수소 연료전지자동차에 대한 적극적인 지원을 약속하며 수소 연료전지 시범 사업 현장을 방문했다. 이때 미국 에너지부는 부시 대통령에게 소개하기 위해 미국이 만든 수소 연료전지를 탑재한 미국 회사들을 물색했다. 하지만 포드는 캐나다 발라드가 만든 연료전지를 탑재하고 있었고, 미국이 만든 연료전지를 탑재한 자동차는 현대자동차의 싼타페 수소전기자동차뿐이었다.

조원석 현대자동차 디트로이트 연구소장은 부시 대통령 앞에서 연료전지자동차 시장의 기술과 전망을 브리핑하는 기회를 얻게 됐고, 현대자동차는 미국 에너지부(DOE: Department of Energy)가 추진하는 연료전지자동차 북미 시범 운행 시행사로 선정됐다. 이 프로젝트는 5년간 미국 주요 도시에서 수소전기자동차를 운행하는 사업으로, 수소충전소 설치도 함께 진행됐다. 현대자동차뿐 아니라 GM과 다임러, 포드, 일본 컨소시엄(토요타, 혼다, 닛산) 등이 참여했다. 전체 예산 규모는 4000억 원에 달했다. 미국 기업이 만든 수소 연료전지를 탑재한 유일한 자동차인 현대자동차는 미국 정부로부터 많은 지원을 받을 수 있었다.

IFC와 담판을 짓고 2000년 5월 현대자동차와 IFC는 한국 남양연구소에서 연료전지자동차를 연내 개발하는 공동개발 계약을

◐ 싼타페 수소전기자동차

체결했다. 양사는 75kW급 연료전지를 탑재한 시험용 차량을 공동
개발하고, 2001년 시작하는 미국 캘리포니아의 연료전지자동차
시범주행 프로그램 '연료전지 파트너십'에 참여하기로 했다. 조인
식(調印式) 자리에서 이충구 사장은 "빅3 등 세계 유력 자동차 메이
커를 중심으로 급속히 진행 중인 연료전지자동차 개발 흐름 속에
서 세계적 기술표준화 작업을 능동적으로 대응할 수 있는 기반을
마련하게 됐다"고 했다.

　이날, IFC 밀러 사장은 직접 한국을 방문했다. 밀러 사장은 "10
년 이상의 전기자동차 개발 경험을 가진 현대자동차와 미국 항공
우주국(NASA)에서 연료전지 개발기술력을 인정받은 IFC가 손을 잡
으면 앞으로 2~3년 내에 세계 최고수준의 경쟁력을 확보할 수 있
을 것"이라고 강조했다.

　1999년 현대자동차 회장으로 취임한 정몽구 회장은 2000년

미국 캘리포니아를 방문해 앨런 로이드 CARB 의장을 만나 '캘리포니아 연료전지자동차 파트너십'에 참여하는 제휴를 맺었다. 또한 IFC와 함께 2002년까지 1000만 달러를 투자해 수소 연료전지자동차 6대를 공동 개발하기로 했다.

당시 미국에서 현대자동차는 엑셀, 쏘나타 등을 앞세운 중소형 세단 브랜드라는 이미지가 있었는데, 2000년 시카고 모터쇼에서 처음으로 도심형 SUV 싼타페를 공개했다. 그리고 수소 연료전지가 탑재될 차종으로 싼타페가 선정됐는데, 여기는 세 가지 이유가 있다.

첫째, 크기다. 지금은 중형 세단에도 들어갈 정도로 수소 연료전지 모듈이 작아졌지만, 당시에는 메탄올을 연료로 사용했고 메탄올에서 수소를 추출하는 개질기를 차량 안에 설치해야 했기에 꽤 컸다. 중소형 세단에는 연료전지 시스템만으로 트렁크가 가득 차서 다른 측정용 개발 장비를 담을 수조차 없었다.

둘째, 1990년대에는 글로벌 자동차 회사들이 앞다퉈 SUV를 출시하면서 미국 자동차 시장에서는 SUV가 떠오르고 있었다. 벤츠 M클래스, BMW X5, 포르쉐 카이엔, 아우디 Q7 등 내로라하는 SUV들이 이때 출시됐다. 그러니 미국에서 팔리는 차를 만들려면 SUV가 제격이었다.

셋째, 싼타페 홍보를 위해서였다. 신형 SUV를 선보이면서 수소 연료전지를 탑재하면 더 많은 사람에게 주목을 받을 수 있을 것이었다.

IFC와 약속했던 6개월이 흘렀다. 현대자동차는 11월 미국 캘리포니아에서 열린 'CaFCP (캘리포니아 퓨얼셀 파트너십, California Fuel Cell Partnership)' 개소식에서, 지난 6개월 간 약 165억 원을 투자해 만든 쏸타페 수소전기자동차를 공개했다. 향후 440억 원을 투자해 7대를 더 만들 계획이었다. 연료전지 출력은 $75kW$급이고, 제로백은 13.5초였다. 최고 속도는 시속 $124km$, 한 번 충전으로 달릴 수 있는 거리는 $160km$였다.

수소전기자동차가 국내에서 처음 공개된 것은 2001년 3월이었다. 현대자동차는 남양연구소에서 쏸타페 수소전기자동차를 공개했다. 이날 발표회에는 앨런 로이드 CARB 의장을 비롯해 IFC의 윌리엄 밀러 사장, 이충구 현대자동차 사장 등이 참석했다. 환경 규제와 배터리전기자동차의 몰락, 새로운 자동차 에너지를 향한 기업들의 기술 경쟁 속에서 대한민국은 처음으로 $75kW$급 수소전기자동차를 갖게 된 것이다.

특명! 수소전기자동차 개발 비밀 프로젝트

싼타페 수소전기자동차는 성공적이었다. 자동차용 수소 연료전지를 한 번도 만들어본 적 없는 IFC와 수소전기자동차를 한 번도 만들어본 적 없는 현대자동차가 힘을 합쳐 6개월 만에 수소전기자동차를 만들어낸 것이다. 아슬아슬한 조합이었지만, 결과는 성공적이었다.

현대자동차가 수소전기자동차를 6개월 만에 만들 수 있었던 비결은 배터리전기자동차를 만들어본 경험이 있었기 때문이었다.

권문식 현대자동차 부회장(당시 이사) 1991년부터 전기자동차 연구개발을 하고 있었고, 싼타페 전기자동차도 만들어 하와이에서 시험주행까지 했습니다. 배터리전기자동차 플랫폼이 갖춰져 있었으니 배터리 대신 연료전지 시스템을 탑재하는 것만 잘하면 되는 일이었죠. 덕분에 수소전기자동차를 6개월 만에 완성할 수 있었습니다.

싼타페 수소전기자동차는 세계무대에서 인정받기 위해 2001년 10월 미국 캘리포니아에서 열린 '미쉐린 챌린지 비벤덤(Michelin Challenge Bibendum)'에 참가했다. 미쉐린 챌린지 비벤덤은 글로벌 타이어업체 미쉐린이 주최하는 친환경 자동차 경연대회로, 1998년에 처음 시작됐다. 전기자동차와 태양광자동차, 대체에너지 자동차, 초저공해 자동차 등이 참여해 성능과 친환경성을 겨루는데, 매캐한 배기가스와 웅장한 배기음이 묘한 흥분감을 주는 일반적인 자동차 경주 대회와는 거리가 멀다.

현대자동차 팀은 싼타페 수소전기자동차로 처음 이 대회에 참가했다. 그해 참가 라인업을 보면, 오펠 자피라를 개조한 GM의 하이드로젠1, 포드의 포커스, A클래스를 개조한 다임러의 네카 4A, 크루거를 개조한 토요타의 수소전기자동차, 혼다의 FCX2 등이었다. 당시 세계 최고의 수소전기자동차가 모두 모인 셈이었다.

미쉐린 챌린지 비벤덤은 성능 테스트와 랠리로 진행됐다. 성능 테스트는 가속과 제동, 장애물 통과(슬라롬), 배기, 소음, 효율 및 주행 거리 등을 시험했다. 랠리는 도로 주행과 산악 통과 능력을 평가하기 위해 LA에서 라스베이거스까지 360*km* 구간에서 진행됐다. 이 구간에는 해발 1200*m*가 넘는 산악 지역도 포함돼 있었다.

싼타페 수소전기자동차는 배기와 소음 항목에서 금메달을, 장애물 테스트에서 은메달을 획득했다. GM이 금메달 2개, 다임러가 1개, 포드가 1개를 획득했고, 토요타와 혼다는 배기 테스트에만 참여했다. 토요타와 혼다는 자신들의 기술을 보여주지 않기 위해서라고 했지만, 다른 참가자들은 보여줄 만한 수준이 아니었을 것이라고 쑤군댔다.

싼타페 수소전기자동차는 이후 2002년과 2003년에는 CaFCP 주최 로드랠리에 참여해 완주했고, 현대자동차는 2002년 '일본 연료전지 상업화' 추진 멤버로 참여하기도 하는 등 세계적인 수소 연료전지자동차 개발사 대열에 합류했다.

싼타페 수소전기자동차의 성공에 고무된 현대자동차는 IFC에 공동 개발을 제안했다. 현대자동차가 만든 싼타페에 IFC가 만든 연료전지를 탑재하는 수준을 넘어 아예 현대자동차 전용 수소전기자동차를 개발하기로 한 것이다.

IFC는 공동 개발 비용으로 약 2000만 달러를 요구했다. 꽤 부담이 되는 금액이었지만, 권문식 현대자동차 부회장(당시 현대자동차 이사)은 정몽구 현대자동차그룹 회장을 설득했다.

권문식 현대자동차 이사 회장님! 돈은 부담이 되지만 꼭 해야 합니다. 단순히 차 한 대 만드는 데 쓰는 돈이라고 생각하시면 안 됩니다. 공동 개발 자체가 목적이 아니라 수소 연료전지 설계를 배우는 교육비라고 생각해주십시오. 이번 기회에 완벽하게 설계 기술을 배우겠습니다.

현대자동차는 수소 연료전지 설계 자체를 배우는 것을 목표로 연구원 7명을 IFC에 파견해 공동 개발을 진행했다. 이들은 IFC 연구진의 일거수일투족을 꼼꼼하게 메모했다. 권문식 부회장은 그때 배운 것 하나하나가 자신들이 자체적으로 수소 연료전지를 개발하는 밑거름이 됐다고 말한다.

IFC와 공동 개발을 하는 동안 국내에서도 비밀리에 50명으로 구성된 연료전지 연구팀을 꾸렸다. 공동 개발 중이었으니 IFC의 노하우를 학습하는 것이 법적으로는 문제가 되지 않았으나, 연료전지를 독자 개발하려는 움직임을 IFC가 인식할 경우 공동 개발에 차질을 빚을 수 있기에 비밀리에 진행할 수밖에 없었던 것이다.

미국에 파견된 연구원들이 스스로 할 수 있는 것은 아무것도 없었다. 배관 하나를 설계할래도 IFC 연구진의 허락을 받아가며 곁눈질로 배워야 했다. 한국의 비밀 연료전지 개발팀은 미국에서 눈칫밥을 먹으며 메모해 보내온 자료를 토대로 서서히 연료전지를 만들어갔다. 특허에 저촉되는 부분이 있으면 다른 설계안을 짜기도 했다.

당시 미국과 한국의 현대자동차 연구원들이 주고받은 메일은 2600여 통에 달한다. 지금은 연료전지 수준이 높아져 과거 기술에 불과하지만, 연료전지의 콘셉트를 잡는 초기부터 최종 설계까지가 백서처럼 담겨 있다. 그렇게 서서히, 연료전지 독자 개발 기술이 쌓여갔다.

동시에 외부적으로는 대학 교수, 출연연구원의 연구진 등 33

인의 전문가 그룹으로 이루어진 외부 자문단인 연료전지포럼을 구성했다. 회장은 이장무 서울대 교수가 맡았다.

　내부 연구진이 수소 연료전지 설계 기술을 연구하고 있었다면 외부 자문단은 수소 연료전지 연구 방향을 논의했다. 지금은 수소 저장 기술이 발전해 모든 자동차 회사가 순수한 수소 가스를 연료로 하는 고분자전해질형(PEMFC: Polymer Electrolyte Membrane Fuel Cell) 연료전지를 사용한다. 그러나 당시만 해도 순수한 수소가 아닌 메탄올을 연료로 하는 직접메탄올 연료전지(DMFC: Direct Methanol Fuel Cell)가 더 많이 사용되고 있었다.

　연료전지는 사용하는 연료와 연료에서 수소를 추출하는 방식에 따라 달라진다. 고분자전해질형 방식은 순수한 수소 자체를 연료전지에 투입해 전기를 만든다. 반면 직접메탄올 방식은 액체 메탄올을 싣고 다니면서 메탄올에서 수소를 추출해 연료전지를 가동하는 방식이다. 직접메탄올 방식의 연료전지는 개질기가 반드시 필요하기 때문에 공간을 많이 차지한다. 그럼에도 불구하고 그때 당시 고분자전해질형과 직접메탄올 방식이 동등한 수준에서 경쟁을 했던 이유는 수소 저장 기술 때문이다. 가볍고 부피가 큰 수소를 직접 싣고 다니려면 저장 탱크가 엄청 커야 한다. 탱크 크기를 줄이려면 매우 높은 압력으로 압축을 해야 하는데, 그때까지만 해도 그런 저장 기술이 없었다. 첫 수소전기자동차인 싼타페가 직접메탄올 방식을 사용한 것도, BMW가 영하 253℃의 환경을 조성해야 하는 액체수소를 연구한 것도 그래서였다.

구영모 자동차부품연구원 팀장에 따르면, 공기 압력의 350배 (350bar)를 감당할 수 있는 수소탱크 기술이 나오면서부터 고분자전 해질형 연료전지 방식이 주로 사용되기 시작했다. 그리고 공기 압력의 700배(700bar)를 압축할 수 있는 기술이 나오면서 수송용 연료 전지는 고분자전해질형으로 통일이 됐다.

고체산화물형 연료전지(SOFC: Solid Oxide Fuel Cell) 방식도 거론 됐다. 고체산화물형 연료전지는 메탄올과 수소뿐 아니라 모든 석 유관련 물질(탄화수소), 심지어 쓰레기에서도 수소를 추출해 전기를 만들 수 있는 꿈의 기술로, 미래 수소 연료전지, 궁극의 연료전지라 불리며 발전용에 사용되고 있다. 하지만 800℃ 이상에서 작동하기 때문에 자동차용으로는 적합하지 않다는 평가가 지배적이다.

연료전지포럼의 구성원들은 치열한 논쟁 끝에 고분자전해질 형 수소 연료전지를 채택하기로 의견을 모았다. 너무 앞서가지도 너무 뒤처지지도 않은 연료전지 방식을 채택한 것이다. 어떤 방식 이든 기술적으로 개선해야 할 부분은 많다. 외부 자문단에 참여한 교수와 연구원들은 각각 프로젝트를 맡아 각 연료전지의 특성과 자동차용 연료전지에 적합한 방식을 연구했고, 외부 자문단 구성 에는 정몽구 회장도 공을 들였다. 권문식 이사가 포럼 자문위원들 에게 관행상 월 50만~100만 원가량의 자문료를 지급하겠다고 했 을 때, 정몽구 회장은 '전문가들이 그 돈 받고 신경 써서 연구할 리 가 없다'는 생각에 '최소 200만 원'으로 비용을 책정했다고 한다.

미국에서는 IFC와의 공동연구가, 한국에서는 자체 연구가 진행 중인 가운데 또 하나의 비밀 연구 조직이 만들어졌다. 수소 연료전지를 구성하는 필수 부품 중 하나인 전해질막/전극접합체(MEA*)와 멤브레인(Membrane, 전해질막)을 독자 개발하기로 한 것이다.

멤브레인은 세계 최고 수준의 기술을 가진 고어, 3M 등 몇몇 업체만이 생산하고 있어 그들이 시장 주도권을 가지고 있었다. 고가의 소재인 멤브레인을 직접 만들 수 있다면 수소 연료전지의 원가를 대폭 낮출 수 있다고 판단한 것이다.

> **권문식 현대자동차 부회장** 멤브레인 가격이 너무 비싸서 이를 독자적으로 만들지 못하면 연료전지의 가격 경쟁력을 갖출 수 없을 것이라고 판단했습니다. 직접 양산을 못 하더라도 우리가 독자적으로 멤브레인을 만들 수 있을 정도의 기술력은 갖춰야 글로벌 업체와 협상할 때 협상력을 가질 수 있을 것이라고 생각한 거지요.

문제는 전문 인력을 공개적으로 뽑을 수가 없다는 점이었다. 독자 개발을 하고 있다는 사실이 3M이나 고어 등에 알려질 경우 그들이 멤브레인을 공급하지 않거나 가격을 올릴 우려가 있었고,

---

* MEA(Membrane Electrode Assembly): 전해질막(Membrane)은 수소 이온은 통과하지만 산소는 통과하지 못하는 막이다. 예를 들어 등산복에 많이 사용되는 고어텍스는 공기는 통과하지만 물은 통과할 수 없는 소재다. 이 소재로 만든 옷을 입으면 땀은 수증기 형태가 돼 밖으로 나가지만, 외부의 물은 들어오지 않는다. 수소이온은 전해질막을 통과해 산소와 만난다. 전해질막에 전극접합체를 붙인 것이 MEA다. 이 전극접합체에는 백금이 들어 있어서 수소를 수소이온과 전자로 쪼개는 역할을 한다. 수소이온은 멤브레인을 통과해 산소와 만나 물이 되고, 전하는 옆으로 흘러 전기를 만든다. 수소전기자동차 가격의 40%는 연료전지 발전기가 차지하고 있고, 발전기 가격의 40%는 MEA가 차지하고 있다.

심지어 IFC와의 공동 개발도 깨질 우려가 있었기 때문이다.

현대자동차는 서울대의 현대자동차-서울대 산학협력을 담당하는 현대NGV(Next Generation Vehicle) 사무실 아래층을 빌려 박사급 인재 7명을 비밀리에 투입했다. 연간 예산은 30억~40억 원이었다.

> **권문식 현대자동차 부회장** 당시 보안을 유지하는 것이 너무나 중요했기 때문에 심지어 정몽구 회장에게도 보고를 따로 하지 않겠다고 말씀드렸어요. 그러니 멤브레인 연구 조직이 있다는 것을 아는 사람은 나와 연구팀밖에 없었을 겁니다.

한편, 수소전기자동차 개발에 앞장섰던 정부의 수소 연료전지 사업단은 이명박 정부 출범 이후 해체됐고, 예산도 더 이상 편성되지 않았다. 사람들의 관심이 멀어진 사이, 단기간에 성과를 내기 어려운 수소 연료전지 사업은 하나둘 사라졌다. 그리고 비공식적으로 운영되던 현대자동차 멤브레인 연구조직도 2008년 권문식 부회장이 현대제철로 자리를 옮기면서 사라졌다. 이후 권문식 부회장은 2012년 연구개발 담당 부회장으로 현대자동차에 복귀했는데, 얼마 지나지 않아 멤브레인 공급사들이 소재 가격을 두 배 이상 올리겠다고 통보해왔다.

워낙 비밀리에 만들었던 조직이라 팀이 해체됐다는 사실조차 몰랐던 권문식 부회장은 곧장 다시 연구조직을 꾸렸다. 뒤늦게 개발에 착수하는 바람에 2013년 세계 최초로 출시한 양산형 수소전기자동차 투싼에는 자체 개발한 MEA가 탑재되지 못했다. 그러나 2015년, 현대자동차는 결국 MEA 국산화에 성공했고, 2018년 출시한 차세대 수소전기자동차 넥쏘에는 자체 제작한 MEA를 탑재할 수 있었다.

MEA 국산화를 실무적으로 지휘한 황인철 현대자동차 책임연구원은 "자체 개발한 고성능, 고내구성 촉매를 사용해 MEA의 내구성을 대폭 향상하면서도 촉매 사용량을 줄였고, MEA 제조 공정을 단순화·자동화해 제조원가를 13% 낮출 수 있었다"고 했다.

IFC와의 공동개발이 이어지던 2004년, 현대자동차는 미국 정부 에너지성(DOE: Department of Energy)이 주관하는 '연료전지자동차 시범운행 및 수소 충전소 인프라 구축'사업 시행사로 인증서를 받았다. 국내 기업이 미국 정부 사업의 시행사로 선정된 것은 사상 처음이었다. 앞서 설명했듯 세계에서 유일하게 미국 기업이 만든 연료전지를 탑재한 자동차를 만들었다는 점도 주효했다.

현대자동차는 이후 5년간 미국 서부, 동부 주요 도시에서 연료전지자동차를 시범 운행했다. 또한 수소 연료전지자동차 개발 및 제작에 투입되는 비용의 50%를 미국 정부로부터 지원받았다. 현대자동차의 파트너는 충전소를 지어줄 에너지회사인 셰브론 텍사코, 연료전지 개발사인 IFC였다. 김상권 현대·기아자동차 연구개발본부 사장은 "셰브론 텍사코, 유티씨퓨얼셀과 같은 세계 유수의 에너지·연료전지 전문 업체들과 공동 참여함으로써 관련업계뿐 아니라 미국 정부로부터 당사의 연료전지 기술력을 인정받게 됐다"며 "세계 유명 자동차 제조사를 중심으로 급속히 진행 중인 연료전지자동차 개발과 기술표준화 및 법규 제정에 능동적으로 대응할 수 있는 기반도 마련했다"고 말했다.

2009년 상반기까지 5년간 진행된 시범운행사업에는 현대·기아자동차를 비롯해 GM, 다임러, 포드, 일본컨소시엄(토요타, 혼다, 닛산) 등이 시행사로 선정됐다.

현대자동차는 이 프로젝트에 IFC와 공동 개발한 두 번째 수소전기자동차, 투싼을 투입했다. 투싼 수소전기자동차는 2004년 3월 제네바 모터쇼, 4월 뉴욕 모터쇼에서 일반인에게 공개됐다. 영하의 온도에서도 시동을 걸 수 있도록 냉시동성이 강화됐고, 연료전지 출력은 $80kW$로 싼타페($75kW$)보다 강력해졌다. 주행 거리는 $300km$로 연장됐고, 최고 시속도 $150km$로 개선됐다. 싼타페 수소전기자동차의 후속모델인 투싼 수소전기자동차, 그리고 2005년 6월 개발된 기아자동차의 스포티지 수소전기자동차는 5년간 도합 32대가 미국 곳곳에 투입돼 시범 운행됐다.

공동개발이 한창이던 2005년, IFC는 현대자동차에게 자신들의 특허를 500억 원에 인수할 것을 제안했다. IFC는 현대자동차와의 공동개발에서 수송용 연료전지 기술 수준을 높였다. 이를 토대로 닛산과 턴키(turn key) 방식으로 2000억 원이 넘는 개발 프로젝트를 따내기도 했다. 하지만 개발 프로젝트만으로는 사업이 지속될 수 없다는 것을 확인한 기회이기도 했다. 즉, 자동차를 직접 만들 것이 아니라면 연료전지만으로는 수익이 남는 사업이 아니었

수소전기차 시대가 온다

다. 그래서 적당한 시점에 특허를 매각하고자 한 것이다.

현대자동차는 선택의 기로에 섰다. IFC의 특허 인수 제안을 거절할 경우 IFC는 다른 자동차 회사에 특허를 매각할 것이고, 그러면 자신들은 그 특허를 기반으로 만든 설계와 기술을 사용할 수 없게 된다. 그동안 IFC와 공동 개발을 통해 얻은 연료전지 기술을 토대로 자체 개발을 진행 중이었지만, 아직 독자적으로 만들 수 있을지 확신할 수 없었다.

IFC 특허를 살 것인가, 완전히 새로운 방식으로 연료전지를 개발할 것인가? 고민 끝에 현대자동차는 IFC의 특허를 인수하지 않기로 했다. 권문식 부회장은 "사실 180억 원 정도면 사려고 했는데, 그들이 제시한 500억 원과는 간극이 너무 컸다"고 했다.

이제 무조건 홀로서기를 해야 했으나, 그동안 어깨 너머로 배운 기술 중 특허에 저촉될 만한 것들은 사용할 수 없었다.

그렇게 현대자동차와 IFC의 인연은 끝났다. 하지만 역사의 아이러니인지, IFC의 특허는 이후 캐나다의 발라드가 인수했고, 발라드의 특허는 독일의 아우디가 인수했다. 2018년, 아우디는 현대자동차와 특허 공유 협약을 맺었다. 현대자동차 수소전기자동차 역사의 시작을 함께했던 IFC의 연료전지 특허가 13년의 공백을 거쳐 다시 현대자동차와 함께하게 된 것이다.

2005년으로 돌아가서, 현대자동차는 IFC가 제시한 가격이 너무 비싸고 자동차용으로 사용하기에는 기술적 한계가 있다고 판단했다. IFC의 연료전지는 우주에서 사용할 용도로 개발한 것이기 때문에 무중력이나 진공 상태에 적합하게 설계되어 있었다.

김세훈 현대자동차 연료전지 사업부장 상무 수소와 산소가 만나 물이 만들어졌을 때 무중력 상태라면 공중에 물방울이 떠다니게 됩니다. 구멍이 송송 뚫린 다공체 소재를 옆에 두면 스폰지에 흡수되듯 흡수됩니다. 그런데 중력이 있으면 물방울이 떠다니는 게 아니라 아래로 떨어지게 되고, 물이 흘러 내려갈 길을 만드는 설계가 추가로 필요합니다. 물길을 새로 만들려면 전체 설계를 다시 해야 했죠.

물을 처리하는 방식도 고민이었다. 수소와 산소가 만나면 전기와 물만 나오는 것이 아니라 열도 나온다. 이 열을 식히기 위해 냉각수가 필요한데, 기온이 영하로 떨어지면 냉각수가 얼어 버린다.

IFC 연료전지는 낮은 온도에서도 시동을 걸기 위해 수천만 원짜리 라디에이터를 달았다. 그럼에도 불구하고 영하 10도에서도 시동을 걸면 얼음을 녹이는 데만 15분이 걸렸다. 그게 당시로서는 최첨단 기술이었다. 안 그래도 추워 죽겠는데 시동 거는 데만 15분이나 걸리는 차를 누가 사겠는가?

배관 하나하나에 열선을 칭칭 감기도 하고 냉각수의 어는점을 낮추기 위해 다른 물질을 첨가하는 등 냉시동성을 높이기 위한 실험들이 진행됐다. 그 결과, 자체 연료전지 발전기를 만들어냈고, 차세대 수소전기자동차 넥쏘는 영하 30도에서도 시동을 걸 수 있게 됐다.

IFC와의 관계가 끝나고 그때까지 배운 것들도 사용할 수 없게 되면서, 예전부터 몰래 자체 개발한 수소 연료전지를 2005년 12월 80kW급 스포티지 수소전기자동차와 2007년 8월 100kW급 투싼 수소전기자동차에 탑재했다. 그리고 이때부터가 현대자동차의 자체 개발 연료전지 시스템 역사의 진정한 시작이다.

콜럼버스의 달걀처럼 만든
독자개발 수소 연료전지

● 　　　　　　　　연료전지 독자 개발 과정은 좌충
우돌의 연속이었다. 기존 방식의 틀을 깨고 더 나은 연료전지를 만
들기 위해 현대자동차를 비롯해 여러 협력업체는 수많은 시행착오
를 거쳤다. 정부는 적극적으로 수소의 실증 연구를 지원함으로써
민간기업들이 마음껏 연구개발을 할 수 있는 토대를 제공했다.

보일러를 모티브로
연료전지 금속분리판을 만들다

연료전지 발전기는 샌드위치를 세로로 세워놓은 형태다. 한쪽

에는 땅콩버터를, 다른 한쪽에는 딸기잼을 바른 빵 사이에 햄이 있는 샌드위치에 비유해본다면, 양쪽의 빵은 분리판, 가운데의 햄이 MEA라고 할 수 있다. MEA는 전해질막(멤브레인)과 전극접합체로 구성된다. 전극접합체에는 촉매인 백금이 들어 있다. 백금은 수소를 수소이온과 전자로 쪼개는 역할을 한다. 전해질막은 일종의 고어텍스 같은 소재로, 수소이온은 통과하지만 수소 분자나 전자는 통과하지 못한다. 갈 길을 잃은 전자는 다른 루트로 흐르며 전류와 전기를 일으킨다.

이런 구조를 400여 개 쌓아놓은 것이 연료전지 발전기라고 생각하면 된다. 말하자면 빵 옆에 또다시 햄, 그 옆에 빵, 다시 햄을 놓아 빵-햄-빵-햄-빵과 같은 식이다.

빵에는 공기가 흘러가는 길이 새겨져 있다. 딸기잼에는 수소가 흘러가는 길이, 땅콩버터에는 공기가 흘러가는 길이 새겨져 있다. 층층이 쌓여 있으니 딸기잼이 발라진 빵의 반대쪽 면에는 땅콩버터가 발라져 있는 셈이다.

IFC를 비롯해 이전까지의 모든 연료전지들은 흑연분리판을 썼다. 흑연분리판은 고무판화를 떠올리면 이해가 편하다. 수소가 흘러가는 길을 고무판에 음각으로 새기고 다른 고무판에는 산소가 흘러가는 길을 새긴 후, 평평한 두 면을 붙이면 양쪽에 각각 수소 길과 산소 길이 새겨진 분리판이 된다.

그런데 흑연분리판에는 몇 가지 단점이 있다. 우선 비용이 비싸다. 흑연분리판 가격 자체도 비쌀뿐더러 하나하나 새겨서 만들

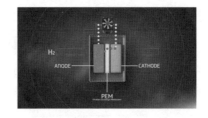

◆ 수소 연료전지 단위 셀

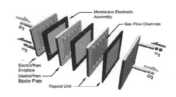

◆ 연료전지 단위 셀을 쌓아 놓은 발전기

◆ 금속분리판

◆ MEA

수소전기차 시대가 온다

어야 하기 때문에 대량생산이 어렵다. 예를 들어 흑연분리판 1장을 가공하는 데 40만 원이 든다면, 연료전지 발전기 하나에 분리판 400장이 들어가니 분리판 가격만 1억6000만 원이 드는 셈이다. 다음으로는 두께도 문제다. 흑연분리판은 얇게 만드는 데 한계가 있다. 흑연분리판을 400장을 쌓으면 발전기가 너무 두꺼워져 자동차 안에 넣기 어려웠다. 마지막으로 흑연분리판은 내구성이 그리 높지 않다는 단점이 있다.

금속분리판은 흑연분리판의 세 단점을 모두 해결할 수 있는 방식이다. 우선 1mm 내외로 매우 얇기 때문에 400장 이상 쌓아도 부피가 크지 않다. 또한 깎아서 만드는 게 아니라 프레스로 찍어서 만들기 때문에 대량생산이 가능하다. 수소전기자동차의 원가 중 가장 많은 비중을 차지하는 연료전지 발전기 가격을 낮추려면 분리판 소재를 흑연에서 금속으로 바꿔야만 한다.

하지만 금속분리판도 몇 가지 치명적인 단점이 있었다. 우선, 금속을 눌러서 만들다보니 한쪽 면을 누르면 반대쪽이 볼록 튀어나오게 된다. 수소 길과 산소 길을 각각 다르게 만들어야 하는데 수소 길을 만들어 프레스로 찍으면 반대편에 산소 길을 만들 수가 없다는 것이다. 그래서 2차원의 작업이었던 흑연분리판 설계와 달리 금속분리판의 설계는 뒷면까지 고려한 3차원 설계가 필요하다. 아예 처음부터 다시 설계해야 한다는 의미다.

현대자동차 연구진은 IFC 연료전지 방식에서 벗어나 대량생산을 할 수 있는 금속분리판 설계를 연구했다. 전 세계에 나와 있는 모든 분리판 특허를 보고 손으로 일일이 그려가며 설계했다. 하지만 흑연분리판 위에 길을 새기던 방식으로는 앞뒷면을 함께 고려한 3차원 설계는 불가능했다.

> **김세훈 현대자동차 연료전지사업부장 상무** 기존 특허를 이용하면 할수록 기존 특허에서 벗어날 수가 없었습니다. 어느 날 문득, 아무 특허도 보지 말고 하나부터 열까지, 백지 상태에서 다시 시작해보자고 팀원들에게 선언했습니다.

그러던 중 보일러에 들어 있는 열교환기를 떠올리게 됐다. 열교환기는 온도가 높은 물체에서 낮은 물체로 열을 이동시키는 장치다. 보일러 안에는 두 개의 길을 따라 한쪽에는 뜨거운 액체가, 다른 한쪽은 차가운 액체가 흐른다. 이 두 액체는 서로 섞이지 않지만 열은 이동하는데, 그렇게 따뜻해진 액체가 관을 따라 방 전체로 흐르며 실내를 따뜻하게 만드는 것이다. 즉, 차갑고 뜨거운 두 개의 액체가 섞이지 않도록 흘러가는 길을 만드는 것이 열교환기의 핵심이다.

열교환기와 연료전지는 전혀 다른 제품이다. 하지만 현대자동차 연구진은 수소 연료전지에도 열교환기처럼 서로 다른 물질(산소, 수소, 물)이 흐른다는 공통점과 열교환기가 금속분리판을 사용한다는 점에 착안했다. 전혀 별개의 기술에서 금속분리판이라는 공통점을 발견한 것은 콜롬버스의 달걀처럼 기발한 일이었다.

현대자동차 연구진은 해외 열교환기 박람회를 찾아다니며 연료전지와 가장 유사한 설계를 찾아 헤맨 끝에 결국 세 개의 물질이 흐르는 금속분리판을 설계할 수 있었다.

세상 어디에도 없는 녹슬지 않는 금속분리판, 한국에는 포스코가 있었다

우여곡절 끝에 금속분리판 설계 기술을 자체적으로 갖게 되었지만 실전에 적용하는 것은 쉽지 않았다. 금속분리판 설계를 완료한 것은 2009년이지만, 이후 2년여 동안은 흑연분리판을 사용해야 했다. 저렴하게 대량생산이 가능한 설계를 마치고도 금속분리판을 사용하지 못한 것은 금속이 가진 한계 때문이다. 연료전지 안에서 일어나는 전기화학 반응에 현대자동차 연구팀은 혼돈에 빠져들었다.

금속분리판은 연료전지 발전기의 강성을 부여하는 핵심 부품이자 수소가 움직이는 연료의 통로이며, 발생한 전기를 모으는 집전체 역할도 한다. 인체에 비유하자면 허파와 혈관, 뼈대와 같은 기능을 하는 것이다. 이전까지 분리판 소재로 사용하던 흑연은 내구성이 뛰어나지는 않았어도 전기·화학 반응에는 매우 강해, 산소와 수소가 만나 전기가 나오고 열이 발생해도 괜찮았다. 반면 금속은 내구성이 좋은 대신 화학 반응에는 매우 취약했다.

수소는 매우 작은 물질로, 철강 소재의 작은 틈조차도 파고들어 철을 부식시킨다. 수소가 철강 소재에 파고드는 성질을 '수소취성'이라고 하는데, 이런 성질로 인해 철이 부식되는 것을 막으려면 표면을 금과 같은 내식성이 높은 물질로 코팅을 해야 한다. 흑연 소재 값 아끼려고 금속을 쓰는데 표면에 금칠을 해야 하다니, 배보다 배꼽이 더 커진 것이다.

또한 금 코팅을 하면 대량생산 체제에서 균일한 품질을 유지하기가 힘들다. 반면 전기를 모으기 위해 산소 쪽(공기)은 전도성이 높게 처리해야 한다. 그런데 부식이 잘된다는 말과 전도가 잘된다는 말은 동의어다. 부식이 잘되면 전도가 잘되고, 부식이 안 되면 전도도 안 된다. 그러니 앞면은 내식성이 좋고 뒷면은 전도성이 좋은 기이한 소재가 필요해진 것이다.

현대자동차 연구팀은 금속분리판의 수소 쪽 면을 금이 아닌 카본으로 코팅하는 방식을 개발했다. 산소 면은 전도가 잘되게 유지하면서 수소 면은 내식성을 높이기 위한 기술로, 특허까지 출원했다. 그러나 금 코팅보다 저렴할 뿐, 여전히 비쌌다.

현대자동차는 연료전지 분리판으로 적합한 금속 소재를 찾아 또다시 세계 특허를 뒤지고 다녔다. 그런데 역시 등잔 밑이 어두웠던 걸까? 멀리 갈 것 없이 한국에 세계적인 철강 업체가 있었다. 바로 포스코였다.

포스코는 연료전지용 소재를 십여 년 전부터 연구하고 있었고, 2012년 11월에는 세계 최초로 고분자 연료전지 분리판용 스테인

리스강 신소재 개발에 성공했다. 일본 자동차 회사 혼다가 금속분리판용 소재에 대한 특허를 낸 사례가 있긴 했지만, 실제로 상용화를 한 것은 포스코가 처음이었다.

포스코는 스테인리스 공정 기술과 고크롬 합금 성분 설계 기술을 적용해 내식성과 전도성을 획기적으로 향상시킨 POS470FC를 개발했다. 이 강종의 두께는 0.1mm에 불과해 400장을 겹겹이 쌓아도 4cm밖에 되지 않고, 무게도 가볍다. POS470FC로 만든 연료전지 금속분리판은 금 코팅 방식에 비해 원가는 40% 싸고 부피는 50% 작다. 또한 무게는 30% 가벼우면서도 성능은 동급 이상이다. 게다가 프레스로 찍어서 대량생산을 할 수도 있다. 포스코의 소재를 쓴 현대자동차 넥쏘는 티타늄을 소재로 쓰는 토요타의 미라이와 비교했을 때, 분리판 원가에서부터 이미 가격 경쟁력이 높은 것이다.

미국 에너지성은 수소전기자동차 상용화 목표를 2020년으로 잡고 연료전지 발전기의 내식성과 전기전도성, 연료전지 내구성의 기준을 만들었는데, 이를 포스코가 8년이나 일찍 달성해 버린 셈이다. 포스코는 또한 해당 기술과 관련한 특허를 국내외 70여 건 이상 확보했다. 내식성과 전도성을 동시에 갖춘 소재를 만들어내는 일은 쉽지 않아, 무려 13년이나 걸렸다.

김종희 포스코 기술연구원 박사 포스코는 대한민국의 철강 소재를 책임지는 국가 기업이라는 인식이 있습니다. 기술의 중요성을 최고 경영진에서도 인정하고 있고 연료전지 소재의 필요성을 이미 사내에서는 인식하고 있었습니다. 또한 대한민국의 철강 소재를 책임지는 국가 기업인만큼 미래를 준비하자는 차원에서 프로젝트를 진행해왔습니다. 허나 비록 소재를 개발한 것은 포스코지만, 0.1mm 두께의 얇은 철판 위에 복잡한 형상을 성형하는 것도 매우 어려운 과제로, 이를 해낸 중소기업과 대학, 연구소들이 없었다면 연료전지 금속분리판을 완성하지 못했을 겁니다. 우수한 다수의 중소기업을 발굴해 자체적으로 사업이 가능하도록 한 점이 매우 보람 있었습니다.

현대자동차와 함께한 수소전기자동차 프로젝트의 수행은 이윤용 연구위원(상무)가 총괄했다.

이윤용 포스코 연구위원 연료전지 소재를 만드는 과정은 옛 선조들이 거북선을 만든 것과 같았습니다. 거북선의 설계는 이순신 장군이 했지만 복잡한 내·외판 제작은 지역 주민들이 했습니다. 포스코는 거북선을 지탱하는 강건한 뼈대를 만들었고, 그 뼈대에 살을 붙여 만든 것은 대한민국의 우수한 중소기업과 연구진들인 셈입니다. 멀리 가려면 대한민국을 대표하는 자동차 회사와 협력업체들이 필요로 하는 소재를 만들어 함께 가야 한다고 생각했습니다.

김종희 포스코 기술연구원 한국에는 세계적인 경쟁력을 갖춘 철강사와 자동차 제조사가 있습니다. 또 그 뿌리가 되는 성형, 가공, 정밀화학, 화학공학, 중견 연료전지 개발사가 있습니다. 각 주체들이 개별적으로 선도 기술을 개발하는 것도 중요하지만, 핵심기술을 바탕으로 유기적인 협력 체제를 구축해야 합니다. 또한 유기적인 협력 체제를 토대로 연료전지의 보급을 가속화해 실제로 돈을 벌 수 있는, 수익 모델이 창출되는 선순환 구조를 만들어야 합니다. 그래야 수소전기자동차 등 연료전지 전반 산업분야에서 세계 최고의 경쟁력을 확보하고 지속할 수 있을 것입니다.

POS470FC는 2018년 5월, 국제 스테인리스강 협회에서 선정하는 신기술상 부문에서 금상을 수상했다. 비록 2013년 만들어진 세계 최초의 양산형 투싼 수소전기자동차에는 탑재되지 못했지만, 2018년 출시된 차세대 수소전기자동차부터는 탑재됐다. 수소전기자동차의 원가를 대폭 낮출 수 있는 금속분리판 소재는 전 세계 연료전지와 자동차 회사들의 고민거리였다.

김세훈 현대자동차 상무　해외 업체들이 코팅도 안 한 금속분리판을 어떻게 사용하느냐고 물어 왔습니다. 하지만 너무 소중한 기술이었기 때문에 포스코의 연료전지용 스테인리스 소재의 존재를 알려주지 않았습니다. 어차피 시간이 지나면 다들 알게 될 테지만, 그만큼 소중한 기술이었습니다.

차세대 수소전기자동차 넥쏘는 세계 최고 수준의 기술력과 원가 경쟁력을 갖추고 있다. 이는 현대자동차의 자동차 기술은 물론 한국의 우수한 철강사, 화학사, 성형기술을 갖춘 중소기업 등이 만든 종합예술 작품이다. 최근에는 차세대 수소전기자동차를 개발 중인 토요타도 포스코의 연료전지용 스테인리스강을 사용하는 방안을 검토하고 있는 것으로 알려졌다.

밀봉도 쉽지 않다
개스킷을 개발하라

불가능해 보였던 금속분리판 설계를 완료하고 처음으로 금속분리판을 만든 날, 현대자동차 연구진은 설레는 마음으로 한 장씩 조심스레 400장의 금속분리판을 쌓았다. 그리고 금속분리판 사이로 산소와 수소를 주입했다. 그러나 부푼 기대가 무색할 정도로 기체가 새기 시작했다. 400장을 쌓아놨으니 어디서 어떤 기체가 새는지조차 알 수가 없었다. 200장으로 쌓아보고, 100장으로도 쌓아봤지만, 여전히 어디서 새는지 알 수 없었다. 심지어 10장을 쌓아도 샜다.

결국 문제는 '개스킷'에 있었다. 개스킷은 바람이 들어오지 않도록 붙이는 문풍지처럼, 분리판과 분리판 틈으로 기체가 새지 않도록 하는 장치다. 금속분리판 개스킷은 분리판과 분리판을 고정하면서 수소와 공기, 물이 흘러 나가지 않도록 밀봉을 해야 한다.

금속분리판은 모서리에 개스킷을 넣을 공간을 새길 수 있는 흑연 분리판과는 달랐다. 결국 금속분리판에 개스킷을 붙일 접착제가 필요했다. 그러나 연료전지 안은 고온에 화학 반응까지 일어나기 때문에 본드가 녹아 버렸다.

김세훈 현대자동차 상무 시중에 나와 있는 모든 본드로 다 붙여봤습니다. 그런데 고온다습한 연료전지의 혹독한 환경을 견딜 수 있는 접착제는 없었습니다. 그러던 중 시중에 파는 딱풀로 붙여봤는데, 의외로 고정이 잘되더군요.

그때부터 금속분리판의 개스킷은 딱풀로 접착했다. 그러나 버니어 캘리퍼스를 사용해 400장의 분리판을 한 장씩 쌓아가며 딱풀을 바르고 개스킷을 붙이는 것은 엄청나게 지루한 작업이었다. 이런 점을 개선하기 위해 개스킷과 접착제를 모두 바꿨고, 심지어 개스킷 물질을 바꾸다가 개스킷용 불소고무 특허까지 출원했다.

김세훈 현대자동차 상무 워낙 많은 소재를 적용하다보니 불소고무 소재 원천 특허와 가공 특허까지 받았습니다. 전 세계 자동차 회사 중 불소고무 특허를 가지고 사출하는 곳은 현대자동차 밖에 없을 겁니다.

물론 딱풀은 10년 이상 수소전기자동차의 연료전지 발전기를 지탱해줄 접착제는 아니었다. 금속분리판 밀봉 문제는 후에 분리판을 층층이 쌓고 한 번에 밀봉하는 방식으로 해결했다.

IFC와의 공동개발을 통해 터득한 기술, 그리고 IFC 특허를 이용하지 않으면서 처음부터 다시 시작한 기술을 더해 자체적으로 만든 연료전지 발전기는 2005년부터 생산된 투싼 수소전기자동차와 초저상 FC-버스에 탑재됐다.

그렇게 탄생한 투싼 수소전기자동차는 2007년 상하이에서 열린 미쉘린 챌린지 비벤덤에 참가했다. 전 세계 54개 자동차 회사, 100대 이상의 친환경 차량이 참여한 대규모 행사였다. IFC와 공동개발한 수소전기자동차로 출전을 했던 2004년 이후 3년 만으로, 현대자동차가 스스로 만든 연료전지 발전기를 전 세계에 처음 선보이는 자리였다.

하지만 이날 현장에 한국 기자들은 없었다.

김세훈 현대자동차 상무 독자 개발한 연료전지 발전기를 탑재한 수소전기자동차를 처음 세상에 보여주는 자리이긴 했습니다. 자랑하고 싶었지만, 혹시라도 시동이 안 걸려서 망신을 당할까봐 기자들을 부르지 못했습니다.

2007년 대회에는 쉐보레 에퀴녹스, 벤츠 F-CELL 등 11개 글로벌 브랜드의 친환경 자동차도 참가했다. 현대자동차 투싼 수소전기자동차는 연료전지자동차 부문 참가 차량 중 유일하게 소음,

연비 등 환경평가 전 부문에서 최고등급인 A를 받았다.

현대자동차는 연료전지 개발을 백지 상태에서 다시 시작하면서 엄청난 시행착오를 겪었다. 하지만 시행착오는 실패가 아니었다. 오히려 어떤 문제가 생겨도 즉각 대응할 수 있는 암묵지처럼 현대자동차에게는 엄청난 자산이 됐다.

2006년 독일 월드컵에 투입된
좌충우돌 수소버스

⬤   2006년 6월, 독일 월드컵이 열렸
다. 현대자동차는 공식 후원사로 월드컵을 함께했다.

월드컵 공식 후원사는 월드컵 때 쓸 물품을 공급할 수 있다. 물
품을 공급하려면 돈이 들지만, 전 세계 사람들의 이목이 집중되는
월드컵 현장에서 노출되는 물품들은 그 자체로 엄청난 홍보 효과
가 있다. 세계 최고의 스타들이 타고 내리는 자동차에 로고가 붙는
것만으로도 이미지 제고에 도움이 된다.

공식 후원사인 현대자동차는 에쿠스, 그랜저, 쏘나타, 싼타페
등 주력 차종 7개 모델 1250여 대를 제공했다. 투입된 차들은 현
대자동차의 로고를 달고 독일의 월드컵 현장을 누비며 전 세계에
현대자동차의 이름을 알렸다. FIFA에 기부한 돈만 해도 700억 원

◐ 2006년 독일 월드컵 브라질 대표팀 버스

에 차량 제공 비용 약 600억 원을 더하면 월드컵에서 홍보로 총 1300억 원을 들인 셈이다.

월드컵 자동차 후원사의 꽃은 선수단 버스다. 전 세계의 이목을 집중시키는 슈퍼스타들이 타고 내릴 때 선수단 버스는 전 세계에 노출될 뿐만 아니라, 수백억 원의 몸값을 자랑하는 선수들의 안전을 책임진다는 이미지도 있기 때문이다.

그런데 독일 월드컵 선수단 버스는 현대자동차가 만든 버스가 아니라 독일 메르세데스-벤츠의 버스 자회사인 세트라가 만든 버스였다. 현대자동차는 다른 회사가 만든 버스를 빌려 자신들의 로고만 씌워서 제공했다. 왜 그랬을까?

그 이유는 그때까지 독일을 비롯한 유럽에 중대형 버스를 수출해본 경험이 없기 때문이다. 버스를 외국에 수출하려면 현지 기준에 맞춰 차량을 제작해야 하는데, 현대자동차는 유럽연합 기준에 맞는 승용차는 수출해봤어도 버스는 제작해본 경험이 없었던 것이다. 또한 세계적인 스타들을 태울 만한 고급 버스 라인업도 없었다. 월드컵 선수단 버스는 전고(타이어가 닿는 지면부터 차량 천장까지의 높이)가 3.6m를 넘는 '슈퍼 하이데커'급으로, 내장 사양 또한 고급이어야 한다. 그러나 당시 우리나라는 무게를 제한하는 법적 규제 때문에 전고 3.4m 이하인 버스만 만들 수 있었다. 당시 현대자동차가 내수용으로 생산한 최고급 버스인 '에어로 퀸 하이클래스'도 유럽에서는 중급 수준 버스에 불과했다. 그래서 다른 회사 버스 250대를 빌려 현대자동차 로고와 월드컵 엠블럼을 씌워 제공할 수밖에 없었던 것이다.

한편, 그보다 조금 이른 3월경, 수소 연료전지자동차를 연구 중이던 현대자동차 마북 환경기술연구소에 김동진 현대자동차 부회장의 갑작스러운 지시가 떨어졌다. 공식 후원사이면서도 선수단에 버스를 제공하지 못해 구겨진 자존심을 만회하기 위해 전 세계 어느 회사도 상용화에 성공하지 못한 수소 연료전지버스를 월드컵에 투입하라는 지시였다.

한국에서도 마음껏 달려본 적이 없는 수소버스를 3개월 만에 유럽 기준에 맞춰 제작하라니, 마른하늘에 날벼락 같은 지시였다.

수소버스의 개발 수준도 문제지만 그것보다도 깐깐하기로 유명한 유럽 교통 당국의 인증을 받아야 한다는 점이 문제였다. 그러니 인증 절차부터 공부해야 했다.

이들은 수소문 끝에 가까스로 독일의 인증업체 TUEV를 접촉

할 수 있었다. 인증 절차는 한국에서 차의 성능을 시험하고, 독일에서 제대로 작동이 되는지를 시험하는 방식이었다.

TUEV 인증팀이 한국에 도착했을 때, 연구팀은 긴장된 마음으로 인증을 받았다. 소시지를 좋아하는 독일 사람들의 구미에 맞게 '한국산 소시지'라며 순대를 사다 선물로 주는 '접대'도 잊지 않았다. 하지만 하나부터 열까지 시행착오의 연속이었다.

TUEV 인증팀이 현대자동차의 수소버스를 보자마자 가장 먼저 지적한 것은 월드컵을 맞아 한껏 멋을 낸 '썬팅'이었다.

독일 TUEV 인증팀 교통사고가 발생했을 때 승객들이 탈출하려면 유리창을 깨고 나와야 합니다. 래핑을 하면 유리창이 잘 깨지지 않아 승객들의 탈출에 방해가 될 수 있습니다.

당장 인증을 통과하고 독일 월드컵에 수소버스를 선보이는 일이 최우선이었지만, 래핑을 없애면 월드컵 홍보 효과가 반감될 테니 이 지적만큼은 받아들일 수 없었다.

연구팀 A 아닙니다. 래핑을 하면 유리창이 잘 깨지지 않는 것은 맞지만, 긴급 탈출에 방해가 될 정도는 아닙니다. 여기 버스에 탑재한 것과 같은 재질에 래핑을 한 유리창입니다.
누가 가서 비상용 망치 좀 가져와라!

◆ 독일 TUEV 인증 시험1

◆ 독일 TUEV 인증 시험2

수소전기차 시대가 온다

연구팀은 비상 탈출용 망치를 들고 있는 힘껏 유리창을 때렸다. 만약 안 깨지면 홍보용 래핑을 모두 떼야 한다. 이제 와서 유리의 재질을 바꿀 수도 없다. 한 번의 망치질로 1300억 원을 들인 행사의 홍보용 버스가 될 것인지가 달려 있었다.

다행히 유리창은 깨졌고, TUEV 인증팀은 래핑된 유리창에 승인을 해주었다.

이후로도 인증 과정은 이어졌고, 이런 경험이 처음이었던 데다가 워낙 큰 사안이었기에 연구팀은 한 단계 거칠 때마다 긴장의 연속이었다. 그런 노력이 결실을 맺어, TUEV 인증팀은 현대자동차 수소버스에 합격 도장을 찍어주었다.

성능 시험을 완료했으니 이제 독일에 가서 주행 시험만 합격하면 된다. 그런데 연구팀원 중 한 명이 운송의 문제점을 지적했다.

연구팀원 한국에서 독일까지 배로 가게 되면 적도를 지나게 되는데, 적도 부근을 지날 때 선박 내의 온도는 70도까지 올라간다고 합니다. 그 정도 고온에 높은 습도, 바다의 염도까지 노출이 되면 수소버스의 부품들이 부식될 수 있습니다.

그렇게 연구팀의 고민이 깊어지는 가운데 누군가 수소버스를 진공 포장하는 아이디어를 냈다. 파격적인 아이디어에 연구팀은 스스로를 대견해했다. 그리고 다행히 진공 포장된 수소버스는 적도를 지나 무사히 눈 내리는 독일 브레멘 항구에 도착했다.

○ 독일 TUEV 인증 시험3

　　그러나 버스를 내리면서 진공 포장의 부작용이 나타났다. 일단 공기를 다시 주입해도 포장이 버스에 달라붙어 잘 떨어지지 않았다. 억지로 떼어내면 월드컵 장식들이 같이 떨어져 버렸다. 또한 래핑 속에 숨어 있던 습기가 진공의 압력으로 올록볼록 튀어나와 기포가 생겼다. 연구팀은 바늘로 부풀어 오른 래핑지를 콕콕 뚫고 일일이 기포를 제거해야 했다. 함께 운송된 다른 자동차들은 제각기 갈 길을 갔는데 현대자동차의 수소버스만 덩그러니 남아 연구팀의 바늘 고문을 받고 있었다.

　　그런데 선박을 정리하고 퇴근하려던 함장이 이들을 발견하고는 다가왔다. 함장은 버스를 진공 포장했다는 말에 고개를 갸우뚱하며 이유를 물었고, 연구팀은 이 기발한 아이디어에 다시 한 번 감탄하며 상황을 설명했다. 그러자 함장이 피식 웃더니 이렇게 말했다고 한다.

214

"에어컨 틀어놓는데 무슨 온도가 70도까지 올라갑니까? 그리고 녹이라니요. 차량 운송만 수십 년째인데, 지금껏 녹슨 차 한 대도 못 봤소."

허탈한 마음을 뒤로 하고 서둘러 진공 포장을 뜯어내고 수소버스를 하역하려 하는데, 이번에는 시동이 걸리지 않았다. 진공포장을 하면서 수소 연료전지 발전기 안에 있던 물까지 빨려 나오면서 연료전지 안의 멤브레인이 말라버린 것이다.

10여 차례 시도 끝에야 시동이 걸린 수소버스는 드디어 독일 땅에 발을 디딜 수 있었다. 하지만 연구팀의 고난은 끝이 아니었다.

드디어 프레스센터에서 전 세계 기자들을 만나기 하루 전날, 연구팀은 세계적인 독일 가스업체 린데(Linde)가 처음으로 만든 수소충전소에서 수소를 충전하기로 했다. 그런데 막상 충전을 하려고 보니 수소충전기 노즐이 버스의 충전 접합부에 맞지 않았다.

연구원 A 어떻게 하죠?

연구원 B ……접합부를 만듭시다. 프랑크푸르트에 연구소 있죠?

연구원 A 거기는 차로 4시간도 넘게 걸릴 텐데요.

연구원 B 그래요? 그럼 빨리 출발해야겠네요.

연구원 A …….

그들은 결국 가까스로 직접 접합부를 조립해 충전을 시작했다. 그런데 어째서인지 이번에는 출력이 나오지 않았다. 가속 페달을 끝까지 밟으면 $100kW$가 나와야 하는데 아무리 해도 $40kW$까지 밖에 나오지 않았다. 다들 원인을 알지 못해 입이 바짝 마르고 애가 타는 와중에, 한 연구원이 외쳤다.

"아! 거기 충전소에 들어 있는 게 수소가 아니라 질소예요!"

린데는 수소충전소를 처음 만들어보는 것이었고, 더구나 그 충전소를 이용할 수소전기자동차가 없었다. 그래서 린데는 수소취성으로 부식될 것을 우려해 내부 파이프에 수소가 아닌 질소를 넣어놨던 것이다.

부랴부랴 질소를 다 빼고 다시 수소를 충전해서 시험을 해보니 정상적으로 작동이 됐다. 이미 시간은 자정을 넘어 월드컵 개막식 당일이었다.

기자들이 가득한 프레스센터에 수소버스가 등장하자 기자들의 반응은 뜨거웠다. 당시까지만 해도 일반인들에게 수소는 쥘 베른의 소설 『신비의 섬』에나 나오는 가상의 연료였다. 물을 전기분해하면 수소와 산소가 나오듯 수소와 산소를 결합하면 전기와 물이 나온다는 것을 이론적으로는 알고 있었지만, 이런 원리로 차를 만든다는 것은 SF 영화에나 나올 만한 일이었다.

수소를 연료로 달린다고 해서 일반 버스와 큰 차이가 있는 것은 아니었지만, 궁극의 에너지인 수소로 달리는 버스를 타본다는 것만으로도 기자들은 상기되어 있었다.

그런데 기자들보다 더 관심을 보인 사람은 매일 정비를 하러 간 버스 회사 사장님이었다. 마땅한 차고지가 없어 가까운 버스 회사로 버스를 가져가 세차와 정비를 했는데, 그 회사 사장이 매일같이 이렇게 물었다고 한다.

"버스는 오늘도 문제없었습니까? 고장은 언제 납니까?"

한두 번도 아니고 며칠 동안 왜 매일 이런 질문을 하는지 궁금했던 연구원이 이유를 묻자 버스 회사 사장이 웃으며 답했다.

"아직도 고장이 안 났군요. 정말 대단합니다. 아니, 다임러 수소버스가 여기서 자주 정비를 하는데, 허구한 날 고장 나서 서 있는 것 밖에 못 봤거든요. 그런데 매일 돌아다니니까 신기해서 물어본 겁니다."

당시 1세대 수소버스는 내구성이 약해 1년 반 이상 탈 수가 없었다. 영하 20℃ 이하에서는 발전기 내의 물이 얼어붙어 시동도 걸리지 않았다. 그러면서도 가격은 대당 30억 원이 넘었다. 수소 연료전지 발전기만 10억 원이 넘었으니 어쩔 수 없는 일이었다. 그때는 그저 자체적으로 연료전지 발전기를 만들 수 있다는 것, 발전기의 힘으로 버스를 움직이게 할 수 있다는 것만으로도 세계 최고 수준의 수소 연료전지 기술로 인정받던 시기였다.

그런 시기에, 현대자동차가 처음으로 세계무대에 선보인 1세대 수소버스는 한 달 반 동안 독일 시내를 누비며 세계 각국에서 찾아온 기자와 전문가들에게 시승 기회를 제공하고 돌아왔다.

유럽 대륙을 처음으로 누빈 한국 버스가 가솔린이나 경유가 아닌 1세대 수소버스였다는 것을 기억하는 사람은 거의 없다. 우여곡절의 연속이었지만, 현대자동차의 첫 수소버스의 세계무대 데

◐ 2007 서울 모터쇼에 출품된 1세대 수소 연료전지버스

뷔는 큰 사고 없이 성공적으로 끝났다. 비록 한국에 돌아왔을 때는
이미 내구성이 바닥나 더 이상 쓸 수 없을 지경이었지만 말이다.

참여정부의 화끈한 지원,
수소 기술의 기초를 닦다

대한민국이 수소전기자동차 분야에서 세계 최고 수준의 경쟁력을 갖추게 된 숨겨진 후원자는 바로 대한민국 정부다. 1992년 G7프로젝트로 수소 연료전지에 대한 첫 지원을 시작했고, 2005년 「수소사회 로드맵」을 만들어 수소경제의 불모지였던 한국에 씨앗을 뿌렸다. 현대자동차를 비롯해 정부 출연 연구기관과 부품 업체들이 열악한 환경에서도 연구를 이어갈 수 있었던 것은 다양한 실증 사업과 개별 과제에 정부가 지원했기 때문이다.

하지만 정부의 지원은 정권 교체에 따라 오락가락했고, 그때마다 수소 생태계는 천당과 지옥을 오갔다. 이제 정부의 체계적이고 일관성 있는, 중장기적인 지원 체계가 필요한 시점이다.

○ 「맹물로 가는 자동차」 영화 포스터

    1974년, 「맹물로 가는 자동차」라는 영화가 개봉했다. 영화배우 신일룡, 장미화 주연의 청춘 코미디 영화로, 맹물로 가는 자동차를 만들겠다는 엉뚱한 과학자 원대가 주인공이다. 그와 두 친구가 함께 사는 곳 옆집으로 세 명의 여자가 이사를 오고, 첫날부터 양쪽은 사소한 시비가 붙는 등 우여곡절을 겪으며 서로 친해진다. 영화는 원대가 진짜 맹물로 가는 자동차 개발에 성공해 여섯 명이 함께 축하 여행을 떠나는 것으로 마무리된다.

    통기타와 청바지로 대변되는 당시 젊은이들을 그린 하이틴 영화인데, '맹물로 가는 자동차'는 그 시대의 로망을 담은 소재였다. 물로 가는 자동차, 공기로 가는 자동차는 곧 수소전기자동차의 다른 표현이다. 물을 전기분해해서 수소를 추출하고 이를 동력으로 달리는 자동차이니 말이다.

    이 영화는 시대적 배경을 담고 있다. 1970년 아폴로 13호가 달을 향해 날아가다가 연료전지 고장으로 사고가 나는 바람에 동력을 상실했고, 이후 87시간에 걸친 비상 비행 끝에 온 인류가 텔레비전으로 지켜보는 가운데 남태평양에 착륙하며 귀환했다. 이 장면은 인류가 처음 달에 착륙한 장면만큼이나 전 세계의 주목을 받았다.

아폴로 13호 사고의 원인이 됐던 연료전지도 사람들의 이목을 집중시켰다. 당시 연료전지는 수소와 산소를 결합해 우주선 내 전력으로 사용하기 위해 탑재된 것이다. 또한 산소와 수소를 결합해 만든 물은 우주비행사들의 식수로도 쓰였다. 연료전지는 효율이 높고, 진동과 소음이 없으며, 원자력 전지처럼 위험하지도 않기 때문에 우주비행에 최적화된 전지로 소개됐다. 당시 국내 언론은 '아폴로 13호를 추락시킨 연료전지란 무엇인가?' 등의 제목으로 연료전지에 대한 사람들의 관심을 모았다. 하지만 우주는 당시의 한국에게는 너무나 먼 곳이었다.

1973년, 제4차 중동전쟁이 발발하면서 OPEC(석유수출국기구)은 원유 가격을 단번에 17% 인상했다. OPEC은 이스라엘이 점령지에서 철수하고 팔레스타인의 권리를 인정하지 않으면 매월 5% 원유생산을 줄이겠다고 선언하며 석유를 무기화했다.

유가가 급등하자 국내에서는 에너지에 대한 철저한 통제가 이뤄졌고, '기름 한 방울 나지 않는 나라'의 공포가 한반도를 지배했다. 석유 무기화에 대한 공포, 우주선에서 사용하는 맹물을 활용하는 에너지. 이 두 가지 역사적 사건이 겹치면서 청춘 영화에서도 물로 가는 자동차, 즉 수소전기자동차가 소재로 사용된 것이다.

○ 한국 최초의 수소전기자동차 '성균1호'

그러나 한국에서 최초의 수소자동차가 만들어진 것은 1993년으로, 성균관대학교 이종태 교수와 대학원생, 학부생 10여 명이 만든 '성균1호'다. 이종태 교수팀은 성균관대 수원 캠퍼스에서 성균1호 성능 발표회를 열고 20분가량 시험 주행을 실시했다. 성균1호는 휘발유 대신 고압 수소를 연료로 사용했다. 최근 수소전기자동차처럼 연료전지를 사용한 것이 아니라 내연기관에서 수소를 폭발시키는 방식이었다. 최고 시속은 60km였다.

당시 언론은 성균1호를 '물에서 뽑아낸 수소로 움직여 공해를 뿜지 않는 차세대 자동차'이자 '지구온난화의 주범인 이산화탄소를 배출하지 않아 환경오염이 없다'고 소개했다. 이종태 교수는 "2010년은 돼야 실용화가 가능하다는 속설 때문에 기업들이 외면한 탓에 자비로 연구를 해야 한다는 부담이 컸다"고 말했다.

수소 연료전지자동차의 본격적인 시작은 1992년 시작된 'G7 프로젝트'에서부터다. G7 프로젝트는 '10년 안에 세계 7대 과학

수소전기차 시대가 온다

선진국 수준의 기술 경쟁력을 확보하자'는 취지로 시작된 대규모 국가 프로젝트였다. 참여한 산업계와 학계 인원만 10만 명이 넘었고, 투입된 예산은 3조6000억 원에 달했다. G7 프로젝트에는 광대역 이동통신, 반도체, 평판형 디스플레이, 고속전철 등 당대 최고 수준의 기술이 다뤄졌다. 그때 수소 연료전지 또한 14번째 신에너지 사업 분야 기술로 채택됐다.

G7 프로젝트의 성과물로 수소 연료전지자동차가 나온 것은 2000년 8월이다. 한국과학기술연구원(KIST) 연료전지 연구센터 오인환 박사팀은 G7 차세대 자동차 개발 프로그램의 일환으로 현대자동차와 함께 연료전지자동차를 개발해 첫 주행에 성공했다. 스포티지를 기반으로 만든 이 자동차에는 $10kW$급 연료전지가 탑재됐고, 최고 시속은 $126km$였으며, 제로백은 약 18초, 1회 충전 주행 가능 시간은 약 2시간이었다. 연료전지 발전기는 현대자동차와 기아자동차, KIST가 만들었고, 연료가 되는 메탄올 개질기는 SK가 개발했다.

메탄올을 개질해 수소를 추출하고 연료전지로 전기를 만드는 수소전기자동차를 개발한 것은 다임러, GM, 토요타 등에 이어 세계 7번째였다. 또한 거의 같은 시기에 대우자동차도 한국에너지기술연구원과 공동으로 연료전지자동차 DFCV-1을 선보였다. DFCV-1은 대우자동차의 미니밴 레조에 LPG 연료전지를 탑재했고, 최고 시속 $125km$, 제로백 18초로 현대자동차-KIST 팀의 연료전지자동차와 거의 같았다.

한국 최초의 수소전기자동차는 G7 프로젝트의 결과물로 인정되고 있다. 다만 이때 개발된 수소전기자동차와 연료전지 시스템을 상용화하기에는 기술력이 많이 부족했고, 이후 연구가 단절되면서 명맥을 이어가지 못했다.

정부 지원 아래
수소 연료전지 개발을 시작하다

수소전기자동차에 대한 연구가 본격적으로 이루어진 것은 2003년 취임한 노무현 대통령 시절이다. 당시 미국은 부시 대통령이 수소 연료전지자동차를 '자유의 차'라 평하면서 정책적 역량을 집중하고 있었다. 2002년, 미래학자인 제러미 리프킨은 『수소혁명』이라는 책을 냈다. 이 책은 석유를 둘러싼 전 세계 패권 경쟁을 설명하며 수소를 그 대안으로 소개했다. 지금도 수소 에너지에 대한 기본서로 많이 거론되는 이 책을 통해 세계의 많은 지도자들이 수소 에너지에 관심을 보였다. 당시 노무현 대통령도 이 책을 읽고 수소 에너지에 관심을 갖게 됐다고 한다.

2003년 10월, 한국에너지기술연구원은 「미래 에너지 기술 확보 방안: 수소에너지 시스템 기술 개발 중심」 보고서를 과학기술자문회의에 제출했다. 보고서는 수소를 화석 에너지 매장량의 한계와 지역적 편중, 자원의 무기화 및 고유가 시대를 대비할 수 있는 에너지라 설명하고 있다. 또한 궁극적으로 무한정 자원인 물을 원료로 생산할 수 있고, 사용 후 다시 물로 재순환되어 재생 가능한 꿈의 에너지라고 표현하면서, 수소 에너지를 이용하는 가장 효과적이고 경제적인 방법으로 연료전지 발전 기술을 꼽았다. '연료전지 발전은 21세기 에너지 문제를 일시에 해결할 수 있는 신기술'이라는 언급도 있었다.

이듬해인 2004년, '수소 연료전지사업단'이 출범했다. 이들이 운영한 '수소 연료전지자동차 모니터링' 사업은 30여 대의 수소전기자동차를 실제로 만들어 운행했고, 수소충전소 개발 사업도 함께 추진했다. 그 과정에서 수소 에너지와 관련한 거의 모든 기술이 개발됐다. 수소전기자동차는 현대자동차를 중심으로 개발이 이뤄졌고, 함께한 협력업체 중 상당수는 현재 수소전기자동차 부품에 있어 세계 최고 수준의 기술을 갖추게 됐다. 또한 정부 출연 연구기관과 대학교도 개별 부품과 소재 분야에서 수소 연료전지 기술을 연구해 후방을 지원했다. 현대자동차, 두산퓨얼셀, 에스퓨얼셀 등 최근 각광받고 있는 연료전지 기술을 가진 업체 대부분은 이때 수소 연료전지사업단에 참여해 기술 개발을 했다.

2004년 KIST에서는 수소 연료전지, 태양광, 풍력 3대 사업단 출범식이 열렸다. 2004년 371억 원, 향후 5년간 약 2500억 원을 투자하기로 한, 단일 사업으로는 최대 규모의 정부 R&D 사업이었다. 사업단장으로는 홍성안 KIST 박사가 임명됐고, 임태원 현대자동차 부장(현재 현대자동차 중앙연구소장)은 수소 연료전지 분야 육성에 기여한 공으로 표창을 받았다.

총 1000여 명이 참여해 분야별, 기술별 실무협의회를 중심으로 운영됐다. 협의회의 구성은 유연하게 운영됐는데, 산-학-연-시민단체 등의 자발적 참여로 운영되는 오픈 시스템 조직이었다. 특히 수소 연료전지 사업단은 수소 및 수소 인프라, 발전용-수송용-가정용-휴대용 연료전지, 실용화 사업 등 7개 분야에 527명이 참여해 태양광과 풍력 사업단을 합친 것보다 더 컸다. 사업에는 기술개발뿐 아니라 표준화, 성능평가 등 기반 조성 사업도 포함됐다. 즉, 연료전지자동차 기술 개발만이 아니라 실제 운영까지 되는 것을 목표로 한 것이다.

홍성안 광주과기원 석좌교수(당시 수소 연료전지 사업단장) 연료전지 사업은 90년대에 G7 프로젝트로 시작은 됐는데, 이후로는 다들 소극적이었습니다. 그러다가 현대자동차가 미국의 연료전지 기술을 가져다가 수소전기자동차를 만들었지요. 우리 기술도 있긴 했지만 너무나 미약해 사실상 불모지에서 시작했다고 해도 과언이 아닙니다.

2005년 9월, 정부는 「친환경 수소경제 구현을 위한 마스터플랜」을 발표했다. 정부가 수소경제를 구현해야만 하는 이유로 꼽은 것은 '석유의 고갈'이었다. 1956년 미국의 지질학자인 마리온 킹 허버트 박사가 '피크오일'이론을 발표했다. 전 세계의 석유 매장량과 생산량을 따져보니 1970년대에 석유 생산량이 정점에 이른 후

수소전기차 시대가 온다

차차 줄어들어 결국 석유의 종말이 올 것이라는 주장이었다.

한국 정부는 원유 생산량의 정점이 조만간 도래할 것이라는 우려 속에서 가격 불안정이 심화되고 있다고 판단했다. 보고서에는 원유 고갈 시점이 빠르면 2008년, 좀 더 낙관적으로 전망하면 2020년~2040년이 될 것이라고 기록돼 있다. 원유의 순수입국인 한국에 있어 석유 고갈은 자동차를 한 대도 굴릴 수 없게 된다는 것을 의미했다. 이런 상황에서 정부는 환경오염을 최소화하고 원유를 대체할 에너지로 수소를 지목한 것이다.

당시 전 세계적으로 수소 에너지 붐이 일었다. 미국에서는 부시 대통령이 '미국의 청정에너지 수소'라는 비전을 내걸고 2030년까지 전체 에너지 사용량의 10%를 수소로 공급하는 정책을 추진하고 있었다. 또한 수소전기자동차와 충전소 개발에 5년간 총 17억 달러, 약 2조 원을 투자하기로 했다.

일본은 수소 연료전지를 '잃어버린 10년'의 새로운 성장 동력으로 인식하고 산업화를 추진해 2020년까지 수소전기자동차 500만 대, 가정용 연료전지 570만 대를 보급하겠다는 계획을 세웠다.

수소 연료전지 분야에서 당시 기술이 가장 뛰어났던 발라드가 있는 캐나다 역시 2004년 수소개발 로드맵을 발표했다. 캐나다는 2010년 동계올림픽을 목표로 브리티시 콜롬비아 주와 미국을 연결하는 수소 고속도로를 건설하겠다고 밝혔다.

가장 급진적인 정책을 발표한 곳은 아이슬란드로, '세계 최초의 수소경제 국가'를 표방했다. 이에 원유 생산으로 유명했던 쿠웨이트를 본떠 '북해의 쿠웨이트'가 되겠다고 밝혔다.

유럽연합도 범(汎)유럽 차원에서 연료전지와 수소를 개발하는 5단계 로드맵을 만들어 추진했다. 중국 역시 2008년 북경 올림픽에 수소전기자동차를 선보이기 위해 개발을 진행했고, 베이징, 대련, 상하이, 광동성에 수소공원을 조성하겠다고 밝혔다. 말 그대로 전 세계적으로 수소 바람이 분 것이다.

한국 정부는 '친환경 수소경제 강국 건설'이라는 기치하에 에너지자립도 제고, 경제성장, 환경개선이라는 세 마리 토끼를 잡겠다는 '수소경제 마스터플랜'을 세웠다. 목표는 2020년까지 전체 에너지 사용의 3%를 수소로 대체하고, 이 비중을 2040년까지 15%로 높인다는 것이었다. 또한 2020년까지 전체 자동차 보급의 8%(195만 대), 2040년까지 54%(1250만 대)를 수소전기자동차로 대체한다는 목표도 세웠다. 참고로 현재 한국의 전체 자동차 등록대수는 2250만 대다.

기술은 하나도 갖춰진 것이 없었지만 수소의 생산과 저장, 공급, 보관, 수소전기자동차와 수소충전소에 이르기까지 수소사회로 진입하기 위한 계획은 꼼꼼하게 세웠다. 수소를 생산하는 방식에 있어서도 단기적으로는 한국에 탄탄하게 구축된 석유화학단지에서 화석연료를 개질한 수소를 이용하고, 2020년 이후에는 신재생에너지를 활용해 궁극적인 친환경 수소를 생산하기로 했다.

노무현 대통령은 2005년 청와대 본관 앞에서 열린 수소전기자동차 시승식에 참여해 정몽구 현대자동차그룹 회장 등을 격려했다. 청와대 본관 앞에는 투싼 수소전기자동차가 서 있었다.

노무현 대통령 "수소 연료전지자동차가 정식 이름이지요? 자동차를 굴리려면, 제 생각에는 배터리(연료전지)가 엄청 커야 할 것 같아요. 그런데 보통 우리 자동차 면허로도 운전이 가능한가요? 저 운전면허가 있는데 직접 운전을 해보고 싶네요.

(시승 후)

노무현 대통령 조용하고 참 좋네요. 우리도 이제 수소시대로 들어가는 건가요? 현대자동차의 기술로 미국에서 시범 판매를 한 거죠?
정몽구 현대자동차그룹 회장 후세를 위한 사업이니 각별한 관심을 가져주시길 바랍니다.
노무현 대통령 명실공히 수소시대로 갑니다. 제 임기동안 적극적으로 지원해드리겠습니다.

이렇게 세계적인 수소 열풍과 노무현 대통령의 적극적인 지원, 그리고 한국 최대 자동차 회사인 현대자동차그룹의 적극적인 투자로 수소 연료전지자동차를 만드는 프로젝트가 시작됐다.

수소 연료전지사업단의 대표적인 연구개발 사업은 '수소 연료전지자동차 모니터링사업'이었다. 이는 한국의 수소전기자동차 기술개발의 초석을 다진 사업이었다 해도 과언이 아니다. 주관기관은 현대자동차였고, 산업용 가스 업체인 동덕산업가스와 SPG케미칼, 한국가스공사, 정유업체인 GS칼텍스가 참여해 2006년부터 2008년까지 진행됐다.

수소 연료전지자동차 모니터링 사업은 단순히 기술을 개발하는 수준을 넘어 자동차와 충전소를 실제로 만들어 운영까지 해보는 사업이었다. 수소전기자동차를 실제로 만들기 위해서는 자동차뿐 아니라 각종 수소전기자동차 전용 부품도 개발해 만들어야 한다. 국내 수소 연료전지 기술이 매우 척박했기 때문에 모든 부품을 맨바닥에서부터 만들어야 하는 험난한 과제였다.

500여 개 부품업체들이 현대자동차와 함께 수소전기자동차를 만들었다. 목표는 80kW급 수소전기자동차 30대와 200kW급 수소전기버스 3대를 만드는 것이었다. 수소전기자동차를 만드는 과정에서 각종 주요 부품 개발도 병행해 연료전지 부품의 국산화율 70%를 달성하는 것을 목표로 했고, 2년 이상의 내구성을 확보하기로 했다. 이를 위해 465억 원의 예산이 투입됐다.

홍성안 수소 연료전지 사업단장 노무현 대통령께서 '우리 기술로 수소자동차 한 대 만들어 보라'고 격려하셨습니다. 당시 사업단은 국가 비전을 만드는 단계부터 시작해 연구 기획과 개발을 누가 진행할지, 어떤 기준으로 심사하고 평가할지, 처음부터 끝까지 모두 담당했습니다. 정책의 컨트롤 타워 역할을 하니 연구개발의 효율성이 높았습니다. 차 한 대에 10억 원씩 줘서 승용차 30대를 만들었습니다. 제작하고 시운전을 하면서 문제점을 파악하면 일일이 수작업으로 더듬더듬 수소자동차와 충전소를 만들었습니다. 수소전기자동차가 다니려면 충전소도 있어야 하니 SK, GS퓨얼셀 가스공사가 각각 3개를 별도로 진행했습니다.

한국의 정유, 가스업체들은 각자 자신 있는 분야 기술을 활용해 수소 에너지 개발 프로젝트에 참여했다. 2004년부터 연세대학교와 수소 연료전지 관련 국책 과제를 수행하던 GS칼텍스는 도시가스와 LPG, 나프타 등 석유화학원료를 이용해 현장에서 수소를 제조하는 방식의 수소충전소를 연세대학교에 만들었다. 정유업을 하면서 석유화학 연료에 전문성이 있었던 GS칼텍스는 이미 2000년 GS퓨어셀을 설립해 가정용 연료전지 사업에 뛰어들었다. 가정에서 LPG/LNG 등의 가스를 개질해 전기와 온수를 생산하는 방식이다.

그해 11월, 한국가스공사는 인천의 연구개발원 본원에 천연가스 개질 방식의 수소충전소를 설치했다. 한국가스공사는 도시가스 보급을 주력 사업으로 하고 있었다. 그러니 각자 자신들이 잘 다룰 수 있는 연료를 가지고 수소충전소를 만든 것이다. 초기 단계인 만큼 각기 다른 방식의 충전소를 만들어 실증 실험을 해보고 최적의 기술을 찾아가는 것이 수소충전소 모니터링 사업의 취지였다. GS칼텍스와 가스공사의 수소충전소에는 각각 40억 원이 지원됐다.

전국에 수소충전소가 하나둘 설치됐다. SK에너지는 국내 최초로 쓰레기 매립가스(LFG: Land Fill Gas)를 개질해 수소를 생산하는 상암 수소충전소를 만들었고, KIST는 이동식 수소충전소를 만들었다. 서울 4곳, 인천 1곳, 현대자동차 연구소가 있는 마북과 남양에 각각 부생수소를 이용한 수소충전소가 구축됐다. 대전에는 에너지기술연구원과 SK에너지가 각각 천연가스 개질 방식과 LPG개질 방식의 충전소를 만들었다. 석유화학단지가 많은 울산과 여수에도 부생수소를 활용한 충전소가 생겼다.

수소전기자동차 개발을 맡은 현대자동차에도 활기가 넘쳤다. 2006년 정몽구 현대자동차그룹 회장은 경기도 용인시 마북면에 위치한 환경기술연구소를 방문했다. 2005년 설립 이후 첫 방문이었다.

정부는 사회적 실증 과제로 수소전기자동차 100대를 만드는 프로젝트에 대한 예산을 책정했다. 현대자동차 내부에서는 투싼 수소전기자동차 60대, 모하비 수소전기자동차 40대를 만드는 '100대 프로젝트'라고 불렀다.

정몽구 현대자동차그룹 회장 한 번 만들어서는 절대 잘 만들 수 없습니다. 돈 걱정은 하지 말고 젊은 기술자들이 만들고 싶은 차는 다 만들어 보세요. 돈 아낀다고 똑같은 차 100대 만들 필요 없습니다. 100대가 각각 다른 차가 되어도 좋아요.

수소는 어떤 에너지보다 민주적인 에너지입니다. 석유는 중동 국가나 그들과 친한 국가만 얻을 수 있고, 이를 쟁취하기 위한 전쟁이 벌어집니다. 수소는 가난한 아프리카에서도 태양광을 통해 만들고 자동차를 달리게 할 수 있습니다. 수소전기자동차가 있으면 잘사는 나라는 물론이고 못 사는 나라에서도 자동차를 탈 수 있습니다.

언제 상용화될지 장담할 수 없는 수소전기자동차인데도 정몽구 회장이 직접 방문해 전폭적인 지지를 약속하자 연구원들의 사기는 하늘을 찔렀다.

한국형 수소전기자동차에 대한 기대와 정부 주도 정책에 따른 한계

현대자동차는 투싼과 스포티지 수소전기자동차 30대를 만들었다. 각각의 차는 수소충전소가 있는 지역으로 옮겨져 실제 주행을 하며 수소전기자동차와 수소충전소의 성능을 평가했다. 수소전기자동차 안에 들어간 연료전지 부품의 75%는 국내 기술로 만들어졌고, 총 59건의 특허와 62건의 논문이 발표됐다.

수소 연료전지자동차 모니터링 사업은 한국의 수소전기자동차 기술을 한껏 끌어올렸다. 부품은 국산화됐고, 연료전지 발전기의 성능이 향상됐으며 내구성도 높아졌다. 그러자 2009년 2차 사업으로 '수송용 연료전지 조기 상용화를 위한 기반기술 개발 및 실증'이 실시됐다.

총 사업비 234억 원을 투입해 수소전기자동차 100대를 만드는 사업으로, 100kW급 수소전기자동차 68대를 새로 만들어 기존에 만든 32대와 함께 서울과 울산에서 운행하며 성능을 평가하는 과제였다. 이 사업에서 모하비 수소전기자동차 52대, 투싼 수소전기자동차 48대가 투입됐다. 120여 개 국내 부품업체가 참여해 전체 부품의 95%를 국산화할 수 있었다.

쏘나타LPG택시와 투싼 수소전기자동차의 경제성, 환경성 평가도 이뤄졌다. 연구 보고서에 따르면 쏘나타LPG는 실제 도로 연비가 l당 6km였고, 연료 가격은 l당 839원이었다. 6년 동안 61만 8300km를 달렸고, 연료비로 8642만 원이 들었다. 투싼 수소전기자동차는 연비가 l당 19.3km, 연료 가격은 kg당 7247원으로, 동일한 61만8300km를 달릴 경우 6149만 원이 들었다.

	쏘나타LPG	투싼FCV(서울)	산출기준
실도로 연비	6km/ℓ	19.3km/ℓ	
연료가격	839원/ℓ	7247원/ℓ	보조금 및 세금 제외
운행거리(6년)	61만 8300km		연 10만km 적용
연료비	8642만 원	6149만 원	수소 1만225원/kg 적용시 연료비 유사

수소전기차 시대가 온다

경제성 면에서는 수소전기자동차의 연료비가 2493만 원 덜 들었다. 수소 가격이 kg당 1만225원이 돼야 소나타LPG와 연료비가 유사했다. 쏘나타LPG는 6년 동안 운행하면서 1만4493kg의 이산화탄소와 미세먼지(질소산화물) 6.8kg을 배출했다. 반면 수소전기자동차는 이산화탄화나 질소산화물을 배출하지 않는다.

100대의 수소전기자동차는 다양한 영역에 배치됐다. 휠체어를 실어야 하는 장애인 복지용과 노인 복지용으로도 투입됐다. 수소충전소 근처에 사는 일반인들에게도 수소전기자동차가 배정됐다. 수소전기자동차 일반인 체험단 모집에는 1만7294명이 신청했다. 그중 충전소 접근성, 잠재 구매력, 출퇴근 거리를 감안해 용인에 사는 교수와 수원에 사는 현대모비스 직원, 서울 천호동에 사는 GS칼텍스 직원이 선정됐다. 5명의 일반인 외에도 국회의원 원희룡, 영화배우 유지태도 시승 체험단에 이름을 올렸다. 100대의 수소전기자동차는 총 227만km를 달렸다.

그러나 실증 체험 과정에서도 사고가 발생했다. 총 21건의 교통사고가 있었고, 그중 1대는 완파되어 폐기처분됐다. 하지만 연료전지나 수소탱크가 폭발하는 사고는 없었다.

또한 2차 사업 당시 수소충전소를 추가로 4기 설치해 서울과 인천, 대전, 제주, 울산, 여수, 전북 등에 총 13기가 구축됐다. 사업을 진행하는 동안 수소전기자동차의 원가는 급격하게 내려가 2006년 처음 실증 사업 때 5억4000만 원에 달했던 재료비는 2009년 2억 원이 되었다. 또한 2013년에 양산할 때는 1억 원대까지 내려갔다. 다양한 과제를 수행하고 수소전기자동차를 만들면서 이제 곧 일반인들도 쉽게 접근할 수 있는 수소전기자동차가 만들어질 것으로 기대됐다.

하지만 수소 연료전지자동차 모니터링 사업은 1단계에서 중단됐고, 실제로 자동차를 만들 수 있는 실증 사업은 추가로 진행되지 않았다. 2008년 수소 연료선시 사업단은 사실상 와해됐다. 노무현 대통령의 임기가 끝나고 이명박 대통령이 취임하면서 수소에 대한 지원은 거짓말처럼 완전히 끊겼다.

하루아침에 전 세계에서 왕따가 된 수소전기자동차

    ⬤   2007년 12월 19일, 제17대 대선에서 기업인 출신 이명박 대통령이 당선됐다. 이명박 대통령은 취임 이후 '녹색성장'을 기치로 내걸고 환경기술 분야에 대한 정책을 적극적으로 추진했다.

    녹색성장을 추진하기 위해 대통령이 직접 주재하는 녹색성장위원회가 발족됐다. 청와대는 '녹색화' 기치에 부합하도록 내부의 모든 실내조명을 효율이 높은 LED로 교체했다. 사무 공간에는 고효율 유리와 창호가 설치됐다. 단열재, 회전문 등 에너지 소비를 최소화하는 장치들도 도입했다. 청와대 각 건물마다 연료전지, 태양광 발전, 지열 시스템 등이 도입됐다. 청와대 근무자들은 내부에서 자전거를 주로 이용했고, 옥상에는 녹지가 깔렸다. 그런데 친환경

에너지로 각광받던 수소는 그 '녹색' 안에 끼지 못했다.

녹색성장위원회는 총 47명의 위원으로 구성됐다. 당연직 위원으로는 국무총리를 위원장으로 기획재정부장관, 교육과학기술부장관, 외교통상부장관 등 18명의 정부 부처와 국책 연구원장이 포함됐다. 민간위원으로는 김형국 서울대학교 환경대학원 명예교수를 위원장으로 29명이 포함됐다. 민간위원의 구성을 보면 산림, 환경, 경영, 에너지 등을 연구하는 교수들과 코오롱, 홈플러스 등 민간기업 인사들도 포함됐다. 민간위원 중에는 참여정부에서 수소연료전지 사업단장을 맡았던 홍성안 KIST 박사도 포함됐지만, 참여정부가 적극적으로 추진했던 수소경제 정책의 몰락을 막지는 못했다. 개별적인 기술개발 과제는 가까스로 살아남았지만 대규모 예산을 투입해 수소전기자동차와 수소충전소를 실제로 만들어 운행하는 실증 사업은 더 이상 진행되지 않았다.

노무현 정부가 장기적인 안목으로 시작한 핵심 정책을 이명박 정부가 중단시킨 것은 낯선 일이 아니다. 자기 임기 중에 성과를 낼 가능성이 없는 정책을, 그것도 이전 정부에서 적극적으로 추진한 정책을 이어갈 대통령은 거의 없을 테니 말이다.

대통령의 의지를 반영하는 행정부 역시 마찬가지다. 참여정부가 세운 수소사회 마스터플랜에 따르면 수소사회로의 진입 시점은 2040년이다. 그러나 노무현 대통령이 권력을 내려놓은 후, 30년 이상 수소를 지원해줄 권력은 없었다.

　이명박 정부에서는 배터리전기자동차가 승승장구할 기회를 얻었다. 녹색성장의 핵심 에너지 정책은 원자력발전이다. 원자력발전은 이산화탄소를 배출하지 않는다. 원자력 폐기물과 안전에 대한 논란은 이전과 이후 줄곧 이어지고 있지만, 당장 전 세계 정부가 줄이기로 합의한 온실가스는 이산화탄소이지 원전 폐기물이 아니었다. 또한 원자력은 세계적인 붐을 일으키며 돈이 되는 사업으로 여겨졌다.

　배터리자동차는 여기에 매우 적합한 기술이었다. 전기가 있으면 배터리는 채우면 된다. 배터리 기술의 한계는 여전하지만, 배터리와 모터만 있으면 어쨌든 운행이 가능하다. 수소 생산 설비와 유통 경로를 갖추고, 충전소도 새로 설치해야 하는 수소전기자동차와 달리 배터리전기자동차는 어디서나 볼 수 있는 전기를 이용할 수 있다. 또한 2008년 혜성처럼 등장한 미국의 테슬라는 1996년 EV1의 몰락 이후 잊혔던 배터리전기자동차의 가능성을 다시 보여 줬다.

　배터리전기자동차 진영은 수소전기자동차가 친환경 자동차가 아니라고 강력하게 비판했다. 누누이 말했듯 수소를 얻는 과정에서 이산화탄소가 배출되는 상황이었기 때문이다. 물론 수소 진영에서도 화석연료를 개질해 수소를 얻는 방식의 한계를 충분히 인정하고 있다. 그래서 장기적으로는 재생에너지를 통해 전기를 생산하고 그 전기로 물을 전기분해해 수소를 생산하는 계획을 가지고 있는 것이다. 홍성안 박사는 당시를 떠올리며 "수소경제의 개념은 탈(脫)화석연료인데, 신재생에너지 보급률이 1%에 불과한 상황에서 단기에는 불가능했다"고 했다.

그러나 배터리전기자동차 진영도 동일한 비판에서 완선히 자유로울 수는 없었다. 2009년 당시 전기를 만들기 위한 전체 발전량 중 석탄 화력발전의 비중이 47%에 달했던 것이다. 하지만 전기는 깨끗해 보이고, 수소는 당장 이산화탄소를 배출하는 더러운 에너지로 보였다. 그리고 전기에게는 원자력이라는 든든한 우군이 있었다. 원자력으로 얻은 전기는 이산화탄소를 배출하지 않으니까.

정권이 바뀌면서 신재생에너지 분야에서도 수소와 태양광의 희비가 엇갈렸다. 노무현 대통령의 참여정부에서는 수소 연료전지 사업단이 태양광, 풍력 사업단을 압도했으나, 정권이 바뀌면서 태양광 분야에 수소 연료전지의 두세 배 예산이 투입됐고, 배터리팩 연구에도 엄청난 예산이 배정됐다. 당시 수소 연료전지 분야에 참여했던 한 전문가는 "배터리 진영은 자신들의 강점으로 비전을 제시해 정부를 설득한 게 아니라 수소전기자동차를 비판해 주도권을 쥐었다"고 회고했다.

배터리전기자동차와 수소전기자동차는 각각 장단점이 있지만, 둘 다 내연기관의 점유율을 낮추고 친환경 자동차 비중을 높이는 것이 목표가 되어야 한다. 그러니 각자의 장점을 통해 내연기관

◐ 전기차 '블루온'

자동차를 대체해 나가는 것이 옳다.

　하지만 없는 집 밥그릇 싸움이 더 치열한 법이다. 참여정부 5년 동안 밥그릇을 수소 분야에 내준 재생에너지와 배터리 진영 전문가들은 날선 비판을 이어갔다. 내연기관은 먼 훗날 이겨야 할 상대고 수소와 배터리 상대 진영은 당장 오늘의 생존을 위해 눌러야 하는 상대로 여긴 것이다.

　이들에게 기술 비전 논쟁은 가치문제가 아니라 생존 경쟁이었다. 한 번 주도권을 잃으면 정권이 바뀔 때까지 최소한 5년은 굶어야 한다는 것을 그들은 알고 있었다. 미국 부시 정부에서 8년 동안 수소전기자동차가 주도권을 쥐었다가 오바마 정부에서 배터리전기자동차가 다시 주도권을 쥐었듯이, 우리나라에서도 이명박 정부가 들어서면서 이전 참여정부 5년 동안 밀려 있던 배터리전기자동차의 시대가 왔다. 역사는 반복되는 것인지, 2005년 노무현 대통령이 수소전기자동차를 탔던 그 자리에서, 2010년에는 이명박 대통령이 배터리전기자동차를 시승했다.

2010년 9월 9일, 청와대에서는 현대자동차의 배터리전기자동차 블루온이 처음 공개됐다. 현대자동차는 친환경 그린카를 키우겠다는 정부 정책에 맞춰 약 400억 원을 투자해 블루온을 만들었다. 배터리와 전기모터만으로 구동되는 배터리전기자동차로, 리튬이온폴리머 배터리가 탑재됐다. 최고 시속은 130km, 제로백은 13.1초이며, 1회 충전으로 140km까지 주행할 수 있다. 충전 시간은 완속 충전 시 6시간, 급속 충전 시 25분이 걸렸다. 이명박 대통령은 직접 블루온 1호차 출시 행사에 참여해 전기자동차 개발 현황에 대해 보고를 받았다.

이명박 대통령 시대를 앞서가는 기업인들이 합심해 고속 전기자동차를 만들게 됐습니다. 전기자동차의 시대는 어쩌면 굉장히 빨리 올 것입니다. 더 적극적으로 자기 기술로 만들어 대한민국 기술로 상용화해야 합니다. 녹색성장 시대에는 원천 기술을 갖는 게 매우 중요합니다. 남의 기술로 만들어서는 경쟁력이 없습니다. 상용화될 때까지 많은 노력이 필요할 것으로 봅니다.

미래는 녹색성장 시대입니다. 이제는 이산화탄소가 발생하지 않는 제품을 만드는 경쟁입니다. 머지않아 가스를 배출하는 자동차는 쓰지 못하는 시대가 올 것입니다. 먼저 우리가 기술을 만들어내고 필요한 원자재를 확보해야 합니다. 중요한 것은 원천기술을 확보하는 것입니다. 이번 전기자동차는 대기업과 중견기업, 중소기업

수소전기차 시대가 온다

이 힘을 합쳐 만들었고, 합심해서 서로 상호 보완하고 협력하는 모습에 의미가 있습니다.

이번 전기자동차가 일본에서 만들어진 전기자동차보다 여러 면에서 우수하다고 하는데, 대단한 결과입니다. 상용화될 때까지 더 연구하고 언젠가 세계시장을 주도하는 시대를 열면 좋겠습니다.

권력의 관심에서 멀어지자 수소 연료전지 사업에 뛰어들었던 기업들이 하나둘 발을 뺐다. 연세대학교에 설치됐던 수소충전소는 2013년 9월 철거됐다. 연세대학교 측은 "산학 협력 차원에서 만든 것이고 몇 년 운영하다가 철거하기로 이미 협의했던 것"이라고 했다. 2040년 수소사회를 그리며 만든 수소충전소가 마치 처음부터 몇 년 쓰다 철거할 목적으로 만든 기념물 취급을 받은 것이다.

GS칼텍스 측도 "국책 사업의 일환이었을 뿐"이라는 말로 수소충전소의 의미를 축소했다. GS칼텍스에서 연료전지를 연구하던 사람들은 회사 밖으로 퇴장했다. 그들은 에너지기업 에스에너지로 자리를 옮겨 소형 연료전지 회사 에스퓨얼셀을 세웠다.

그렇다고 수소충전소를 폐쇄한 기업을 탓할 수만도 없다. 구조적으로 수소충전소는 수소전기자동차가 충분히 보급되기 전까지 적자가 날 수밖에 없기 때문이다. 정부가 바뀌면서 수소전기자동차에 대한 예산이 줄어들었고, 다음 정권이 들어서기 전까지는 수소전기자동차 보급과 지원이 확대될 가능성도 없다. 또 정권이 바뀐다 해도 여전히 상용화 수준으로 기술 개발이 안 된 수소 연료전지가 다시 탄력을 받을지도 미지수다. 미래 가능성이라도 있으면 모르겠으나 전 세계 정부로부터 외면받은 이상 수소 연료전지가 생존할 가능성은 거의 없어 보였다. 참여정부의 정책으로 만들어진 수소충전소는 다음 정부에서는 골칫덩어리였을 뿐이다. 찾아오는 손님도 없는 수소충전소를 그냥 두는 것도 이상한 일이다. 힘들게 만든 수소충전소는 이후 10년 동인 9개가 사라졌다. SK에너지 역시 월드컵 공원 내에 있던 상암동 수소충전소를 서울시에 넘기고 사업에서 철수했다.

전국에 설치된 나머지 수소충전소도 거의 가동되지 않았다. 수소를 쓰겠다고 찾아오는 손님은 없었고, 가끔 작동하는지 확인하기 위해 수소를 생산하는 게 전부였다. 만들어봐야 쓸모가 없는 수소는 허공으로 날려 보냈다. 수소충전소는 학생들의 견학코스로 전락했다. 마치 고대 유물을 관람하듯 '예전에는 이런 것도 있었대'라며 학생들은 하품을 했다.

그렇게 수소전기자동차의 암흑기는 10년이나 이어졌다.

수소전기자동차의 빙하기
: 유럽으로 간 수소전기자동차

역사는 돌고 돌며 정치 보복의 역사 역시 반복된다. CARB의 규제 압박에 만들어지고 있던 배터리전기자동차는 부시 행정부에 의해 사망했다. 부시 행정부는 수소연료전지에 많은 정성과 예산을 들였다. 부시 대통령이 8년간의 임기를 마무리하고 2009년 민주당 오바마 대통령이 당선됐다. 이번에는 배터리전기자동차가 수소전기자동차에 복수할 차례였다.

오바마 정부 8년은 재생에너지 업계에 있어 혁명적인 시기였다. 오바마 대통령은 이전 정부였던 부시 정부에 비해 기후 변화와 청정에너지 분야 정책을 매우 강하게 추진했다. 대선 후보 시절부터 에너지 독립과 녹색경제로의 체제 전환을 강조했고, 자동차 분야에 있어서도 자동차 연비 기준 강화와 친환경 자동차 보조, 인프라 확대 등을 공약으로 내걸었다. 그리고 취임 직후 '미국을 위한 신에너지 선언'을 발표하며 기후 변화와 에너지 전환에 관한 포괄적이고 장기적인 전략 수립 의지를 표명했다. 이를 위해 800조 원이 넘는 경기부양 예산의 8.4%인 약 70조 원을 녹색산업 분야에 할당했다.

글로벌 금융위기 이후 침체된 경제를 살리기 위해 오바마 행정부는 막대한 재정을 풀었다. 그중에서도 에너지 분야는 특히 많은 투자가 이뤄졌다. 백악관 관저 지붕에는 태양광 전지판과 태양열 온수난방 장치가 설치됐다. 2008년 혜성처럼 등장한 테슬라 모터스는 배터리전기자동차는 안 된다던 100년 전통의 자동차 제조사들의 말을 무색하게 했다. 자신감이 생긴 테슬라(Tesla)의 CEO 일론 머스크는 미국 모든 주택 지붕을 태양광 패널로 바꿔 거기서 생산한 전기로 전기자동차를 운행하겠다며 태양광 회사 '솔라시티'까지 만들었다.

부시 정부의 사랑을 독차지했던 수소 연료전지는 오바마 정부에서는 천덕꾸러기 신세로 전락했다. 오바마 대통령의 재생에너지 정책 최고의 참모는 노벨 물리학상 수상자인 중국계 스티븐 추 박사였다. 추 박사는 로런스 버클리 국립연구소 소장 출신으로, 신에너지 개발을 통해 온실가스를 감축해야 한다고 주장해온 대표적인 학자다. 오바마 대통령은 추 박사를 에너지부 장관으로 임명하고 에너지 정책을 맡겼다. 추 박사는 저탄소 경제 체제 구축을 위한 신재생에너지 개발과 녹색 고용창출, 녹색환경 구축에 중점을 두고 2010년 예산안을 짰다. 그 대상은 청정하고 안전하며 '실현 가능성이 높은 에너지' 분야였다. 그리고 안타깝게도 수소는 그 '실현 가능성이 높은 에너지' 반열에 오르지 못했다.

에너지부가 용역을 맡겨 진행한 국립 오크리지 연구소는 2025년까지 수소전기자동차 200만 대를 생산하려면 12조 원이 들고, 1000만 대를 생산하려면 50조 원이 들 거라고 분석했다. 스티븐 추 에너지부 장관은 수소 연료전지에 대해 "정말 10년, 15년, 20년 안에 수소경제가 가능하겠는가 자문해 보면 대답은 노(NO)"라며 수소전기자동차에 대한 단호한 입장을 내비쳤다. 오바마 정부 하에서 수소전기자동차에 대한 지원은 더 이상 기대하기 어려웠다. 수소 연료전지의 빙하기가 시작된 것이다.

한국의 연구진
새로운 시장으로 눈을 돌리다

정부의 실증 사업이 끊기면서 현대자동차 수소전기자동차 연구팀은 더 이상 수소전기자동차를 만들어볼 수조차 없었다. 수소전기자동차가 비싼 가장 큰 이유는 대량생산을 통해 규모의 경제가 달성되지 않았기 때문인데, 실증 사업이 중단되자 한국의 수소 생태계는 엄청난 충격을 받았다. 수소 연료전지 부품을 납품하는 한 중소기업 대표는 "연료전지에 들어가는 부품을 납품하고 있었는데, 당시 실적이 전년 대비 반 토막이 났다"며 "현대자동차에서 실증 사업을 통해 자동차를 만들지 않으면 협력업체가 모두 타격을 입을 수밖에 없는 구조였다"고 했다.

수소전기자동차를 만들 수 있는 예산이 사라지자 부품을 살 수 없게 됐고, 협력업체들은 결국 하나둘 연구 개발을 포기할 수밖에 없었다. 정권이 바뀌기만을 마냥 기다릴 수도 없었다. 뿌리가 되는 생태계가 동사하고 나면 봄이 와도 다시 싹을 틔울 수가 없는 법이니까.

이렇게 미국에서 시작된 수소전기자동차의 빙하기가 한국까지 번진 가운데, 현대자동차는 유럽으로 눈을 돌렸다. 2010년, 유럽연합 산하에 수소 연료전지 개발 기구, FCH-JU(Fuel Cell and Hydrogen Joint Undertaking)가 생긴 것이다. 유럽 개별 국가 차원의 수소전기자동차 연구는 있었지만 전 유럽 단위에서 수소전기자동차 실증 사업을 한 것은 그때가 처음이다. 미국이 외면하고 한국에서 버림받은 천덕꾸러기 수소에 대한 연구개발 예산을 적극적으로 편성한 곳은 유럽밖에 없었다. 한국의 수소 생태계를 유지하려면 실증 사업을 통해 수소전기자동차를 만들어야만 했는데, 수소전기자동차 실증 사업을 하는 곳이 유럽 밖에 없었던 것이다.

2010년, 독일 에센에서 제18회 세계 수소에너지 대회가 열렸다. 1976년 마이애미에서 첫 총회를 연 세계 수소에너지 대회는 2년마다 개최되는, 수소에너지 분야 최고의 국제 행사다. 약 60개국 1만여 명의 수소 연료전지 분야 기업과 전문가가 참여하며, 수소의 생산과 저장, 이용, 연료전지 등 모든 분야에 대한 학술회의와 국제 전시가 개최된다.

수소 에너지 시장 전체가 빙하기를 맞은 상황이니 수소를 연구하는 모든 사람은 유일하게 실증 사업을 진행하고 있는 유럽으로 모여들었다. 기존 자동차를 개조해 동네에서 푸드트럭을 만드는 소규모 업체부터 혼다의 클라리티, 토요타의 라브4, 다임러의 F-CELL 등 전 세계 수소전기자동차가 다 모였다. 또 연료전지 트램(지상형 전동차), 시티투어 버스, 수소전기 청소차까지 각종 수소전기자동차가 각자 연구의 성과를 뽐냈다.

현대자동차 수소전기자동차 연구팀은 '여기서 좋은 성과를 내야만 대한민국의 수소 생태계를 유지할 수 있다'는 사명을 띠고 유럽을 방문했다. 이들은 모하비 수소전기자동차를 가지고 세계 수소에너지 대회에 참가했는데, BMW 연구팀이 다가왔다. BMW는 수소 엔진에만 관심이 있지 수소 연료전지 연구에는 그리 관심을 두지 않고 있었다.

전기자동차를 장난감 취급하던 BMW 연구진은 모하비 수소전기자동차를 시승했는데, 타자마자 가속 페달을 끝까지 밟아 급가속을 했고, 곧바로 감속 페달을 갑자기 밟아 급감속 주행을 했다. 그것도 모자라 도로 폭이 좁은 유럽의 사거리에서 드리프트까지 시도했다. 이에 현대자동차 연구팀은 사색이 됐다. 양산용으로 개발한 것이라면 모르지만 연구용 차량이라 그렇게까지 차체에 부담이 되는 주행 시험은 생각조차 하지 않았기 때문이다.

하지만 모하비 수소전기자동차에는 비밀 병기가 숨어 있었다. 당시 모하비 수소전기자동차에는 대용량 축전기인 슈퍼캡(Super Capacitor)이 달려 있었다. 슈퍼캡은 대용량의 전기를 빠르게 저장하고 꺼내 사용하는 장치로, 용량이 작아 지속성은 떨어지지만 대신 순간적으로는 $200kW$의 엄청난 출력을 낼 수 있다.

수소 연료전지 발전기의 출력 $110kW$에 슈퍼캡 $200kW$가 더해지니 스포츠카에 맞먹는 출력이 나왔다. 2.5톤이 넘는 대형 SUV 모하비가 수소 연료전지로 400마력(약 $300kW$)의 출력을 내니 BMW 연구팀도 약간은 놀란 듯했다. 그들은 평소 친하게 지내던 다임러 엔지니어에게 괜한 시비를 걸었다.

"현대자동차 차는 대형 SUV인데도 잘 나가던데, 너희 차는 작은데도 왜 그렇게 안 나가냐?"

다임러 연구팀이 가져온 수소 연료전지자동차는 가장 작은 차종인 벤츠 A클래스에 수소 연료전지를 탑재한 F-CELL이었다. A클래스의 공차 중량은 1.5톤가량으로, 2.5톤의 모하비보다 1톤이나 가벼웠다.

독일의 BMW, 벤츠, 아우디가 버티고 있는 유럽에서 자동차 업계 변방에 있는 동양의 자동차 회사를 눈여겨보는 사람은 없었다. 그러나 2010년 행사 이후 유럽 시장에서 현대자동차의 수소전기자동차를 바라보는 시각은 우호적으로 변했다. 이후 EU 산하에 수소 연료전지 개발기구 관계회의에서 그동안의 연구 및 실증 성과를 발표할 수 있는 기회도 얻었다. 국내에서 정부 지원을 받기 쉽지 않았던 현대자동차 연구팀 또한 유럽연합 프로젝트 참여가 절실했다. 이 발표 이후 많은 유럽 자동차 관계자가 현대자동차 수소전기자동차 연구팀을 찾아와 사업을 제안했다.

그러던 중 2011년 1월 '북유럽 2개국 수소 연료전지자동차 시범운행 사업자'로 선정되는 경사를 누리게 됐다. FCH-JU(수소연료전지보급 확대를 위한 EU 민관연 파트너십)가 주관하는, 덴마크와 노르웨이에 수소전기자동차 4대를 납품하는 사업이었다. 자동차 회사가 수소전기자동차를 만들고 가스업체가 충전소 등 인프라까지 갖추는 종합적인 과제였다.

본래 자동차 담당은 독일 다임러와 프랑스 르노였는데, 갑자기 르노가 수소전기자동차 공급을 포기해버리면서 프로젝트에 차질이 생기자 현대자동차가 그 빈자리를 채우게 된 것이다.

이 프로젝트의 성공 이후 10월에는 FCH-JU가 공모한 유럽연합 의회 수소 연료전지자동차 시범운행 사업에 투싼ix 수소 연료전지자동차가 단독 선정됐고, 2011년 9월에는 덴마크 코펜하겐에 관용차로 총 15대의 투싼ix 수소 연료전지자동차를 공급하는 계약을 맺었다. 또한 유럽연합 수소 연료전지자동차 보급 확대 사업인 하이파이브(HyFIVE) 프로젝트에도 참여할 수 있었다.

하이파이브 프로젝트는 유럽지역의 수소경제 시대 구현을 위해 약 540억 원을 투자해 영국 런던, 이탈리아 볼차노, 덴마크 코펜하겐, 오스트리아 인스브루크, 독일 뮌헨 등 5대 도시에 110대의 수소 연료전지자동차를 보급하고 이를 지원할 수소충전 인프라를 건설하는 프로젝트였다. BMW, 다임러, 혼다, 토요타와 현대자동차가 참여했는데, 그중 현대자동차는 가장 많은 75대를 공급하게 됐다. 한국에서 버린 자식 취급을 받았던 수소전기자동차가 유럽에서 인정받게 된 것이다. 실제로 유럽 수소충전소 개설 사진 대부분에서는 현대자동차의 투싼 수소전기자동차를 볼 수 있다.

세계 최초로 수소전기자동차 양산을 시작하다

대외적으로 우수한 성과를 거뒀지만 현대자동차의 수소전기자동차는 생사의 기로에 놓여 있었다. 수십 대를 만드는 것만으로는 사업부를 유지할 수도 없었다. 더구나 언제쯤 수소충전소가 전 세계적으로 보급되고 수소전기자동차가 대중화될지 전혀 기약할 수 없는 상황이었다. 수소전기자동차가 과연 가능성이 있는지에 대해 현대자동차 내부적으로도 압박을 받았고, 더 심각한 문제는 부품 생태계였다. 부품 업체들은 현대자동차가 부품을 사줘야만 연구원들 월급이라도 줄 수 있었기 때문이다.

김세훈 현대자동차 연료전지사업부장 상무 같이 연구했던 생태계가 무너지려 했습니다. 차를 만들지 않아도 연구원과 담당자는 있어야 합니다. 2010년까지는 기존에 있던 과제들이 마무리될 때까지 예산이 편성됐지만, 이후로는 개별 부품 개발 과제 정도만 배정됐습니다. 전체 차를 만드는 사업은 더 이상 없었습니다. 예산을 주면서 차를 만들도록 해준 정부가 사라지면서 선택을 해야 했습니다. 불특정 다수에게 차를 판매하는 대량생산 체제로 전환할 것인가, 아니면 수소전기자동차 연구개발을 종료할 것인가.

2013년 현대자동차는 세계 최초의 양산형 수소전기자동차 투싼ix35를 출시했다. 벼랑 끝에서 내린 최후의 결정이었다.

2013년 2월, 현대자동차 울산 공장에는 수소 연료전지자동차 전용 생산공장이 들어섰다. 그리고 박맹우 울산시장, 현대자동차 김억조 부회장, 지식경제부 및 국토부 등 정부 관계자와 개발, 생산 관계자 100여 명이 모여 '수소 연료전지자동차 세계 최초 양산 기념식'을 가졌다. 목표는 2015년까지 1000대를 판매하는 것이었다. 벤츠, GM, 토요타 등 다른 자동차 업체들도 2015년 양산 체계를 갖추겠다는 계획을 밝힌 바 있는데, 현대자동차의 계획은 이보다 2년 이른 것이었다. 현대자동차가 먼저 양산 체계를 갖추자 토요타는 본래 계획을 1년 앞당겨 2014년 양산 체계를 갖췄다.

투싼 수소전기자동차에는 독자 개발한 $100kW$급 연료전지 시스템과 700기압 2탱크 수소저장 시스템이 탑재됐다. 1회 수소 충전으로 최대 $594km$까지 주행이 가능하고, 가솔린 기준으로 환산하면 $27.8km/l$의 연비를 갖췄다. 영하 20도에서도 시동을 쉽게 걸 수 있을 정도로 수소전기자동차의 약점인 냉시동성도 개선했다.

현대자동차는 "일본의 토요타는 1997년 세계 최초로 프리우스를 양산하며 독보적인 기술력을 바탕으로 현재까지도 하이브리드 시장을 선도하고 있다. 이처럼 수소 연료전지자동차도 양산을 통한 기술 선도가 미래 시장 선점에 절대적으로 필요하다"고 설명했다.

야심차게 출범은 했지만 한국에는 수소충전소가 용인과 화성, 울산 각 1기에 불과했고, 모든 충전소를 합쳐도 13기에 불과했다. 몇 대나 팔릴지 전혀 예측할 수 없는 상황에서 대량생산 체제를 갖추기 위해 많은 투자가 이뤄졌다. 부품 생태계도 현대자동차의 양산 계획에 맞춰 부품 양산 체제를 갖췄다. 부품 업체들 역시 무모한 투자였다.

'세계 최초로 양산했다'는 말과 '세계 최고 기술을 갖췄다'는 말이 동의어는 아니다. 개별 부품 및 소재 분야에서는 현대자동차보다 뛰어난 기술을 갖춘 업체도 있다. 하지만 이를 양산하는 것은 별개의 기술이다. 또한 독자적인 연료전지 기술력과 십여 년을 함께 연구한 부품 협력 네트워크는 대량생산 체제를 갖추기 위한 핵심 경쟁력이다.

대량생산 체제에서는 판매가 되지 않으면 설비를 갖추기 위해 투자한 돈이 모두 비용이 된다. 언제, 어디서, 얼마나 주문이 들어올지 기약도 없는데 이런 부담을 안고 대량생산 체제를 갖추려면 과감한 의사결정이 필요하다.

2013년 현대자동차에 이어 2014년 토요타, 2015년에는 혼다가 양산 체제를 갖췄다.

일각에서는 투싼 수소전기자동차가 보통 사람들이 구매하기 적합하지 않다며 '양산'이라고 볼 수 없다는 비판도 있다. 투싼 수소전기자동차는 가격이 1억5000만 원이나 되고 내구성은 5년 밖에 안 되기 때문이다. 이 논쟁은 한 해 뒤인 2014년 토요타가 미라이를 출시하면서 더 거세졌다. 토요타는 '세계 최초의 양산형 수소전기 세단'으로 미라이를 포장했다. 세계 최초 양산형 수소전기자동차 타이틀을 빼앗긴 토요타가 미라이는 투싼과 달리 세단이라는 점을 강조한 것이다.

미라이의 가격은 투싼의 절반 정도인 8000만 원대에 책정됐다. 현대자동차에 부정적인 시각을 가진 사람들은 "투싼 수소전기자동차를 1억5000만 원씩이나 주고 살 사람이 누가 있겠느냐"며 "미라이는 8000만 원대로 원가 경쟁력에서 비교가 안 된다"고 말한다. 하지만 이는 잘못된 평가다. 미라이의 가격이 8000만 원대에 책정이 된 것은 미라이의 실제 원가가 8000만 원이어서가 아니다. 토요타는 수소전기자동차 보급을 위해 손해를 보면서도 소비자들이 그나마 수용할 수 있을 법한 가격을 책정한 것이다.

현대자동차 또한 미라이가 출시되자 곧장 가격을 그 수준에 맞춰 내렸다. 그럼에도 미라이는 6개월 만에 1500여 대가 계약됐고, 투싼 수소전기자동차는 2년 간 273대, 국내 판매량은 29대에 그쳤다. 하지만 그렇다고 그 의미까지 초라한 것은 아니다.

김세훈 당시 현대자동차 연료전지사업부장 투싼 수소전기자동차는 그 자체로 회사에 이익을 주진 않았습니다. 대신 누구나 언제든 수소전기자동차를 살 수 있도록 대량생산 체제를 갖춤으로써 수소에 관심이 있는 전 세계 각국 정부와 정유, 가스 회사들이 수소전기자동차를 사서 연구에 활용할 수 있었습니다. 투싼 수소전기자동차의 가장 큰 성과는 이익이 아니라 18개국에서 이뤄신 수소충전소 보급이었습니다.

야심차게 세계 최초로 양산을 하겠다고 테이프는 끊었지만, 이제 뭘 해야 할지 막막했다. 우선 팔 방법이 없었다. 주문을 받을 통로도 마땅치 않았다. 프랑스 파리 주민이 수소전기자동차를 사고 싶다고 해서 그 동네 현대자동차 대리점에 들어가 주문을 할 리는 없으니 말이다. 그렇다고 버스나 트럭처럼 특정한 수요를 찾아다니며 판매하기도 쉽지 않다. 그러니 양산하겠다고 선언해놓고도 주문이 들어오길 기다릴 수밖에 없었다.

고향보다 해외에서 더 환영받은
한국의 수소전기자동차

전 세계에서 자동차를 팔고 있는 현대자동차의 영업조직도 수소전기자동차를 팔아본 적은 없다. 아니, 전 세계 누구도 그런 경험은 없었다. 그동안 수소전기자동차는 정부나 지자체가 미리 돈을 주고 제작을 맡겼을 뿐이다.

현대자동차는 일단 수소 연료전지에 대한 연구가 그나마 이뤄지고 있는 유럽을 중심으로 고객을 찾았다. 그러던 중 2010년 실증사업을 통해 수소전기자동차를 운행한 바 있는 덴마크 코펜하겐 시청이 수소전기자동차에 관심을 보였다. 코펜하겐 시청은 친환경도시 정책을 줄곧 추진해 오고 있었고, 2011년부터 관용차로 내연기관 차량을 더 이상 구매하지 않았으며, 관용차량의 85%를 무공해 차량으로 바꾸는 정책을 시행하고 있었다. 또한 2025년까지 코펜하겐 시에 등록된 차량의 20~30%를 수소전기자동차로 구성하는 계획도 발표했다. 코펜하겐 시청은 대당 2억 원 가까이 하는 투싼 수소전기자동차를 15대나 구매하겠다는 의사를 밝혀왔다.

그들 입장에서도 금액은 솔직히 부담이었다. 더구나 공무원들이 2억 원 가까이 되는 자동차를 관용차로 타고 다니면 의회로부터 지적받을 가능성도 있다. 그래서 코펜하겐 시는 한 가지 조건을 달았다. 바로 수소전기자동차를 운영하는 데 있어 코펜하겐 시에서 모든 문제를 해결할 수 있어야 한다는 것이었다. 현대자동차는 수소전기자동차 전용 정비 시설을 코펜하겐 시에 갖춘 후 정비사를 교육시키고 정비 시스템도 구축했다.

수소전기자동차 가격과 관련해서는 에피소드가 있다. 코펜하겐 시가 투싼 수소전기자동차 15대를 구매한 이듬해에 토요타가 투싼의 절반 가격으로 미라이를 출시한 것이다. 그리고 현대자동차도 이에 맞춰 투싼 가격을 약 8000만 원대로 낮췄다. 큰맘 먹고 첫 손님이 되어준 코펜하겐 시를 대하기가 영 어색해진 것이다.

> **현대자동차 수소전기자동차 연구팀** 토요타가 손해를 감수하고 가격을 낮추는 바람에 전략적으로 낮출 수밖에 없었습니다. 아무도 수소전기자동차를 안 사줄 때 선뜻 구매해주셔서 무척 감사한데, 너무 비싸게 판 것 같아서 미안합니다.
>
> **코펜하겐 시 관계자** 세상에서 가장 먼저 구매한 사람(First Mover)의 비용이지 않겠습니까. 투싼 수소전기자동차 덕분에 수소충전소 연구도 할 수 있었고 코펜하겐 시에서 수소전기자동차를 정비할 수 있는 인프라도 구축됐습니다.

하지만 그 뒤로도 팔 곳은 막막했다. 영업조직의 지원을 받지 못했기 때문에 연료전지 연구원들이 직접 영업 사원이 되어 유럽의 관공소를 찾아다니기도 했다. 생산 공장에서는 주문 들어온 것 없냐고 압박이 들어왔다.

몇 개월 동안 주문이 없었는데, 그러던 중 영국 런던 시에서 LHNE(London Hydrogen Network Expansion) 프로젝트를 추진하기로 했다. LHNE 프로젝트는 런던과 영국 남동 지역을 아우르는 영국 최초의 수소 수송 네트워크 구축 프로젝트다.

일반 판매도 있었다. 영국 에어프로덕츠, ITM파워, 존슨매티, 런던교통공사가 각각 1대씩 투싼 수소전기자동차를 샀다. 정부나

◐ 스웨덴 TAXI020 투싼 수소전기자동차

◐ 프랑스 HYPE 투싼 수소전기자동차

◐ 독일 비제로 투싼 수소전기자동차

지자체가 아닌 민간기업에도 판매가 이뤄진 것이다.

프랑스에서는 스텝(STEP: Societe du Taxi Electrique Parisien)이라는 한 스타트업이 수소전기자동차로 파리 시내에서 택시 사업을 하겠다며 60대를 주문했다. 이들은 하이페(HYPE: Hydrogen Powered Electric Taxi Service)라는 이름으로 택시를 운행하는 업체였다. 하이페 택시는 시범 운행이 아닌 실제 택시 노선에 두입됐는데, 파리의 탑승 고객들은 수소택시에 대한 호응도가 높아 12대를 추가 주문하기도 했다.

2018년 문재인 대통령은 프랑스를 방문했을 때 수소전기자동차를 타고 파리 한복판에 있는 수소충전소에서 주입 시범을 지켜봤다. 문 대통령이 방문한 회사가 바로 스텝이었고, 탔던 차가 하이페 택시였다.

스웨덴 스톡홀름 시 2위 택시회사인 TAXI020도 10대를 구입했다. 스웨덴에서는 친환경 도시 말뫼 시가 2대, 말뫼 시가 속한 스코네 주정부가 1대를 구입했다. TAXI020는 스웨덴과 덴마크, 노르웨이를 잇는 수소택시 네트워크 구축을 추진했다. 우선 유동 인구가 많은 공항 사이의 이동 수단으로 수소택시를 활용했다. 수소충전소가 부족하기 때문에 아무 데나 다니는 것보다는 정해진 구간을 왕복하는 것이 효율적이기 때문이다.

독일 카셰어링 업체인 비제로(Beezero)도 60대를 구매했다. 수소전기자동차의 가능성을 대중적으로 알리고자 한 비제로는 수소전기자동차를 활용해 40만 km를 달렸고, 6만 시간을 운행했으며,

4만kg의 이산화탄소 배출을 막았다. 2016년 사업을 시작한 비제로는 2018년 6월 문을 닫았다. 2년여의 짧은 사업 기간이었지만 비제로는 "차량 공유는 수소전기자동차의 가능성을 더 많은 사람에게 보여줄 수 있는 최선의 방법이었다고 생각한다"며 "경제성이 있다면 더 장기적으로 운영할 수 있었을 것"이라고 강조했다.

한국에서도 광주, 울산, 창원, 충남 도청에서 160대를 구매했다. 석유화학 단지가 근처에 있어 수소전기자동차를 운행할 수 있는 지자체들이었다.

투싼 수소전기자동차는 출시 이후 1000여 대 가까이 팔렸는데, 그중 상당수는 유럽 시장에서 판매됐다. 유럽 시장이 없었다면 세계 최초의 양산형 수소전기자동차라는 이름이 무색하게 판매에 어려움을 겪었을 것이다.

투싼 수소전기자동차는 유럽 시장이 수소 인프라를 구축하는 데 지대한 공헌을 했다. 에어리퀴드, 린데 등 유럽 최고의 가스 업체들은 다가오는 수소시대를 준비하기 위해 수소 생산과 충전 설비에 대한 투자를 지속적으로 해오고 있다. 그들의 고민은 수소 충전소를 만들어도 충전을 할 만한 수소전기자동차가 아예 없다는 것이었다. 연구용으로 쓸 수소전기자동차조차 없었다.

2008년 이전까지만 해도 글로벌 자동차 회사 대부분은 수소전기자동차를 개발했고, 선진국 반열에 오른 국가들은 모두 수소사회에 대한 로드맵을 만들어 에너지 전환을 시도했다. 하지만 수소 에너지 기술은 각국의 예상만큼 빠르게 개선되지 않았다. 또한 정권이 주기적으로 바뀌는 민주주의 국가에서 10년 이상 기간이 소요되는 중장기 계획을 추진하는 데는 한계가 있었다.

투싼 수소전기자동차는 세계 모두가 수소사회에 대한 기대감을 접었을 때 명맥을 이어가게 했다. 지구온난화 등 환경 문제가 좀 더 현실적으로 다가오기 시작하고 친환경 자동차의 필요성이 더 커졌을 때 수소전기자동차가 여전히 대안으로 남아 있을 수 있었던 것도 투싼 수소전기자동차 덕분이라고 할 수 있다.

2018년, 한국 수소전기자동차의
원년이 되다

●   2018년 3월 19일, 현대자동차의 차세대 수소전기자동차 넥쏘가 사전 예약 판매를 실시했다. 그해에 수소전기자동차에 할당된 보조금은 240여 대 규모였다. 최근 5년간 전 세계에서 판매된 투싼 수소전기자동차는 1000대가 채 안 된다. 그렇다면 과연 넥쏘는 몇 대나 팔릴까? 자동차 업계의 관심이 모였다.

    예약 시스템 개장 후, 1시간 만에 1년 동안 지급할 보조금 한도인 240여 대의 예약이 모두 끝났다. 그리고 하루 만에 733대의 사전 계약이 이뤄졌다. 서울에 배정된 보조금은 고작 3대였는데, 서울에서만 227대의 사전 계약이 이뤄졌다. 경쟁률은 76:1이었다. 전국에 일반인이 이용할 수 있는 수소충전소는 고작 9기에 불과한

데, 그런 불편함을 알면서도 700여 명이 몰려든 것이다.

2017년 8월 17일, 현대자동차는 차세대 수소전기자동차 넥쏘를 처음 공개했다. 넥쏘는 덴마크의 섬 이름이면서 고대 게르만어로는 '물의 정령'을 뜻한다. 라틴어와 스페인어로는 '결합'을 뜻하는데, 산소와 수소가 만나 물만 발생하는 궁극적인 친환경 자동차라는 의미를 담고 있다.

수소전기자동차의 핵심 기술인 연료전지 시스템의 효율과 성능, 내구성, 저장 등이 투싼 수소전기자동차에 비해 훨씬 개선됐다. 시스템 효율은 60%를 달성했고, 차량 출력은 120kW로 투싼 수소전기자동차보다 20% 개선됐다. 무엇보다 주행 거리가 길어졌다. 토요타 미라이는 1회 충전으로 502km를 달릴 수 있는데 넥쏘는 608km를 달릴 수 있다. 명실상부 세계에서 가장 긴 주행 거리를 가진 수소전기자동차다.

수소전기자동차의 약점으로 꼽히는 냉시동성도 개선됐다. 투싼 수소전기자동차는 영하 20℃에서까지 시동을 걸 수 있었는데, 넥쏘는 영하 30℃에서도 시동을 걸 수 있다. 러시아 모스크바에서도 운행할 수 있는 성능이다. 배터리전기자동차는 영하 10℃면 시동을 걸기 힘들어진다. 또한 영하 10~20℃에서 주행 거리는 약 60~80% 수준으로 감소해, 최대 383km를 달릴 수 있는 쉐보레 볼트EV의 경우 290km대로, 프리미엄 모델인 테슬라 모델S는 452km에서 369km로 주행 거리가 짧아진다. 그런데 넥쏘는 이런 영향을 받지 않는 것이다.

무엇보다 수소 연료전지의 약점 중 하나였던 내구성이 드디어 내연기관 수준을 따라잡았다. 이전 모델인 투싼 수소전기자동차의 내구성은 4년 8만km까지 보증했는데, 넥쏘는 10년 16만km를 보증한다. 이는 10년을 타면 연료전지 발전기를 못 쓰게 된다는 의미가 아니라 성능이 떨어지지 않을 시기를 10년 16만km로 보고 그때까지를 보증한다는 의미다.

4년을 보증한 투싼 수소전기자동차가 지금도 운행되고 있다. 이정도 내구성은 일반 내연기관자동차의 보증기간과 같다. 10년 전 수소전기자동차의 내구성이 1년에 불과했다는 점을 감안하면 엄청난 기술 진보다.

치세대 수소전기자동차
넥쏘의 탄생

넥쏘는 99% 국내 기술로 만들어졌다. 특히 수소전기자동차 원가의 40%를 차지하는 연료전지 발전기에서도 가장 큰 비용이 들어가는 금속분리판과 MEA의 원가를 독자 개발한 국내 기술로 현저하게 낮춰 수소전기자동차의 대중화 가능성을 보여줬다. 기체 확산층이라는 1개 부품만 외국 부품이 들어갔는데, 이마저도 한국의 JNTG라는 회사가 개발에 성공해 상용화했다. 현대자동차와 20년 가까이 함께 수소전기자동차를 만들어온 협력업체들이 있기에 한국은 수소전기자동차 부품을 A~Z까지 모두 만들 수 있는 기술을 갖추게 된 것이다.

쌘타페, 스포티지, 투싼, 모하비 등 기존 현대·기아자동차의 SUV 차량에 연료전지 시스템을 탑재해 만든 이전까지의 수소전기자동차와 달리 넥쏘는 수소전기자동차 전용 모델이다. 새로운 자동차 한 대를 디자인하고 설계하려면 엄청난 비용이 든다. 또한 전 세계적으로 그 차에 대한 인지도를 높이고 이미지를 구축하는 데도 돈이 든다. 그래서 새로운 차량을 만들기보다는 기존에 인지도가 높고 이미지가 좋은 차량을 개량해 만드는 것이 자동차 회사로서는 합리적인 선택이다. 특히 수십만 대 팔릴 가능성이 높지 않은 경우라면 더욱 그렇다.

차세대 수소전기자동차를 개발하기에 앞서 상품위원회가 열렸다. 차세대 수소전기자동차 플랫폼을 어떻게 할지를 논의하기 위해서다. 가장 우선적으로 투싼이 물망에 올랐다. 그동안 투싼은 두 차례에 걸쳐 수소전기자동차로 만들어졌고, 세계적인 인지도와 판매량을 기록하고 있는 베스트셀링 모델이다. 즉, 디자인과 인지도 등에 있어 검증된 플랫폼이다.

투싼을 강력하게 민 것은 재무경영 파트였다. 리스크를 줄이기 위해서였다. 5년 동안 1000대를 겨우 판매한 수소전기자동차의 후속 모델을 만드는데 새로운 전용 차량을 만드는 것은 너무나 무모한 일이었기에 그렇게 결론이 내려지는 듯했다. 그런데 그때, 당시 연구개발 본부장이었던 권문식 부회장이 입을 열었다.

수소전기차 시대가 온다

"여기 계신 분들이 수소 연료전지 기술에 얼마나 확신을 가지고 있는지 모르겠습니다. 우리는 전 세계에서 가장 뛰어난 수준에 올라와 있고, 이 분야에서 리더십을 가질 수 있습니다. 하이브리드 자동차라는 개념조차 없던 1997년, 토요타는 프리우스를 전용차로 내놨습니다. 우리도 프리우스 이상의 전용차로 가야 합니다."

재무파트와 연구개발 파트의 치열한 논쟁을 정리한 것은 정의선 부회장이었다. 그는 막대한 투자가 드는 전용 모델을 만들기로 최종 결정했다.

차량 개발이 끝나고도 논란은 계속됐다. 가격 때문이었다. 투싼 수소전기자동차를 고가에 출시했다가 이듬해 토요타 미라이가 절반 정도 가격으로 나오는 바람에 그에 맞춰 가격을 낮추느라 팔 때마다 고스란히 손해를 본 경험 때문에 더더욱 논란이 커졌다. 이번에도 손해를 보면서 팔 수는 없었다. 그렇다고 1억 원이 넘는 가격으로 책정했다가는 판매가 저조할 게 분명했다. 그러니 가격을 높이지 않으면서도 손해를 보지 않으려면 원가를 낮춰야 했다.

최종적으로 넥쏘는 7000만 원 내외에 출시됐다. 친환경 자동차 보조금을 받으면 3500만 원대다. 현대자동차 관계자는 "세계적인 수소전기자동차 경쟁사들이 가장 놀라는 부분이 바로 넥쏘의 원가"라고 말했다.

권문식 현대자동차 부회장 판매가를 더 낮추기 위해 원가를 반으로 낮추도록 했습니다. 허리띠를 졸라매지 않으면 일반인들에게 팔 수

◎ 차세대 수소전기자동차 넥쏘

가 없습니다. 물론 협력업체들의 반발이 심했습니다. 우리는 부품 납품 수량에 따라 원가가 어떻게 달라지는지 규모의 경제 시나리오를 통해 협력업체를 설득했습니다. 현대자동차도 최대한 많은 물량을 만들어 팔 테니 규모의 경제를 실현해 보자고 했습니다. 이번에야말로 내연기관에 버금가는 자동차를 만들어보자는 것이었습니다. 판매 목표도 3000대에서 1만 대로 높였습니다. 우리 내부에서도 팔아봐야 얼마나 팔겠냐고 폄하하는 사람이 아직도 있습니다. 하지만 예측 물량보다 훨씬 더 빨리 발전할 수 있는 시나리오를 구상하고 공급 라인을 설득하도록 했습니다.

넥쏘는 내연기관과 동등한 수준을 갖춘 최초의 수소전기자동차라고 할 수 있다. 일단 가격이 보조금을 감안하면 내연기관 SUV와 경쟁을 해볼 수 있는 수준이다. 수소전기자동차는 수소탱크를 탑재해야 하기 때문에 트렁크 크기가 작아질 수 있으나 넥쏘의 적

수소전기차 시대가 온다

재공간은 839*l*로 투싼(796*l*)보다 넓다. 한 번 충전으로 608*km*를 달릴 수 있는데, 내연기관자동차에 비해 다소 짧지만 서울에서 부산까지 주파할 수 있는 수준이다. 최고 속도는 시속 179*km/h*, 제로백은 9.5초로 르노삼성의 중형SUV QM6(9.4초)와 비슷한 수준이다. 최대 출력과 최대 토크는 각각 154*PS*, 40.1*kgf·m*로 투싼 1.6 디젤 모델(136PS, 32.627*kgf·m*)보다 높다.

그 외에도 다양한 기능이 포함됐다. 레벨2 수준의 자율주행 기능인 고속도로주행보조(HDA)와 최고급 차량에만 적용되는 후측방 모니터도 탑재됐다. 좌우 방향지시등을 켜면 사이드미러에 설치된 카메라가 좌우 후측방 상황을 계기판에 보여준다. 또 버튼 하나로 알아서 주차를 해주는 원격 스마트 주차보조도 들어갔다. 소비자에게는 연료가 휘발유인지 수소인지보다 디자인, 옵션, 성능 등 자동차 자체의 매력이 중요하다는 점을 감안하면 경쟁력이 충분한 것이다.

김세훈 현대자동차 연료전지 사업부장 상무 영국의 자동차 전문 매체 「카바이어」의 스티브 파울러 편집장이 넥쏘를 시승한 일이 있었습니다. 그에게 비공식적으로 수소전기자동차가 아니라 내연기관자동차였다면 가격을 얼마쯤 책정했을지 물었습니다. 그러자 5만 파운드(약 7380만 원) 정도를 이야기하더군요. 기분이 좋았습니다.

안전에 대해서는 특히 신중을 기했다. 수소는 공기보다 14배나 가볍기 때문에 빠르게 확산되고 공기 중에 쉽게 희석된다. 종합적인 위험도를 평가하면 가솔린 > LPG > 도시가스 > 수소 순으로 위험도가 낮다. 하지만 수소전기자동차는 과학적 원리와 무관하게 '수소폭탄'이라는 부정적인 이미지가 있다.

수소탱크의 안전성은 무엇보다 중요하다. 일진복합소재가 만든 수소탱크는 고강도 플라스틱 재질 외관에 철보다 10배 강한 탄소섬유를 특수한 패턴으로 감아 만들었다. 만약 탱크가 파열될 정도로 큰 충격을 받으면 탱크가 터지는 것이 아니라 타격 부위가 찢어져 수소가스가 새어나오도록 설계됐다. 또한 수소탱크는 총으로 쏘고, 용광로에 담그고, 수심 7000m에 빠뜨려보는 등 15개 인증 시험을 거쳤다. 에펠탑 무게인 7300톤도 견딜 수 있다. 교통사고가 발생해 탱크가 아니라 주입구가 충격을 받을 경우에 대비해 수소밸브 부위를 직접 타격하거나 후진으로 수소탱크 하부를 타격해 화재 안전성 시험도 거쳤다. 덕분에 깐깐하기로 소문난 유럽 신차 안전성 평가(NCAP)에서 최고 등급인 별 다섯 개를 획득했다.

넥쏘를 설명할 때 디자인도 빼놓을 수 없다. 전체 디자인은 효율을 높이기 위해 공기 역학에 맞춰 설계됐다. 달리는 자동차의 전면에 부딪히는 바람은 정면 범퍼의 에어커튼을 지나 바퀴의 공력 휠을 따라 후면으로 흘러가고, 측면에서 사이드미러를 통과한 바람은 D필러 에어터널을 통과해 흘러간다. 주행 중에 바람에 맞서지 않도록 전동식으로 적용된 문손잡이(도어핸들)도 인상적이다.

이희덕 넥쏘 동호회 서울경기지역장(수소전기자동차소비자협회장) 수소전기자동차를 보면서 현대자동차가 이상한 일을 한다고 생각했는데 막상 가서 직접 보니 제대로 만들었다는 생각이 들었습니다. 미세먼지 제거 효과도 그렇고 수소전기자동차가 궁극적인 친환경 자동차라는 생각을 하게 됐습니다. 처음에는 주변 사람들이 다 말렸습니다. 터지면 어떻게 하냐, 왜 앞장서서 모르모트(실험실 쥐)가 되려고 하냐, 비싸기만 하고 충전소도 없다고 하지 않냐……. 걱정이 대부분이었습니다. 하루는 아내에게 바람 쐬러 가자고 해서 고양 현대모터스튜디오에 갔습니다. 그리고 우연인 듯 넥쏘 앞으로 아내를 안내했습니다. 아내는 슬라이딩 도어핸들, 특이한 내부 인테리어 등을 마음에 들어 했습니다. 넥쏘를 살 수 있게 됐던 결정적인 순간이었습니다.

넥쏘 동호회에서는 '나는 왜 넥쏘를 선택했는가?'라는 설문을 진행했는데, 다양한 첨단 기능과 사양(23.1%)에 이어 아내의 허락(21.2%)이 2위였다. 다음으로는 전기자동차보다 편리(17.3%), 친환경성(15.4%), 얼리어답터(15.4%) 순으로 답변했다. 연료보다 중요한 것은 자동차 자체의 매력임이 다시 한 번 증명된 것이다.

넥쏘 동호회에는 '넥쏘가 없는 동호회원'이 상당수 있다. 이들은 일단 신청은 했지만 보조금 한도 때문에 구매를 못한 회원들이다. 수소전기자동차 보급을 위해 보조금 예산을 확대해달라는 청원도 이들을 위한 중요한 과제다.

🔵 수소전기자동차의 공기정화 효과

　　2018년 10월, 창원에서 국내 첫 수소 박람회를 할 때 넥쏘 동
호회 회원 20여 명은 자기 시간을 쪼개 휴가를 내고 창원으로 달
려와 수소자동차 퍼레이드 행사를 진행했다.

　　수소전기자동차는 '움직이는 공기청정기'로도 관심을 받았다.
전 세계적으로 친환경 자동차가 관심을 받는 이유는 이산화탄소
때문인데, 한국에서는 미세먼지를 제거한다는 특징이 오히려 더
많은 사람들의 관심을 끌었다. 피부에 와 닿지 않는 지구온난화보
다는 당장 괴로운 미세먼지 제거가 사람들에게, 특히 아이를 키우

는 부모들에게 더 확실히 다가온 것이다.

울산에 사는 세 아이의 엄마이자 넥쏘 동호회 회원인 박민정 씨는 "아이들 기관지가 좋지 않아서 미세먼지에 신경을 많이 쓰고 있다"며 "운전을 하면서 공기를 청정하게 만들고 있는 셈이니 조금이나마 환경에 도움이 된 것 같아 매우 뿌듯하다"고 말했다.

수소전기자동차는 산소를 확보하기 위해 공기를 빨아들이게 되는데, 그 과정에서 공기필터, 막가습기, 기체확산층을 거치면 미세먼지를 99.9% 제거한다. 넥쏘 한 대가 1시간 동안 운행돼도 성인 43명이 1시간 동안 마실 수 있는 공기를 정화한다. 만약 10만 대가 하루 평균 2시간만 주행한다 해도 서울 전체 인구의 86%가 한 시간 동안 호흡할 수 있는 공기를 정화하는 효과가 있다.

승용차보다 훨씬 더 장시간 운행하는 수소전기버스는 그 효과가 더 크다. 수소전기버스가 연간 8만6000km를 주행하면 성인 76명이 1년 동안 마시는 공기를 깨끗하게 만들 수 있다. 서울에서 운행되는 시내버스 6900여 대를 모두 수소전기버스로 대체를 하면 약 53만 명이 1년 동안 깨끗한 공기를 마실 수 있다.

수소전기자동차의 부수적 효과인 공기정화 기능이 의외로 수소전기자동차의 인지도를 높이는 데 큰 공헌을 하고 있다. 수소전기자동차가 대중화되려면 충전소 등 인프라 보급과 수소를 에너지로 활용하기 위한 제도 정비, 법 개정이 필수적이다. 정부 지원을 받으려면 국회의 동의를 받아야 하는데, 국회를 움직이는 힘은 여론이다. 에너지 전환과 기후 변화 방지를 위해 수소전기자동차를 보급해야 한다고 하면 국민적인 관심을 받지 못했을 것이다. 그러나 미세먼지 제거는 어린아이를 키우는 부모를 비롯해 많은 국민의 관심을 이끌어내는 효과가 있었다.

2018년 3월, 국회에서는 수소전기자동차와 관련한 토론회가 연이어 열렸다. 여야가 공통된 주제로, 공통된 방향성을 갖고 토론회를 연이어 개최한, 매우 드문 상황이었다. 미세먼지 제거에는 여야가 없다.

2018년 10월 '국회수소경제포럼'이 출범했다. 이 포럼에는 국회의원이 무려 33명이나 참석했다. 여야가 한목소리로 필요성을 언급하다 보니 갈등이 일상인 예산 정국에도 수소전기자동차 예산은 무사 통과였다. 사회적 화두인 일자리 예산, 남북협력사업 예산 등도 줄줄이 보류되는데 수소 예산은 정부가 올린 원안이 유지되는 정도가 아니라 오히려 늘어났다.

국회는 2019년 수소전기자동차 보급을 위한 보조금 예산을 2018년 746대에서 2019년 4000대로 대폭 확대했고, 정부 역시 향후 보급 목표를 대폭 상향했다. 지난 10년 동안 침몰해 있던 수소는 차세대 수소전기자동차 넥쏘의 등장과 함께 다시 수면 위로 올라온 것이다.

우리의 차세대 핵심 역량
기술을 향해

2018년 6월, 현대자동차그룹은 아우디와 수소전기자동차 동맹을 결성하기로 했다. 글로벌 수소전기자동차 시장의 저변을 확대하고 기술경쟁력을 높이기 위한 결정이었다.

아우디는 폭스바겐그룹 내에서 수소전기자동차 관련 연구 개발을 총괄하고 있기 때문에 현대자동차그룹과 아우디의 협약은 곧 폭스바겐그룹 모든 브랜드에 효력을 미친다. 정의선 현대자동차 수석부회장은 "아우디와의 파트너십은 글로벌 수소전기자동차 시장의 활성화는 물론 수소 연관 산업 발전을 통한 혁신적 산업 생태계 조성에 새로운 전환점이 될 것으로 기대한다"고 했다. 한편, 피터 메르텐스 아우디 기술개발 총괄은 "수소전기자동차는 전동화

기반의 차량 중 가장 진화된 형태로, 현대자동차그룹과 같은 강력한 파트너와의 협업은 수소전기자동차 분야의 기술 혁신을 위한 현명한 방법"이라고 밝혔다.

아우디 역시 10여 년간 수소 연료전지 개발을 위해 노력해왔다. 첫 번째 시험 차량은 2004년 출시된 소형차 아우디 A2H2였고, 2008년에는 아우디 Q5 HFC를 선보였다. 2014년에 발표된 '아우디 A7 스포트백 h-트론 콰트로'부터는 모델명에 'h-트론'이라는 명칭을 사용했다. '아우디 h-트론 콰트로 콘셉트'는 2016년 디트로이트 모터쇼를 통해 공개됐다.

아우디는 현대자동차와의 동맹을 통해 2020년 수소전기자동차를 상용화할 계획이다. 동맹의 구체적인 내용은 특허와 주요 부품의 공유다. 아우디는 특허를, 현대자동차는 수소전기자동차용 핵심 부품을 제공하는 것이다.

사실 현대자동차는 20여 년의 연구개발 기간 동안 모든 수소전기자동차 핵심 부품을 국산화했기 때문에 아우디로부터 전수받을 핵심 기술이 별로 없다. 더구나 아우디의 특허는 직접 개발한 특허도 아니다.

아우디는 2015년 캐나다의 연료전지 전문 기업 발라드로부터 연료전지 관련 특허를 인수했다. 앞에서도 말했듯이 현대자동차는 1999년 수소전기자동차를 개발하기 위해 수송용 연료전지를 만들 수 있는 회사를 수소문했는데, 발라드는 당시 수송용 연료전지를 만들 수 있는 유일한 회사였다. 하지만 발라드는 이미 다임러, 포드와 함께 수소전기자동차 개발 프로젝트를 진행하고 있었기에 현대자동차는 결국 다른 곳을 찾다가 IFC로부터 연료전지를 공급받게 됐다. 이후 함께 수소전기자동차를 개발하던 현대자동차와 IFC는 결국 각자의 길을 가기로 했고, 현대자동차는 자체 개발의 길을 걷기로 한다. 그렇게 현대자동차의 연료전지자동차 연구 개발이 시작되었다.

IFC의 모회사인 UTC파워는 현대자동차와 결별한 이후 원래 주력 사업이었던 발전용, 빌딩용 등 고정형 연료전지에 집중했다. 그리고 2014년, UTC파워는 800여 건의 연료전지 특허를 발라드에 팔았다. 그 특허를 인수한 발라드는 2015년 자기가 가진 연료전지 특허와 함께 1000여 건을 아우디에 팔았다. 그러니까 아우디가 현대자동차에 공유해주기로 한 특허는 현대자동차 연료전지의 기초가 됐던 바로 그 특허다.

현대자동차 연료전지 기술의 토대가 되었고, 2005년 현대자동차가 살까 말까 고민하다가 포기했던 특허가 캐나다의 발라드, 독일의 아우디를 거쳐 13년 만에 현대자동차에게로 되돌아왔으니 참 기묘한 인연이다.

구조만 보면 이 동맹은 현대자동차가 조금 밑지는 장사를 하는 것처럼 보인다. UTC파워의 특허는 이미 아주 오래된 기술이고, 현대자동차는 이미 자체 수소전기자동차 기술을 개발했으니 말이다. 반면 아우디는 현대자동차가 가진 세계 최고 수준의 수소전기자동차 부품 기술을 제공받게 됐다.

그렇다면 현대자동차는 왜 이런 밑지는 장사를 했을까?

UTC파워는 1950년대부터 연료전지를 연구했기 때문에 기초가 되는 원천특허가 많다. 기초가 되는 특허이기 때문에 굳이 이를 이용해 새로운 기술을 개발하는 데는 별다른 도움이 되지 않는다. 이를 다르게 보자면, 워낙 기초적인 특허가 많아 현대자동차 입장에서는 의도치 않게 침해를 할 소지가 있는 것이다. 예를 들어 냉장고에 콘덴서가 들어가는 것은 너무도 당연하다. 그런데 너무나 당연하기 때문에 특허권이 만료되지 않은 특허의 경우 침해의 소지가 있다. 그러니 이런 기본적인 특허를 공유하고 있으면 특허 침해를 걱정하지 않고 마음껏 개발할 수 있다.

현대자동차가 밑지는 것 같은 협약을 맺은 두 번째 이유는 수소전기자동차 부품의 기술 표준 때문이다. 아우디는 세계에서 가장 많은 자동차를 판매하고 있는 아우디폭스바겐그룹의 일원이다. 아우디가 현대자동차의 수소전기자동차 부품 기술을 채택할 경우 한국에서 개발한 수소전기자동차 부품이 아우디는 물론 폭스바겐이 향후 개발하게 될 수소전기자동차에 탑재될 여지가 생긴다.

독일 자동차 회사들만큼이나 디젤 엔진 핵심 기술을 가지고 있는 자동차 부품회사 보쉬는 디젤 엔진의 전성기에 막대한 수익을 올렸다. 그러니 수소전기자동차의 시대가 오고 현대자동차의 수소전기자동차 부품이 기술 표준이 된다면 현대자동차, 그리고 그들과 함께 수소전기자동차 부품을 개발해온 협력업체들이 제2의, 제3의 보쉬가 될 수도 있는 것이다.

김세훈 현대자동차 연료전지사업부 상무 우리가 부품 공유를 안 하면 아우디는 결국 자체적으로 부품을 만들 겁니다. 시간문제일 뿐이죠. 우리 부품이 기술 표준이 될 수 있다면 그들이 자동차를 만들 때 우리나라 부품업체들의 제품을 구매해서 쓰게 될지도 모릅니다. 물론 반드시 그 부품을 사용하리라는 보장은 없지만, 유럽의 부품 업체들이 만든 부품과 한국 업체들이 만든 부품을 비교해 더 뛰어난 쪽을 채택할 것입니다. 그리고 우리 업체들은 십여 년간 연구해왔으니 지금 경쟁력이 있습니다.

10여 년의 공백을 거쳐 전 세계 자동차 업체들은 다시 수소전기자동차에 관심을 갖기 시작하고 있다. 개발 비용을 줄이고 규모의 경제를 달성하기 위해 기술 및 특허 공유, 공동 투자 등 제휴를 활발하게 진행하고 있다. BMW는 약 5000억 원에 달하는 기술 사용료를 주고 토요타와 기술 제휴를 맺었다. 다임러와 포드는 개발비 절감을 위해 부품을 함께 사용하기로 했다가 지금은 이별을 했다. GM과 혼다는 차세대 기술 개발 및 수소 인프라 구축을 함께하기 위해 연료전지 시스템 전문 회사 FSCM을 설립했다.

먼 미래에도 일어나지 않을 일이라던 수소로의 에너지 전환에 대해 발 빠른 기업들은 이미 움직이고 있다.

2017년 1월 스위스 다보스포럼에서 '수소위원회'가 출범했다. 13개 에너지, 자동차, 중공업 기업들이 에너지 전환을 촉진하기 위해 수소위원회에 참여했다. 가스 회사인 에어리퀴드와 린데, 자동차 회사인 현대자동차와 토요타, 혼다, 다임러, BMW, 중공업 회사인 가와사키, 정유회사인 로얄더치셸 등이 주요 멤버로, 에어리퀴드와 토요타가 의장을 맡았다.

수소위원회 출범 후 1년도 지나지 않아 회원사는 53개로 확대됐다. 그중에는 디젤의 상징인 독일의 보쉬, 중국에서 가장 큰 석유화학 기업인 시노펙, 중국 내연기관의 최강자인 웨이차이, SUV 1위 업체인 창청(GREAT WALL)자동차, 항공기 회사 에어버스도 포함됐다. 수소와 가장 거리가 멀어 보이는 업체들도 발 빠르게 시류를 읽고 수소 진영에 합류하고 있는 것이다.

2017년 11월, 수소위원회는 2차 회의를 열었다. 독일에서 열린 2차 수소위원회 총회에서 현대자동차는 수소위원회 회장사로 선임됐다. 이때 양웅철 현대자동차 부회장은 아직 공식 출시되지 않은 차세대 수소전기자동차를 타고 행사장에 등장해 참석자들의 주목을 받았다. 차세대 수소전기자동차의 실제 주행 모습이 공개된 것은 이때가 처음이다.

2차 수소위원회에서는 글로벌 컨설팅 업체 맥킨지가 분석한 '수소경제 사회 구현을 위한 로드맵'이 발표됐다. 맥킨지는 2050년 수소와 관련된 산업 분야에서 연간 2조5000억 달러의 시장 가치가 창출되고 3000만 개 이상의 일자리가 생길 것으로 분석했다.

수소는 2050년 전체 에너지 수요량의 18%를 담당할 것이며, 이로 인해 이산화탄소는 매년 60억 톤 가량 감축될 것으로 예측했다. 이산화탄소 60억 톤은 한국이 2018년 한 해 동안 배출한 이산화탄소 배출량보다 10배 이상 많은 규모로, 30년생 소나무 9090억 그루가 1년에 걸쳐 흡수할 수 있는 양이다. 또한 맥킨지는 수소를 이용한 승용차 4억 대, 트럭 200만 대, 버스 500만 대가 도로를 달릴 것이며, 전체 차량의 20~25%를 차지할 것으로 내다봤다.

빠르게 성장하는
중국의 친환경 자동차 시장

전기자동차에 올인한 듯 보이는 중국 기업들도 속속 수소 진영에 합류하고 있다. 중국 공업정보화부는 2016년 10월 '13차 5개년 계획'을 발표하면서 수소전기자동차 로드맵을 밝혔다. 2030년까지 수소전기자동차 100만 대, 수소충전소 1000개를 보급한다는 것이 골자다.

중국 정부는 전기자동차 보조금은 계속 줄이고 있지만, 수소전기자동차에 지급하는 보조금은 그대로 유지하기로 했다. 현재 수소전기자동차 보조금은 20만 위안(약 3400만 원), 지방정부의 보조금을 더하면 최대 50만 위안(약 8500만 원)에 달한다. 내연기관을 건너

뛰고 배터리전기자동차에 집중하고 있는 중국은 세계에서 가장 많은 배터리전기자동차가 운행되고 있는 국가이기도 하다.

중국이 수소전기자동차에 집중하는 이유는 단거리와 중소형 차량에 유리한 배터리전기자동차는 충분히 보급됐다는 판단에서다. 자동차가 모두 친환경으로 바뀌기 위해서는 중소형, 단거리뿐 아니라 버스, 트럭 같은 대형, 장거리 자동차도 필요하다. 배터리전기자동차를 충분히 많이 보급해본 중국 정부는 배터리전기자동차의 한계를 너무나 잘 알기에 더더욱 수소전기자동차에 집중하고 있는 것이다.

중국 국가정보센터 쉬창밍 부주임은 "중국은 이미 세계 최대 신에너지자동차 시장이고, 향후로도 시장은 급속하게 확대될 것이며, 현대자동차로서는 기회와 도전이 될 것"이라고 말했다.

중국 전기자동차의 아버지라 불리는 완강 중국 과학기술부 장관은 현대자동차 수소전기자동차의 팬이다. 베이징 조어대 댜오위타이에서 열린 '중국 전기자동차 100인회' 연례 포럼에 참석해 넥쏘를 시승한 뒤 "놀랍고 대단하다. 지금까지 시운전해본 수소전기자동차 중 가장 뛰어나다"라며 만족감을 드러냈다. 완강 장관은 보기 드문 비공산당원 장관급 인사로, 아우디 재직 시절 중국 국무원에 신에너지 승용차 개발을 건의할 만큼 신재생에너지자동차 전문가로 알려져 있다.

중국 사람들은 정부를 믿는다. 정부가 특정 사업을 밀어준다고 하면 잘될 거라고 믿는 것이다. 좋게 말하면 정부에 대한 신뢰지만,

나쁘게 말하면 눈 먼 돈에 흔들리는 것뿐이다. 전기자동차에 보조금을 지원했을 때 200여 개의 전기자동차 회사가 만들어졌다. 그러다가 보조금을 끊자 수많은 전기자동차 회사가 도산했다. 업계 사람들은 전기자동차 회사들이 실제 도산을 한 것인지 보조금이 끊기자 보조금만 바라보던 사람들이 다른 업종으로 전환한 것인지 알 길이 없다고도 한다.

어쨌든 중국 정부는 배터리전기자동차에 대한 지원을 줄이고 수소전기자동차에 대한 보조를 늘리는 쪽으로 방향을 잡았다. 돈 냄새를 잘 맡는 사람들이 두고 볼 리가 없다. 연료전지 업계 관계자는 "최근에 중국에서 수소 연료전지 회사가 하루에 하나씩 생긴다는 말까지 나올 정도로 붐이 일고 있다"며 "보조금을 타내기 위해 배터리전기자동차를 접고 수소전기자동차를 시작하는 업체들이 많은 것 같다"고 했다. 목적이 무엇이든 시장 참여자가 많아지면 발전 속도는 매우 빠르게 나타날 것으로 보인다.

중국은 이미 3년 전부터 친환경 자동차 시장 세계 1위를 기록하고 있다. 전 세계에 보급된 배터리전기자동차 340만 대 중 절반은 중국에 있다. 수소전기자동차를 양산할 수 있는 기술을 가진 국가는 일본과 한국뿐이지만, 업계의 판도는 중국에서 결정될 가능성이 높다.

수소를 대하는 중국의 속도는 멀미가 날 정도다. 세계에서 가장 먼저, 그리고 가장 오래 연료전지를 연구한 회사는 캐나다의 발라드인데, 2018년 8월 중국 내연기관 부품 업체인 웨이차이는 1억

7500만 달러(약 2000억 원)를 들여 발라드의 지분 19.9%를 인수했다. 웨이차이와 발라드는 중국에 합작 회사를 만들어 중국의 버스, 상업용 트럭, 지게차 등에 탑재될 연료전지 시스템을 개발하기로 했다. 중국의 또 다른 기업인 대양전기도 발라드 지분 9.9%를 인수했으니 발라드는 반쯤 중국 회사로 봐도 무방할 것이다.

발라드는 중국 광저우에 진출해 '광저우 발라드 시스템'이라는 중국 회사를 만들었고, 합작회사인 '광동 시너지 발라드 수소전력기술'이라는 유한회사도 설립했다. 웨이차이는 2021년까지 최소 2000개 이상의 연료전지 모듈을 만들어 공급하기로 했다. 이제 언제 중국 로컬업체가 수소전기자동차를 만들어 양산한다 해도 이상할 게 없다. 중국의 한 전문가는 "정부의 대규모 지원으로 인해 수소 연료전지 시장은 1000년에 한 번 올까 말까 하는 기회를 맞았다"고 말했다.

현대자동차가 아우디와 수소전기자동차 동맹을 맺은 또 하나의 이유가 중국 시장이다. 중국 자동차 시장에서 가장 많은 자동차를 판매하는 업체는 폭스바겐의 합작사 상하이폭스바겐이다. 상하이폭스바겐은 연간 200만 대가 넘는 자동차를 중국 시장에서 판매한다. 현대자동차의 부품을 탑재한 폭스바겐의 수소전기자동차가 중국에 팔린다면, 현대자동차와 현대자동차의 협력업체는 많은 부품을 팔 수 있게 된다.

또 부품업체들의 생산량이 늘어나면 규모의 경제 효과로 부품 원가가 절감되고 개발 비용도 낮출 수 있다. 내연기관 시대에 보쉬나 컨티넨털 같은 세계적인 부품 회사들이 누리던 효과를 한국 부품 업체들도 누릴 수 있게 될지도 모르는 것이다. 이미 현대자동차와 10년 넘게 수소전기자동차 부품을 만들어온 협력업체들은 독일과 중국 등 자동차 시장을 주도하는 업체들로부터 러브콜을 받고 있다.

수소 산업 발전의 최고 후원자를 자처한 사람은 문재인 대통령이다. 문재인 대통령은 평창 올림픽을 앞두고 2018년 2월 처음 수소전기자동차에 탑승한 이후 지속적으로 수소 산업에 대한 애정을 드러냈다. 10월에는 마크롱 프랑스 대통령과의 정상회담을 위해 방문한 프랑스에서 수소전기자동차에 탑승하며 전 세계에 한국의 수소전기자동차를 알렸다.

2019년 1월 문재인 대통령은 울산에서 열린 수소경제 행사에 참석했고, 동시에 정부는 '수소경제 활성화 로드맵'을 발표했다. 2005년 참여정부에서 로드맵을 발표한 이후 14년 만이다.

정부는 "세계적으로 초기 단계, 누구도 가보지 않은 새로운 길을 선점하는 것이 중요하다"며 수소경제 로드맵을 발표했다. 로드맵에는 수소전기자동차를 2018년 1800대에서 2022년 8만1000

대(수출 포함) 2040년 620만 대를 보급하겠다는 내용이 담겼다.

발전용 연료전지는 307MW에서 2040년 15GW로, 수소 공급은 2018년 13만 톤에서 2040년 526만 톤 이상으로 끌어올리겠다고 설명했다. 가장 중요한 수소 가격은 2040년까지 kg당 3000원까지 인하하도록 유도할 계획이다.

문재인 대통령　우리는 수소 활용 분야에서 이미 세계적인 기술력을 확보하고 있습니다. 핵심 부품의 99%를 국산화해 세계 최초로 수소전기자동차 양산에 성공했고, 이 수소전기자동차는 한 번 충전으로 세계에서 제일 먼 거리인 600km를 달립니다.

세계적으로 수소경제가 시작되는 지금, 우리 수소전기자동차의 세계 시장 점유율이 50%에 달합니다. 수소경제의 또 다른 축인 연료

❖ 수소전기자동차 기술에 대해 설명을 듣는 문재인 대통령

전지 분야도 앞서가고 있습니다. 전국적인 천연가스 배관 역시 우리의 강점입니다. 지금까지 누적 1조 원 수준인 수소경제 효과는 2022년 16조 원, 2030년 25조 원으로 규모가 커지고 고용유발 인원은 현재 1만 명 수준에서 2022년 10만 명, 2030년 20만 명으로 늘어날 것입니다.

정부가 '수소경제 활성화 로드맵'을 발표하자 10년 전과 똑같은 이유로 비판의 목소리가 나왔다. 보조금을 지급해 수소전기자동차를 보급하는 것은 예산 낭비이며, 정부가 혁신 성장에 안달이나 오판을 하고 있다는 것이다.

그러나 지금은 10년 전과 기술적으로나 환경적으로 많이 달라졌다. 날로 강화되고 있는 환경 규제는 더 이상 내연기관자동차의 입지를 남겨두지 않았고, 수소와 연료전지 기술은 비교할 수 없을 정도로 개선됐다.

	2018년	2022년	2040년
수소전기자동차	1800대	8만1000 대	620만 대
수소충전소	14개	310개소	1200개소
발전용 연료전지	307MW	1.5GW	15GW
수소공급	13만 톤	47만 톤	526만 톤
수소가격		6000원/kg	3000원/kg

우리 정부의 로드맵과 현대자동차의 수소전기자동차 비전은 실현될 수 있을까? 전 세계 대부분 자동차 회사들이 막대한 투자를 하고 있는 배터리전기자동차와 토요타, 현대자동차, 혼다만 하고 있는 수소전기자동차 중 누가 승자가 될까? 수소전기자동차는 미래 자동차의 대안이 될 수 있을까? 수소가 미래 에너지가 될 수 있을까?

모든 산업의 패러다임이 전환되는 요즘 "미래는 전망하는 것이 아니라 만들어가는 것"이라는 말을 많이 듣는다. 수소전기자동차가 대안이 될 수 있는지는 결국 수소전기자동차가 사람들을 만족시킬 수 있는 가격과 성능, 경쟁력을 확보할 수 있는지에 달려 있다. 전망하고 비판하는 사람이 아니라 실제 수소전기자동차를 만들고 시장을 선도하는 사람들의 손에 달려 있다는 것이다. 왜 혼자 뛰느냐고 비판하다가 향후 업체들이 수소전기자동차를 출시하고 나면 그제야 왜 더 빨리 뛰지 못했냐고 비판하는 풍경은 다시 보고 싶지 않다.

최준영 법무법인 율촌 전문위원 만약에 미국의 애플사, 아니 잘 알려지지 않은 스타트업이라도 '미래의 자동차는 수소전기자동차!'라면서 몇 번 시험운행하고 했다면 우리나라 모든 언론과 학계 등등에서 '미래는 수소전기자동차인데 한가하게 배터리전기자동차 같은 것이나 만지작거리고 있다'고 질타할 풍경이 눈에 선하다.

현대자동차가 하고 있기 때문에 과도한, 듣지 않아도 될 수준의 비판과 욕을 먹고 있다고 본다. 그렇다고 현대자동차가 배터리전기자동차를 소홀히했거나 남들보다 못한 것도 아니다. 한정된 자원을 가장 효율적으로 분산해 휘발유, 경유, 배터리에서 남들 하는 만큼 하고 수소전기자동차를 통해 튀어나가는 모습을 보이고 있다는 게 대단하다고 생각하는 내가 이상한 것일까? (페이스북 발췌)

한국의 수소전기자동차는 현대자동차의 단독 작품이 아니다. 1993년 G7 프로젝트에서 씨앗을 뿌리고 2004년 수소경제 로드맵을 통해 물을 주고 현대자동차가 이끌고 100여 개의 중소·중견 협력업체들이 부품을 개발해 만들어낸, 세계가 인정한 대한민국의 작품이다.

수소경제 사회는 개별 기업이나 국가가 실현하는 것도 불가능하다. 대규모 민관 합동 프로젝트는 물론 국가 간 협업도 필수다. 잘될까 의심하고 비판하는 것이 아니라 잘되도록 최선을 다하는 것이 이 시대를 살아가는 우리의 몫이다. 더 깨끗하고 더 풍요로운 미래를 아이들에게 물려주는 것은 아이들에 대한 우리의 의무다.

우리 아이들이 더 좋은
지구에 살게 하려면

#1.

기자: 아빠가 공기로 가는 자동차를 태워줄게.

재희: 공기로 가는 자동차가 있어?

기자: 응, 있어. 돌아다니면서 미세먼지도 없애준대.

재희: 자동차가 미세먼지도 없애? 그럼 어린이집에서 야외활동 많이 할 수 있겠네?

수소전기자동차 넥쏘 시승 기사를 쓰기 위해 차를 빌려 왔습니다. 집에 와서 딸 재희와 아들 준희를 태우고 동네 한 바퀴를 돌았습니다. 공기로 가는 자동차를 태워주겠다고 약속했거든요. 그렇게 동네 한 바퀴를 돌고 아이들과 함께 기념 사진을 찍었습니다.

다섯 살 재희와 두 살배기 준희가 어른이 됐을 때 자동차는 어떻게 변해 있을까요? 수소전기자동차는 길에서 흔히 볼 수 있는 자동차가 되어 있을까요? 아니면 역사 속에만 남아 있는 '양치기 소년'으로 전락해 있을까요? 아무도 자동차를 소유하지 않는 자율주행 공유 모빌리티 시대가 와 있을까요? 우버의 주장처럼 비행기 택시가 대세가 될까요? 일론 머스크가 언급한 대로 지하의 진공관을 시속 1200km로 달리는 '하이퍼루프'가 대중화되어 있을까요? 아니면 아예 순간이동을 하게 될까요? 궁금하지만 당장은 답을 알 수 없는 질문들입니다.

#2.

2018년 10월, 인천에서는 기후변화에 관한 정부 간 협의체(IPCC) 제48차 총회가 열렸습니다. 저는 이 총회를 '인천선언'이라고 명명하고 싶습니다. 도쿄의정서, 리우협약처럼 말이죠.

이 총회에서 「지구온난화 1.5℃ 특별보고서」가 채택됐습니다. 이 보고서는 지구의 온도 상승폭을 2℃로 억제하기로 한 기존 합의보다 한 발 더 나아갔습니다. 1℃와 2℃ 차이가 뭐 그리 대수냐고 생각할 수도 있지만, 기온 상승폭을 1.5℃ 이내로 억제하는 것은 매우 어려운 과제입니다. 2030년까지 이산화탄소 배출량을 2010년 대비 절반으로 감축해야 하고, 2050년까지는 이산화탄소 배출을 제로로 만들어야 가능한 일이니까요.

이를 위해서는 에너지를 적게, 더 효율적으로 써야 하고, 화석연료에서 재생에너지로 전력 생산을 전환해야 하며, 공기 중 이산화탄소를 회수해 저장하는 기술을 개발해야 하는 등 할 일이 무척 많습니다. IPCC 보고서는 이 같은 계획을 실현하기 위해 2조4000억 달러, 원화로 약 2500조 원 이상의 투자가 이뤄져야 할 것이라고 추정했습니다. 과연 이 같은 계획이 현실화 될 수 있을까요? IPCC는 현재 인류는 지구의 온도 상승을 1.5℃로 억제할 수 있는 기술과 시간을 충분히 갖추고 있다고, 다만 의지를 가지고 하느냐의 문제라고 주장합니다.

우리 아이들이 살아갈 미래는 어떤 모습일까요? 지구에 부담을 주지 않는 친환경 에너지 기술이 발전해 보편화된 깨끗한 미래를 상상할 수 있습니다. 반대로 기후 변화가 심화돼 폭염과 한파, 태풍이 일상적으로 나타나는 무서운 시대를 상상할 수도 있습니다. 중요한 것은, 미래는 찾아오는 것이 아니라 만들어가는 것이라는 점입니다. 지금까지처럼 오염 물질을 내뿜으면서 산다면 우리 아이들은 어른들이 만들어놓은 위험한 지구에서 살아가야 합니다. 반면 친환경 에너지 사회를 만들기 위해 하루하루 노력한다면 언젠가는 아이들이 깨끗한 지구에서 살아갈 날이 올 테지요.

저는 그 과정이 매우 지난하고 혼란스럽게 진행될 거라고 생각합니다. 지금은 정부가 인센티브를 주는 방식으로 친환경 정책을 추진하고 있지만, 어느 정도 수준을 넘어서게 되면 그것만으로는 감당할 수 없게 됩니다. 그럼 사람들을 불편하게 하는 정책으로 전환할 수밖에 없겠지요.

　　　　　　　　　　　　　　　　　　수소전기차 시대가 온다

얼마 전, 서울시가 '5등급 이하 자동차의 시내 주행을 제한한다'고 발표했습니다. 사람들은 미세먼지의 주범인 중국에는 한마디도 못하면서 서민들을 괴롭힌다고 비판했습니다. 환경을 깨끗하게 해야 한다는 주장에는 누구나 동의하지만 환경을 깨끗하게 하기 위해 바로 당신이 희생해야 한다는 주장에는 누구나 반발하는 것입니다.

> "소가 트림을 하면 이산화탄소의 20배에 달하는, 강력한 온실가스 효과가 있는 메탄가스가 배출된다. 소나 양과 같이 되새김질을 하는 초식동물 때문에 생기는 메탄가스의 양이 엄청나다. 그러니 지구온난화 방지를 위해 채식을 해야 한다. 또한 사람이 스트레스를 받으면 불완전하게 소화되고, 배에 가스가 차면 온실가스를 배출하는 방귀가 나온다. 지구온난화를 방지하려면 스트레스를 줄이기 위해 참선을 해야 한다."
> -김재민 영국 에너지시스템 연구소 박사의 농담

인류의 미래를 위해 친환경적인 변화는 필수지만, 이를 강제하기는 쉽지 않습니다. 사람들을 덜 불편하게 하면서 지구 환경을 지킬 수 있는 기술이 반드시 필요한 이유입니다.

#3.
"권 기자, 세계 최고 수준이 되었다는 느낌이 어떤 건지 알아요? 어떤 사람을 만나서 이야기를 들어봐도 전혀 생각하지 못했던 새로운 이야기가 없다는 느낌, 앞으로 가야 할 길은 누구와도 상의할 수 없다는 느낌……. 그런 느낌이에요. 어느 순간부터 그런 느낌이 드는데, 두려우면서도 설레네요."

-김세훈 현대차 연료전지사업부장 상무

한국 정부가 수소전기자동차를 선택한 데는 여러 이유가 있겠지만, 그중 딱 한 가지만 꼽으라면 한국을 대표하는 자동차 회사인 현대자동차가 수소전기자동차를 개발하고 있기 때문입니다. 만약 그렇지 않았다면, 설사 다른 나라의 수소 기술이 엄청난 수준에 도달해 있다 하더라도 한국 정부가 정책적으로 추진하지는 않았을 것입니다. 산업은 마치 담론처럼 멀게 느껴지지만 결국 실제로 이를 수행하는 '사람'이 중요합니다. 그들이 걸어온 길에 더해 산업이 형성되고 일자리가 만들어지는 법입니다.

"세계 최고 기업의 동등 성능 수준까지 맞출 수 있는 소재를 개발했습니다. 이를 단위 셀에 넣어보니 잘 작동했어요. 그런데 하프 스택에 넣어보니 안 되고, 다시 해서 풀 스택에 넣어보니 또 안 되고…… 이번에는 수소전기자동차에 넣어봤는데 또 안 되고…… 거기다 추운 곳에서도 또 안 되는 거예요. 내가 왜 이걸 개발하겠다고 했을까, 그런 후회를 10년 동안 수백 번도 더 했습니다."

수소전기차 시대가 온다

수소전기자동차의 핵심 부품인 기체확산층을 10년 넘게 연구해온 국산 화학 JNTG 이은숙 에너지연구소장의 말입니다. 이처럼 힘들고 지난한 과정을 묵묵히 이겨낸 사람들이 있기에 한국이 수소전기자동차 분야에서 앞서가고 있는 것입니다.

수소전기자동차는 환경적인 측면에서도 중요하지만 산업적인 측면에서도 매우 중요합니다. 배터리전기자동차 부품은 1만9000개인 데 반해 수소전기자동차 부품은 2만4000개입니다. 더 많은 부품이 필요하니 더 많은 일자리가 생겨날 것입니다.

한국 기업들이 앞으로도 많은 사람들에게 양질의 일자리를 공급하려면 앞서가는 산업에서 경쟁력을 가져야 합니다. 수소전기자동차를 만드는 과정이 너무도 힘겨웠기에, 그만큼 저는 한국의 수소전기자동차가 경쟁력이 있다고 생각합니다. 후발주자들이 따라오려면 그들이 걸어온 지난한 길을 거쳐야 하기 때문이죠.

#4.

"수소전기자동차가 대세가 될까요?"

많은 분들이 묻습니다. 아래는 제가 주로 하는 답변입니다.

"한국 사람들은 2300만 대의 자동차를 가지고 있어요. 올해 판매될 수소전기자동차는 4000대입니다. 매년 그렇게 팔아서 국내 자동차를 모두 수소전기자동차로 바꾸려면 5750년이 걸립니다. 한국에서 1년에 팔리는 자동차는 150만 대예요. 올해부터 모든 사람이 수소전기자동차만 산다고 해도 다 바꾸려면 15년이 걸리고, 절반이 산다면 30년이 걸립니다. 아무리 빨라도 그렇게 빨리 변하진 않을 거예요. 해외 시장 동향도 중요하고, 변수가 너무나 많아요. 우리는 최선을 다하고 그 이후는 변화에 대응하는 방향으로 가게 될 거예요. 뻔히 될 만한 일이었다면 이미 누구나 했겠지요. 쉽지 않겠다 싶으니 도전하는 것이고, 성공할 가능성도 생기는 겁니다. 어느 순간부터 이후의 전망은 의미가 없습니다. 만드는 사람이 중요한 거고, 만들어가는 환경이 중요한 거지요. '될까?'라는 의심을 할 게 아니라 '되게 하려면 어떻게 해야 하지?'를 고민하는 게 생산적이라고 봅니다."

저는 우리 아이들이 어른이 되었을 때 수소전기자동차가 대중화되어 있지 않더라도 크게 비관적이지 않을 것 같습니다. 수소전기자동차가 대중화되지 않았다는 것은 그보다 더 깨끗하고, 더 편리하고, 더 효율적인 운송 수단이 보편화되어 있다는 의미일 테니까요.

해보고 실패하는 것이 해보지 않고 아무 일도 일어나지 않는 것보다 낫지 않을까요? 그래서 저는 직접 그 시장에 뛰어들지는 못하지만 그런 산업에 힘을 보태고자 내가 할 수 있는 일을 찾아 이렇게 글을 쓰고 방송을 하고 있습니다.

끝으로, 수소전기자동차 취재에 도움을 주신 많은 분들께 감사드립니다.

현대자동차 개발사(開發史)를 쓰는 데 도움을 주신 이충구 회장님, 권문식 부회장님, 김세훈 상무님, 이영규 전무님. 수소 연료전지 분야 취재에 도움을 주신 홍성안 교수님, 박진남 교수님, 김준범 교수님, 구영모 팀장님, 나일채 대표님, 이영돈 부장님, 김문호 부장님, 신재행 단장님, 권성욱 실장님. 에너지 분야 관련해 도움을 주신 김재민 박사님, 김선교 박사님, 박용진 부장님, 고태봉 센터장님. 수소전기자동차를 취재할 수 있도록 배려해주신 유승호 대표님, 정미경 본부장님, 서성완 국장님께 감사드립니다.

그리고 집필의 시간을 옆에서 지켜준 사랑하는 아내와 재희, 준희에게도 감사의 마음을 전합니다.

- KEA 직원 교육 자료: 기후대책실 업무소개 / 에너지공단
- 대통령을 위한 에너지 강의 / 리처드 뮬러 저, 장종훈 역, 살림출판사 2014
- 그린카 콘서트 (변화와 발전을 불러일으키는 예측과 전망) / 박철완 저, 오토앤북스, 2011.07.01.
- 누가 연비 경쟁을 시키고 있을까? / 전승표 산업정보분석실 책임연구원
- 에너지하이라이트 / 에너지경제연구원, 2010. 05. 20
- 자동차 연비규제 대폭 완화… 트럼프, 오바마 정책 또 폐기 / 설지연 기자, 한국경제신문, 2018.08.03.
- 유럽의 배출가스 규제, 과연 도달할 수 있을 것인가 / 원선웅 기자, 글로벌오토뉴스
- 현대모비스 출입기자단 교육프로그램 / 현대모비스, 2017. 09. 12
- 中, 지방정부 전기차 보조금 폐지한다는데…韓 배터리업계 긴장 못푸는 이유는 / 한동희 기자, 조선비즈

- 미래는 전기차의 시대입니다: 오슬로 솔루션 / 스튜어 포트빅, 친환경차의 미래를 위한 정책 국제 컨퍼런스
- 독일연방행정법원, "노후 경유차 운행금지, 유예기간 없이 바로 시행 가능"/ 박상우 기자, 오토데일리
- '디젤 금지 운동'독일 환경단체와 돈 줄 끊으려는 정치인들 / 이완 기자, 엔터미디어
- 고분자 연료전지 분리판용 스테인리스강 및 그 제조방법(https://patents.google.com/patent/KR101239476B1/ko)
- 클린 디젤 자동차 현황과 전망/ 교통환경연구소, 국립환경과학원, 2009. 12
- 수소기반 운송체계 구축을 위한 정책연구 : 수송용 수소 인프라를 중심으로 / 김문호 존슨매티 부장, 서강대학교, 2014년
- 국내 LPG 충전소 내 수소 융·복합충전소 구축 가능 부지 연구 / 박지원·허윤실·강승규 한국 가스안전공사 가스안전연구원
- 수소충전소의 경제성 확보와 기대효과 / 박진남 경일대학교 신재생에너지학부 교수
- 수소충전 인프라 확대를 위한 정책 현황 및 제도 법령 / 박종호 한국가스안전공사 가스안전연구원 책임연구원
- 수소버스 보급 촉진 확대에 따른 수소충전소의 경제성 확보와 기대효과 / 박진남 경일대학교 교수
- 수송용 연료전지 조기 상용화를 위한 기반기술 개발 및 실증 / 김준범 울산대학교 교수
- 국내 수소 자동차 첫 선. 성대 이종태교수팀 시험주행 / 한국경제신문. 1993. 06. 01
- 선도기술개발사업(G7) 사례 / 중앙공무원 연수원
- KIST-현대차 "무공해연료전지 첫 주행" / 문병환 기자, 머니투데이, 2000. 08. 02
- 최초의 국산 수소자동차 성균1호 / 채영석 기자, 글로벌오토뉴스, 2000. 08. 02

- 이번에 고장난 연료전지란 / 동아일보, 1970. 04. 15
- 대우차, 국내 첫 연료전지차 개발 / 연합뉴스, 2000. 09. 04
- 슈퍼배터리와 전기자동차 이야기 / 세트 플레처 저, 한원철 역, 성안당, 2019
- 세상을 바꾼 위대한 과학실험 100 / 존 그리빈 · 메리그리빈 저, 오수원 역, 예문아카이브, 2017
- https://www.hydrogencarsnow.com/index.php/gm-electrovan/
- https://cordis.europa.eu/result/rcn/143548_en.html
- 현대자동차 싼타페 수소 연료전지 전기자동차의 미쉐린 챌린지 비벤덤 원정기 / 임태원 · 김철수 · 이기춘 · 김태우
- Japan's Strategy for Hydrogen Society / Dr. MichioHashimoto, 5thSeoul Future Forum
- Hydrogen drives the world / MAO Zongqiang Prof. Dr. INET, Tsinghua University, The 5th Seoul Future Forum
- HMC ENVIRONMENTAL & SOCIAL ENGAGEMENTHMCENVIRON-MENTAL ENGAGEMENT / Environmental Management Strategy Planning Team, 2005.03
- 수소사회와 건물용 연료전지기술 / 에스퓨얼셀, 이구
- National Hydrogen Roadmap / Commonwealth Scientific and Industrial Research Organisation
- 수소전기자동차의 효과와 전망 / 김준범 울산대학교 교수
- 국내외 수소전기자동차 현황과 방향 / 김세훈 수소위원회 공동사무총장
- 미래에너지기술 확보방안 / 에너지기술연구원, 2003
- 연료전지자동차 / 한국과학기술정보연구원, 2004
- 현대-기아 수소연료전지자동차 / 임태원
- 클린 디젤 자동차 현황과 전망 / 국립환경과학원 교통환경연구소, 2009
- 미래 에너지와 에너지 안보 / 홍성안, 한국과학기술연구원, 2011
- 현대자동차그룹 친환경차 개발 현황 및 방향 / 이기상, 2017

- 수소연료전지차 국내외 산업동향 / 김희철, 융합연구정책센터
- NEXO/ Javier Arboleda Service SeniorManager / Hyundai Motor EspañS.L.U.
- 신재생에너지 수소연료전지의 기술개발 동향 / 한국환경산업기술원
- OPPORTUNITIES FOR AUSTRALIA FROM HYDROGEN EXPORTS / 호주 정부
- A portfolio of power-trains for Europe:a fact-based analysis / EU COUNSIL
- Fuel Cells and Hydrogen Applications for Regions and Cities Vol 2 / Yvonne Ruf · Markus Kaufmann · Simon Lange · Johannes Pfister · Felix Heieck · Annika Endres · Brussels and Frankfur, 2017. 09
- 리튬공기전지의 원리 및 동향 · 리튬황전지의 원리 및 동향 / 정훈기, 한국과학기술연구원
- 미래 에너지, 수소경제 시대는 오는가? / 이종민 수석연구원, POSRI 포스코경영연구원
- 수소전기자동차 미세먼지 저감효과 및 보급정책 방향 / 구영모, 자동차부품연구원
- 수소연료전지자동차 모니터링 사업 최종 보고서 / 지식경제부
- 수송용 수소연료의 가격 설정 및 수급체계 구축 방안 / 수소융합얼라이언스
- 수송용 연료전지 조기 상용화를 위한 기반기술 개발 및 실증 / 산업통상자원부
- 온실효과 가스 삭감을 목적으로 한 세계 최초의 자동차 배기가스 규제법 / 황선일 전문연구위원
- 수소충전소 구축 및 운영을 위한 SPC 설립 추진 현황 및 향후 계획 / SPC 설립위원회, 2018
- Hyundai Motor Group'Development of the Fuel Cell Electric Vehicle
- John Juriga Director of Powertrain/Hyundai / Kia America Technical Center, 2012. 05. 10

- Sustainable Mobility – Fuel Cell Vehicles / Todd E.Suckow Hyundai-Kia America Technical Center
- 현대차, 정부 · 에너지업계와 손잡고 수소충전소 구축 본격화한다 / 현대자동차
- 현대모비스, 세계 최초『수소전기車 핵심부품』일관 대량생산체제 구축! / 현대모비스
- 현대차 3세대 신형 수소버스, 울산시내 정기노선 달린다 / 현대자동차
- 현대차, 글로벌 수소위원회 2050년 수소 사회, 일자리 3천만 개 생긴다 / 현대자동차
- 글로벌 수소전기자동차 혁신 이니셔티브 강화『현대차그룹-아우디』수소차 동맹 결성 / 현대자동차
- 넥쏘 판매 · 마케팅 계획 / 현대자동차 이광국 부사장
- "친환경 수소경제" 구현을 위한 마스터플랜 / 산업자원부, 2005

■ Wikimedia Commons (위키미디어 커먼스)

■ HMG저널

■ 리서치게이트

■ media.daimler.com (미디어다임러)

■ 한국 수소산업 로드맵

■ 수소경제 활성화 로드맵

■ 세종공업

■ 두산퓨얼셀

■ 청와대

FUEL
CELL
ELECTRIC
VEHICLE